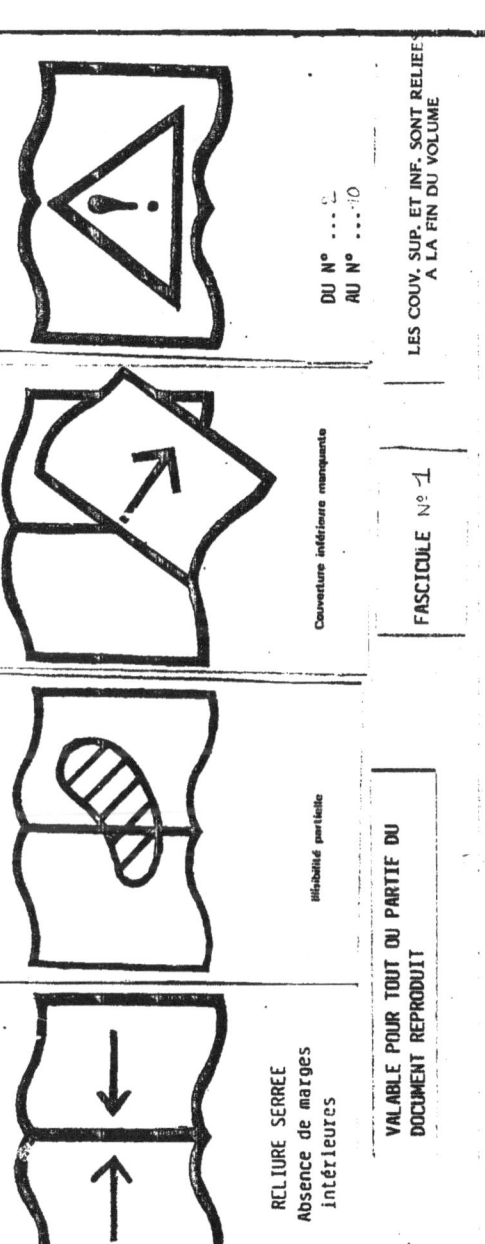

8° Y² 19600

Original en couleur
NF Z 43-120-8

LE
CHEVALIER D'HARMENTAL

I

ÉMILE COLIN — IMPRIMERIE DE LAGNY

232 N 23

ALEXANDRE DUMAS

LE CHEVALIER
D'HARMENTAL

I

COLLECTION
DES CHEFS-D'ŒUVRE DE FRANCE

Droits de reproduction et de traduction réservés.

LE CHEVALIER
D'HARMENTAL

I.

LE CAPITAINE ROQUEFINETTE.

Le 22 mars de l'an de grâce 1718, jour de la mi-carême, un jeune seigneur de haute mine, âgé de vingt-six à vingt-huit ans, monté sur un beau cheval d'Espagne, se tenait, vers les huit heures du matin, à l'extrémité du pont Neuf qui aboutit au quai de l'École. Il était si droit et si ferme en selle, qu'on eût dit qu'il avait été placé là en sentinelle par le lieutenant général de la police du royaume, messire Voyer d'Argenson.

Après une demi-heure d'attente à peu près, pendant laquelle on le vit plus d'une fois interroger des yeux avec impatience l'horloge de la Samaritaine, son regard, errant jusque-là, parut s'arrêter avec satisfaction sur un individu qui, débouchant de la place Dauphine, fit demi-tour à droite et s'achemina de son côté.

Celui qui avait eu l'honneur d'attirer ainsi l'attention du jeune cavalier était un grand gaillard de cinq pieds huit pouces, taillé en pleine chair, portant au lieu de perruque une forêt de cheveux noirs parsemée de quelques poils gris, vêtu d'un habit moitié bourgeois, moitié militaire, orné d'un nœud d'épaule qui primitivement avait été ponceau, et qui, à force d'être exposé à la pluie et au soleil, était devenu jaune-orange. Il était, en outre, armé d'une longue épée passée en verrouil; et qui lui battait formidablement le gras des jambes; enfin, il était coiffé d'un chapeau autrefois garni d'une plume et d'un galon, et qu'en souvenir sans doute de sa splendeur passée, son maître portait tellement incliné sur l'oreille gauche, qu'il semblait ne pouvoir rester dans cette position que par un miracle d'équilibre. Il y avait au reste dans la figure, dans la démarche, dans le port, dans tout l'ensemble enfin de cet homme, qui paraissait âgé de quarante-cinq à quarante-six ans, et qui s'avançait tenant le haut du pavé, se dandinant sur la hanche, frisant d'une main sa moustache et faisant de l'autre signe aux voitures de passer au large, un tel caractère d'insolente insouciance, que celui qui le suivait des yeux ne put s'empêcher de sourire et de murmurer entre ses dents :

— Je crois que voilà mon affaire!

En conséquence de cette probabilité, le jeune seigneur marcha droit au nouvel arrivant, avec l'intention visible de lui parler. Celui-ci, quoiqu'il ne connût aucunement le cavalier, voyant que c'était à lui qu'il paraissait avoir affaire, s'arrêta en face de la Samaritaine, avança son pied droit à la troisième position, et attendit, une main à son épée et l'autre à sa moustache, ce qu'avait à lui dire le personnage qui venait ainsi à sa rencontre.

En effet, comme l'avait prévu l'homme aux rubans orange, le jeune seigneur arrêta son cheval en face de lui, et portant la main à son chapeau : — Monsieur, lui dit-il, j'ai cru reconnaître à votre air et à votre tournure que vous étiez gentilhomme. Me serais-je trompé ?

— Non, palsambleu ! monsieur, répondit celui à qui était adressée cette étrange question en portant à son tour la main à son feutre. Je suis vraiment fort aise que mon air et ma tournure parlent si hautement pour moi, car pour peu que vous croyiez devoir me donner le titre qui m'est dû, vous m'appellerez capitaine.

— Enchanté que vous soyez homme d'épée, monsieur, reprit le cavalier en s'inclinant de nouveau. Ce m'est une certitude de plus que vous êtes incapable de laisser un galant homme dans l'embarras.

— Soyez le bienvenu, pourvu que ce ne soit pas cependant à ma bourse que ce galant homme ait recours, car je vous avouerai en toute franchise que je viens de laisser mon dernier écu dans un cabaret du port de la Tournelle.

— Il ne s'agit aucunement de votre bourse, capitaine, et c'est la mienne au contraire, je vous prie de le croire, qui est à votre disposition.

— A qui ai-je l'honneur de parler, demanda le capitaine, visiblement touché de cette réponse, et que puis-je faire qui vous soit agréable ?

— Je me nomme le baron René de Valef, répondit le cavalier.

— Pardon, monsieur le baron, interrompit le capitaine, mais je crois avoir, dans les guerres de Flandre, connu une famille de ce nom.

— C'est la mienne, monsieur, attendu que je suis Liégeois d'origine.

Les deux interlocuteurs se saluèrent de nouveau.

— Vous saurez donc, continua le baron de Valef, que le chevalier Raoul d'Harmental, un de mes amis intimes, a ramassé cette nuit, de compagnie avec moi, une mauvaise querelle qui doit finir ce matin par une rencontre; nos adversaires étaient trois et nous n'étions que deux. Je me suis donc rendu ce matin chez le marquis de Gacé et chez le comte de Surgis, mais par malheur ni l'un ni l'autre n'avait passé la nuit dans son lit : si bien que, comme l'affaire ne pouvait pas se remettre, attendu que je pars dans deux heures pour l'Espagne, et qu'il nous fallait absolument un second ou plutôt un troisième, je suis venu m'installer sur le pont Neuf avec l'intention de m'adresser au premier gentilhomme qui passerait. Vous êtes passé, je me suis adressé à vous.

— Et vous avez, pardieu, bien fait ! Touchez là, baron, je suis votre homme. Et pour quelle heure, s'il vous plaît, est la rencontre ?

— Pour neuf heures et demie, ce matin.

— Où la chose doit-elle se passer ?

— A la porte Maillot.

— Diable ! il n'y a pas de temps à perdre ! Mais vous êtes à cheval et moi à pied : comment allons-nous arranger cela ?

— Il y aurait un moyen, capitaine.

— Lequel ?

— C'est que vous me fissiez l'honneur de monter en croupe.

— Volontiers, monsieur le baron.

— Je vous préviens seulement, ajouta le jeune seigneur avec un léger sourire, que mon cheval est un peu vif.

— Oh ! je le reconnais, dit le capitaine en se reculant

d'un pas et jetant sur le bel animal un coup d'œil de connaisseur. Ou je me trompe fort, ou il est né entre les montagnes de Grenade et la Sierra-Morena. J'en montais un pareil à Almanza, et je l'ai plus d'une fois fait coucher comme un mouton quand il voulait m'emporter au galop, et cela rien qu'en le serrant avec mes genoux.

— Alors vous me rassurez. A cheval donc, capitaine, et à la porte Maillot!

— M'y voilà, monsieur le baron.

Et, sans se servir de l'étrier que lui laissait libre le jeune seigneur, d'un seul élan le capitaine se trouva en croupe.

Le baron avait dit vrai : son cheval n'était point habitué à une si lourde charge ; aussi essaya-t-il d'abord de s'en débarrasser ; mais le capitaine non plus n'avait point menti, et l'animal sentit bientôt qu'il avait affaire à plus forts que lui, de sorte qu'après deux ou trois écarts qui n'eurent d'autres résultats que de faire valoir aux yeux des passans l'adresse des deux cavaliers, il prit le parti de l'obéissance, et descendit au grand trot le quai de l'Ecole, qui, à cette époque, n'était encore qu'un port, traversa, toujours du même train, le quai du Louvre et le quai des Tuileries, franchit la porte de la Conférence, et, laissant à gauche le chemin de Versailles, enfila la grande avenue des Champs-Elysées qui conduit aujourd'hui à l'arc de triomphe de l'Etoile. Parvenu au pont d'Antin, le baron de Valef ralentit un peu l'allure de son cheval, car il vit qu'il avait tout le temps d'arriver à la porte Maillot vers l'heure convenue. Le capitaine profita de ce moment de répit.

— Maintenant, monsieur, sans indiscrétion, dit-il, puis-je vous demander pour quelle raison nous allons nous battre? J'ai besoin, vous comprenez, d'être instruit de cela pour régler ma conduite envers mon adversaire, et pour savoir si la chose vaut la peine que je le tue.

— C'est trop juste, capitaine, répondit le baron. Voici les faits tels qu'ils se sont passés. Nous soupions hier soir chez la Fillon. Il n'est pas que vous ne connaissiez la Fillon, capitaine?

— Pardieu! c'est moi qui l'ai lancée dans le monde, en 1705, avant mes campagnes d'Italie.

— Eh bien! répondit en riant le baron, vous pouvez vous vanter, capitaine, d'avoir formé là une élève qui vous fait honneur! Bref, nous soupions donc chez elle tête à tête avec d'Harmental.

— Sans aucune créature du beau sexe? demanda le capitaine.

— Oh! mon Dieu! oui. Il faut vous dire que d'Harmental est une espèce de trappiste, n'allant chez la Fillon que de peur de passer pour n'y point aller, n'aimant qu'une femme à la fois, et amoureux pour le quart d'heure de la petite d'Averne, la femme du lieutenant aux gardes.

— Très bien.

— Nous étions donc là parlant de nos affaires, lorsque nous entendîmes une joyeuse société qui entrait dans le cabinet à côté du nôtre. Comme ce que nous avions à nous dire ne regardait personne, nous fîmes silence, et ce fut nous qui, sans le vouloir, écoutâmes la conversation de nos voisins. Or, voyez ce que c'est que le hasard! nos voisins parlaient justement de la seule chose qu'il aurait fallu que nous n'entendissions pas.

— De la maîtresse du chevalier, peut-être?

— Vous l'avez dit. Aux premiers mots qui m'arrivèrent de leurs discours, je me levai pour emmener Raoul;

mais, au lieu de me suivre, il me mit la main sur l'épaule et me fit rasseoir.

— Ainsi donc, disait une voix, Philippe en tient pour la petite d'Averne ?

— Depuis la fête de la maréchale d'Estrées, où, déguisée en Vénus, elle lui a donné un ceinturon d'épée accompagné de vers où elle le comparait à Mars.

— Mais il y a déjà huit jours, dit une troisième voix.

— Oui, répondit la première. Oh ! elle a fait une espèce de défense, soit qu'elle tînt véritablement à ce pauvre d'Harmental, soit qu'elle sût que le régent n'aime que ce qui lui résiste. Enfin, ce matin, en échange d'une corbeille pleine de fleurs et de pierreries, elle a bien voulu répondre qu'elle recevrait ce soir Son Altesse.

— Ah ! ah ! dit le capitaine, je commence à comprendre. Le chevalier s'est fâché ?

— Justement ; au lieu d'en rire, comme nous aurions fait vous ou moi, du moins je l'espère, et de profiter de cette circonstance pour se faire rendre son brevet de colonel, qu'on lui a ôté sous le prétexte de faire des économies, d'Harmental devint si pâle que je crus qu'il allait s'évanouir. Puis, s'approchant de la cloison et frappant du poing pour qu'on fît silence :

— Messieurs, dit-il, je suis fâché de vous contredire, mais celui de vous qui a avancé que madame d'Averne avait accordé un rendez-vous au régent, ou à tout autre, en a menti.

— C'est moi, monsieur, qui ai dit la chose et qui la soutiens, répondit la première voix ; et s'il y a en elle quelque chose qui vous déplaise, je me nomme Lafare, capitaine aux gardes.

— Et moi, Fargy, dit la seconde voix.

— Et moi, Ravanne, dit la troisième voix.

— Très bien, messieurs, reprit d'Harmental. Demain, de neuf heures à neuf heures et demie, à la porte Maillot. Et il vint se rasseoir en face de moi. Ces messieurs parlèrent d'autre chose, et nous achevâmes notre souper. Voilà toute l'affaire, capitaine, et vous en savez maintenant autant que moi.

Le capitaine fit entendre une espèce d'exclamation qui voulait dire : Tout cela n'est pas bien grave ; mais, malgré cette demi-désapprobation de la susceptibilité du chevalier, il n'en résolut pas moins de soutenir de son mieux la cause dont il était devenu si inopinément le champion, quelque défectueuse que cette cause lui parût dans son principe. D'ailleurs, en eût-il eu l'intention, il était trop tard pour reculer. On était arrivé à la porte Maillot, et un jeune cavalier, qui paraissait attendre, et qui avait aperçu de loin le baron et le capitaine, venait de mettre son cheval au galop, et s'approchait rapidement. C'était le chevalier d'Harmental.

— Mon cher chevalier, dit le baron de Valef en échangeant avec lui une poignée de main, permets qu'à défaut d'un ancien ami, je t'en présente un nouveau. Ni Surgis ni Gacé n'étaient à la maison ; j'ai fait rencontre de monsieur sur le pont Neuf, je lui ai exposé notre embarras, et il s'est offert à nous en tirer avec une merveilleuse grâce.

— C'est donc une double reconnaissance que je te dois, mon cher Valef, répondit le chevalier en jetant sur le capitaine un regard dans lequel perçait une légère nuance d'étonnement, et à vous, monsieur, continua-t-il, des excuses de ce que je vous jette ainsi tout d'abord et pour faire connaissance dans une si méchante affaire; mais vous m'offrirez un jour ou l'autre l'occasion de prendre ma revanche, je l'espère, et je vous prie, le cas échéant, de disposer de moi comme j'ai disposé de vous.

— Bien dit, chevalier, répondit le capitaine en sautant à terre, et vous avez des manières avec lesquelles on me ferait aller au bout du monde. Le proverbe a raison : il n'y a que les montagnes qui ne se rencontrent pas.

— Quel est cet original? demanda tout bas d'Harmental à Valef, tandis que le capitaine marquait des appels du pied droit pour se remettre les jambes.

— Ma foi ! je l'ignore, dit Valef; mais ce que je sais, c'est que sans lui nous étions fort empêchés. Quelque pauvre officier de fortune, sans doute, que la paix a mis à l'écart comme tant d'autres. D'ailleurs, nous le jugerons tout à l'heure à la besogne.

— Eh bien! dit le capitaine, s'animant à l'exercice qu'il prenait, où sont nos muguets, chevalier? Je me sens en veine ce matin.

— Quand je suis venu au devant de vous, répondit d'Harmental, ils n'étaient point encore arrivés; mais j'apercevais au bout de l'avenue une espèce de carrosse de louage qui leur servira d'excuse s'ils sont en retard. Au reste, ajouta le chevalier en tirant de son gousset une très belle montre garnie de brillans, il n'y a point de temps perdu, car à peine s'il est neuf heures et demie.

— Allons donc au devant d'eux, dit Valef en descendant à son tour de cheval et en jetant la bride aux mains du valet de d'Harmental; car, s'ils arrivaient au rendez-vous tandis que nous bavardons ici, c'est nous qui aurions l'air de nous faire attendre.

— Tu as raison, dit d'Harmental.

Et, mettant pied à terre à son tour, il s'avança vers l'entrée du bois, suivi de ses deux compagnons.

— Ces messieurs ne commandent rien ? demanda le propriétaire du restaurant, qui se tenait sur la porte, attendant pratique.

— Si fait, maître Durand, répondit d'Harmental, qui ne voulait pas, de peur d'être dérangé, avoir l'air d'être venu pour autre chose que pour une promenade. Un déjeuner pour trois ! Nous allons faire un tour d'allée et nous revenons.

Et il laissa tomber trois louis dans la main de l'hôtelier.

Le capitaine vit reluire l'une après l'autre les trois pièces d'or, et calcula avec la rapidité d'un amateur consommé ce que l'on pouvait avoir au bois de Boulogne pour soixante-douze livres ; mais comme il connaissait celui à qui il avait affaire, il jugea qu'une recommandation de sa part ne serait point inutile; en conséquence, s'approchant à son tour du maître d'hôtel :

— Ah çà ! gargotier mon ami, lui dit-il, tu sais que je connais la valeur des choses, et que ce n'est point à moi qu'on peut en faire accroire sur le total d'une carte ? Que les vins soient fins et variés, et que le déjeuner soit copieux, ou je te casse les os ! Tu entends ?

— Soyez tranquille, capitaine, répondit maître Durand ; ce n'est pas une pratique comme vous que je voudrais tromper.

— C'est bien. Il y a douze heures que je n'ai mangé ; règle-toi là-dessus.

L'hôtelier s'inclina en homme qui savait ce que cela voulait dire, et reprit le chemin de sa cuisine, commençant à croire qu'il avait fait une moins bonne affaire qu'il n'avait d'abord espéré. Quant au capitaine, après lui avoir fait un dernier signe de recommandation moitié amical, moitié menaçant, il doubla le pas et rejoignit le chevalier et le baron, qui s'étaient arrêtés pour l'attendre.

Le chevalier ne s'était pas trompé à l'endroit du carrosse de louage. Au détour de la première allée, il aperçut ses trois adversaires qui en descendaient : c'étaient, comme nous l'avons déjà dit, le marquis de Lafare, le comte de Fargy et le chevalier de Ravanne.

Que nos lecteurs nous permettent de leur donner quelques courts détails sur ces trois personnages, que nous verrons plusieurs fois reparaître dans le cours de cette histoire.

Lafare, le plus connu des trois, grâce aux poésies qu'il a laissées, et à la carrière militaire qu'il a parcourue, était un homme de trente-six à trente-huit ans, de figure ouverte et franche, d'une gaîté et d'une bonne humeur intarissables, toujours prêt à tenir tête à tout venant, à table, au jeu et aux armes, sans rancune et sans fiel, fort couru du beau sexe et fort aimé du régent, qui l'avait nommé son capitaine des gardes, et qui, depuis dix ans qu'il l'admettait dans son intimité, l'avait trouvé son rival quelquefois, mais son fidèle serviteur toujours. Aussi le prince, qui avait l'habitude de donner des surnoms à tous ses roués et à toutes ses maîtresses, ne le désignait-il jamais que par celui de *bon enfant*. Cependant, depuis quelque temps, la popularité de Lafare, si bien établie qu'elle fût par de recommandables antécédens, baissait fort parmi les femmes de la cour et les filles de l'Opéra. Le bruit courait tout haut qu'il se donnait le ridicule de devenir un homme rangé. Il est vrai que quelques personnes, afin de lui conserver sa réputation, disaient tout bas que cette conversion apparente n'avait d'autre cause que la jalousie de mademoiselle de Conti, fille de mademoiselle duchesse et petite-fille du grand Condé, laquelle, assurait-on, honorait le capitaine des gardes de monsieur le régent d'une affection toute particulière. Au reste, sa liaison avec le duc de Richelieu, qui passait de son côté pour être l'amant de mademoiselle de Charolais, donnait une nouvelle consistance à ce bruit.

Le comte de Fargy, que l'on appelait habituellement le beau Fargy, en substituant l'épithète qu'il avait reçue de la nature au titre que lui avaient légué ses pères, était cité, comme l'indique son nom, pour le plus beau garçon de son époque : ce qui, dans ce temps de galanterie, imposait des obligations devant lesquelles il n'avait jamais reculé, et dont il s'était toujours tiré avec honneur. En effet, il était impossible d'être mieux pris dans sa taille que ne l'était Fargy. C'était à la fois une de ces natures élégantes et fortes, souples et vivaces, qui semblent douées des qualités les plus opposées des héros de roman de ces temps-là. Joignez à cela une tête charmante qui réunissait les beautés les plus opposées, c'est-à-dire des cheveux noirs et des yeux bleus; des traits fortement arrêtés et un teint de femme. Ajoutez à cet ensemble de l'esprit, de la loyauté, du courage autant qu'homme du monde, et vous aurez une idée de la haute considération dont devait jouir Fargy auprès de la société de cette folle époque, si bonne appréciatrice de ces différens genres de mérite.

Quant au chevalier de Ravanne, qui nous a laissé sur sa jeunesse des mémoires si étranges que, malgré leur authenticité, on est toujours tenté de les croire apocryphes, c'était alors un enfant à peine hors de page, riche et de grande maison, qui entrait dans la vie par sa porte dorée, et qui courait droit au plaisir qu'elle promet avec toute la fougue, l'imprudence et l'avidité de la jeunesse. Aussi outrait-il, comme on a l'habitude de le faire à dix-huit ans, tous les vices et toutes les qualités de son époque. On comprend donc facilement quel était son orgueil de servir de second à des hommes comme Lafare et Fargy dans une rencontre qui devait avoir quelque retentissement dans les ruelles et dans les petits soupers.

II

RENCONTRE.

Aussitôt que Lafare, Fargy et Ravanne virent déboucher leurs adversaires à l'angle de l'allée, ils marchèrent de leur côté au devant d'eux. Arrivés à dix pas les uns des autres, tous mirent le chapeau à la main et se saluèrent avec cette élégante politesse qui était, en pareille circonstance, un des caractères de l'aristocratie du dix-huitième siècle, et firent quelques pas ainsi, tête nue et le sourire sur les lèvres, si bien qu'aux yeux d'un passant qui n'aurait point été informé de la cause de leur réunion, ils auraient eu l'air d'amis enchantés de se rencontrer.

— Messieurs, dit le chevalier d'Harmental, à qui la parole appartenait de droit, j'espère que ni vous ni moi n'avons été suivis; mais il commence à se faire un peu tard, et nous pourrions être dérangés ici ; je crois donc qu'il serait bon de gagner tout d'abord un endroit plus écarté où nous soyons plus à notre aise pour vider la petite affaire qui nous rassemble.

— Messieurs, dit Ravanne, j'ai ce qu'il vous faut : à cent

pas d'ici à peine, une véritable chartreuse; vous vous croirez dans la Thébaïde.

— Alors, suivons l'enfant, dit le capitaine; l'innocence mène au salut!

Ravanne se retourna et toisa des pieds à la tête notre ami au ruban orange.

— Si vous n'avez d'engagement avec personne, mon grand monsieur, dit le jeune page d'un ton goguenard, je réclamerai la préférence.

— Un instant, un instant, Ravanne, interrompit Lafare. J'ai quelques explications à donner à monsieur d'Harmental.

— Monsieur Lafare, répondit le chevalier, votre courage est si parfaitement connu que les explications que vous m'offrez sont une preuve de délicatesse dont, croyez-moi bien, je vous sais un gré parfait; mais ces explications ne feraient que nous retarder inutilement, et nous n'avons, je crois, pas de temps à perdre.

— Bravo! dit Ravanne; voilà ce qui s'appelle parler, chevalier; une fois que nous nous serons coupé la gorge, j'espère que vous m'accorderez votre amitié. J'ai fort entendu parler de vous en bon lieu, et il y a longtemps que je désirais faire votre connaissance.

Les deux hommes se saluèrent de nouveau.

— Allons, allons, Ravanne, dit Fargy, puisque tu t'es chargé d'être notre guide, montre-nous le chemin.

Ravanne sauta aussitôt dans le bois comme un jeune faon. Ses cinq compagnons le suivirent. Les chevaux de main et le carrosse de louage restèrent sur la route.

Au bout de dix minutes de marche, pendant lesquelles les six adversaires avaient gardé le plus profond silence, soit de peur d'être entendus, soit par ce sentiment naturel qui fait qu'au moment de courir un danger l'homme se replie un instant sur lui-même, on se trouva au milieu d'une clairière entourée de tous côtés d'un rideau d'arbres.

— Eh bien! messieurs, dit Ravanne en jetant un regard satisfait autour de lui, que dites-vous de la localité?

— Je dis que si vous vous vantez de l'avoir découverte, dit le capitaine, vous me faites l'effet d'un drôle de Christophe Colomb! Vous n'aviez qu'à me dire que c'était ici que vous vouliez aller, et je vous y aurais conduit les yeux fermés, moi.

— Eh bien! monsieur, répondit Ravanne, nous tâcherons que vous en sortiez comme vous y seriez venu.

— Vous savez que c'est à vous que j'ai affaire, monsieur de Lafare, dit d'Harmental en jetant son chapeau sur l'herbe.

— Oui, monsieur, répondit le capitaine des gardes en suivant l'exemple du chevalier; et je sais aussi que rien ne pouvait me faire tout à la fois plus d'honneur et de peine qu'une rencontre avec vous, surtout pour un pareil motif.

D'Harmental sourit en homme pour qui cette fleur de politesse n'était point perdue, mais il n'y répondit qu'en mettant l'épée à la main.

— Il paraît, mon cher baron, dit Fargy s'adressant à Valef, que vous êtes sur le point de partir pour l'Espagne?

— Je devais partir cette nuit même, mon cher comte, répondit Valef, et il n'a fallu rien moins que le plaisir que je me promettais à vous voir ce matin pour me déterminer à rester jusqu'à cette heure, tant j'y vais pour choses importantes.

— Diable! voilà qui me désole, reprit Fargy en tirant

son épée ; car si j'avais le malheur de vous retarder, vous êtes homme à m'en vouloir mal de mort.

— Non point. Je saurais que c'est par pure amitié, mon cher comte, répondit Valef. Ainsi, faites de votre mieux, et tout de bon, je vous prie, car je suis à vos ordres.

— Allons donc, allons donc, monsieur, dit Ravanne au capitaine, qui pliait proprement son habit et le posait près de son chapeau ; vous voyez bien que je vous attends.

— Ne nous impatientons pas, mon beau jeune homme, dit le vieux soldat en continuant ses préparatifs avec le flegme goguenard qui lui était naturel. Une des qualités les plus essentielles sous les armes, c'est le sang-froid. J'ai été comme vous à votre âge, mais au troisième ou quatrième coup d'épée que j'ai reçu, j'ai compris que je faisais fausse route, et je suis revenu dans le droit chemin. La ! ajouta-t-il en tirant enfin son épée, qui, nous l'avons dit, était de la plus belle longueur.

— Peste, monsieur ! dit Ravanne en jetant un coup d'œil sur l'arme de son adversaire, que vous avez là une charmante colichemarde ! Elle me rappelle la maîtresse-broche de la cuisine de ma mère, et je suis désolé de ne pas avoir dit au maître d'hôtel de me l'apporter pour faire votre partie.

— Votre mère est une digne femme, et sa cuisine une bonne cuisine ; j'ai entendu parler de toutes deux avec de grands éloges, monsieur le chevalier, répondit le capitaine avec un ton presque paternel. Aussi je serais désolé de vous enlever à l'une et à l'autre pour une misère comme celle qui me procure l'honneur de croiser le fer avec vous. Supposez donc tout bonnement que vous prenez une leçon avec votre maître d'armes, et tirez à fond.

La recommandation était inutile ; Ravanne était exaspéré de la tranquillité de son adversaire, à laquelle, malgré son courage, son sang jeune et ardent ne lui laissait pas l'espérance d'atteindre. Aussi se précipita-t-il sur le capitaine avec une telle furie que les épées se trouvèrent engagées jusqu'à la poignée. Le capitaine fit un pas en arrière.

— Ah ! vous rompez, mon grand monsieur, s'écria Ravanne.

— Rompre n'est pas fuir, mon petit chevalier, répondit le capitaine ; c'est un axiome de l'art que je vous invite à méditer. D'ailleurs, je ne suis pas fâché d'étudier votre jeu. Ah ! vous êtes élève de Berthelot, à ce qu'il me paraît. C'est un bon maître, mais il a un grand défaut : c'est de ne pas apprendre à parer. Tenez, voyez un peu, continua-t-il en ripostant par un coup de seconde à un coup droit, si je m'étais fendu, je vous enfilais comme une mauviette.

Ravanne était furieux, car effectivement il avait senti sur son flanc la pointe de l'épée de son adversaire, mais si légèrement posée qu'il eût pu la prendre pour le bouton d'un fleuret. Aussi sa colère redoubla de la conviction qu'il lui devait la vie, et ses attaques se multiplièrent plus pressées encore qu'auparavant.

— Allons, allons, dit le capitaine, voilà que vous perdez la tête maintenant, et que vous cherchez à m'éborgner. Fi donc ! jeune homme, fi donc ! A la poitrine, morbleu ! Ah ! vous revenez à la figure ? Vous me forcerez de vous désarmer ! Encore ? Allez ramasser votre épée, jeune homme, et revenez à cloche-pied, cela vous calmera.

Et d'un violent coup de fouet, il fit sauter le fer de Ravanne à vingt pas de lui.

Cette fois, Ravanne profita de l'avis ; il alla lentement ramasser son épée et revint lentement au capitaine, qui l'attendait la pointe de la sienne sur le soulier. Seulement le jeune homme était pâle comme sa veste de satin, sur laquelle apparaissait une légère goutte de sang.

— Vous avez raison, monsieur, lui dit-il, et je suis encore un enfant; mais ma rencontre avec vous aidera, je l'espère, à faire de moi un homme. Encore quelques passes, s'il vous plaît, afin qu'il ne soit pas dit que vous ayez eu tous les honneurs. Et il se remit en garde.

Le capitaine avait raison : il ne manquait au chevalier que du calme pour en faire sous les armes un homme à craindre. Aussi, au premier coup de cette troisième reprise, vit-il qu'il lui fallait apporter à sa propre défense toute son attention; mais lui-même avait dans l'art de l'escrime une trop grande supériorité pour que son jeune adversaire pût reprendre avantage sur lui. Les choses se terminèrent comme il était facile de le prévoir : le capitaine fit sauter une seconde fois l'épée des mains de Ravanne; mais, cette fois, il alla la ramasser lui-même, et avec une politesse dont au premier abord on l'aurait cru incapable :

— Monsieur le chevalier, lui dit-il en la lui rendant, vous êtes un brave jeune homme; mais, croyez-en un vieux coureur d'académies et de tavernes, qui a fait, avant que vous ne fussiez né, les guerres de Flandre; quand vous étiez au berceau, celles d'Italie, et quand vous étiez aux pages, celles d'Espagne : changez de maître; laissez là Berthelot, qui vous a montré tout ce qu'il sait; prenez Bois-Robert, et je veux que le diable m'emporte si dans six mois vous ne m'en remontrez pas à moi-même !

— Merci de la leçon, monsieur, dit Ravanne en tendant la main au capitaine, tandis que deux larmes, qu'il n'était point le maître de retenir, coulaient le long de ses joues; elle me profitera, je l'espère. Et, recevant son épée des mains du capitaine, il fit ce que celui-ci avait déjà fait, il la remit au fourreau.

Tous deux reportèrent alors les yeux sur leurs compagnons pour voir où en étaient les choses. Le combat était fini. Lafare était assis sur l'herbe, le dos appuyé à un arbre : il avait reçu un coup d'épée qui devait lui traverser la poitrine ; mais heureusement, la pointe du fer avait rencontré une côte et avait glissé le long de l'os, de sorte que la blessure paraissait au premier abord plus grave qu'elle ne l'était en effet ; il n'en était pas moins évanoui, tant la commotion avait été violente. D'Harmental, à genoux devant lui, épongeait le sang avec son mouchoir.

Fargy et Valef avaient fait coup fourré : l'un avait la cuisse traversée, l'autre le bras à jour. Tous deux se faisaient des excuses et se promettaient de n'en être que meilleurs amis à l'avenir.

— Tenez, jeune homme, dit le capitaine à Ravanne en lui montrant les différens épisodes du champ de bataille, regardez cela et méditez ; voilà le sang de trois braves gentilshommes qui coule probablement pour une drôlesse !

— Ma foi ! répondit Ravanne tout à fait calmé, je crois que vous avez raison, capitaine, et vous pourriez bien être le seul de nous tous qui ayez le sens commun.

En ce moment, Lafare ouvrit les yeux et reconnut d'Harmental dans l'homme qui lui portait secours.

— Chevalier, lui dit-il, voulez-vous suivre un conseil d'ami ? Envoyez-moi une espèce de chirurgien que vous trouverez dans la voiture, et que j'ai amené à tout hasard ; puis, gagnez Paris au plus vite, montrez-vous ce soir au bal de l'Opéra, et si l'on vous demande de mes nouvelles, dites qu'il y a huit jours que vous ne m'avez vu. Quant à moi, vous pouvez être parfaitement tranquille, votre nom ne sortira point de ma bouche. Au reste, s'il vous arrivait quelque mauvaise discussion avec le connétable, faites-le-moi savoir au plus tôt, et nous nous arrangerions de manière à ce que la chose n'eût pas de suite.

— Merci, monsieur le marquis, répondit d'Harmental; je vous quitte parce que je sais vous laisser en meilleures mains que les miennes; autrement, croyez-moi, rien n'aurait pu me séparer de vous avant que je vous visse couché dans votre lit.

— Bon voyage, mon cher Valef! dit Fargy, car je ne pense pas que ce soit cette égratignure qui vous empêche de partir. A votre retour, n'oubliez pas que vous avez un ami, place Louis-le-Grand, nº 14.

— Et vous, mon cher Fargy, si vous avez quelque commission pour Madrid, vous n'avez qu'à le dire, et vous pouvez compter qu'elle sera faite avec l'exactitude et le zèle d'un bon camarade.

Et les deux amis se donnèrent une poignée de main, comme s'il ne s'était absolument rien passé.

— Adieu, jeune homme, adieu, dit le capitaine à Ravanne. N'oubliez pas le conseil que je vous ai donné : laissez là Berthelot et prenez Bois-Robert; surtout soyez calme, rompez dans l'occasion, parez à temps, et vous serez une des plus fines lames du royaume de France. Ma colichemarde dit bien des choses agréables à la maîtresse-broche de madame votre mère.

Ravanne, quelle que fût sa présence d'esprit, ne trouva rien à répondre au capitaine; il se contenta de le saluer, et s'approcha de Lafare, qui lui parut le plus malade des deux blessés.

Quant à d'Harmental, à Valef et au capitaine, ils gagnèront l'allée, où ils retrouvèrent le carrosse de louage, et dans le carrosse le chirurgien qui faisait un somme. D'Harmental le réveilla et lui annonça, en lui montrant le chemin qu'il devait suivre, que le marquis de Lafare et le comte de Fargy avaient besoin de ses services. Il ordonna en outre à son valet de descendre de cheval et de suivre le chirurgien, afin de lui servir d'aide ; puis, se retournant vers le capitaine :

— Capitaine, lui dit-il, je crois qu'il ne serait pas prudent d'aller manger le déjeuner que nous avions commandé ; recevez donc tous mes remercîmens pour le coup de main que vous m'avez donné, et, en souvenir de moi, comme vous êtes à pied, à ce qu'il me paraît, veuillez accepter un de mes deux chevaux. Vous pouvez prendre au hasard : ce sont de bonnes bêtes ; la plus mauvaise des deux ne vous laissera pas dans l'embarras quand vous n'aurez besoin que de lui faire faire huit à dix lieues en une heure.

— Ma foi ! chevalier, répondit le capitaine en jetant de côté un regard sur le cheval qui lui était offert si généreusement, il ne fallait rien pour cela ; entre gentilshommes, le sang et la bourse sont choses qui se prêtent tous les jours. Mais vous faites les choses de si bonne grâce que je ne saurais vous refuser. Si vous aviez jamais besoin de moi pour quelque chose que ce fût souvenez-vous, en revanche, que je suis à votre service.

— Et le cas échéant, monsieur, où vous retrouverai-je ? demanda en souriant d'Harmental.

— Je n'ai pas de domicile bien arrêté, chevalier ; mais vous aurez toujours de mes nouvelles en allant chez la Fillon, en demandant la Normande, et en vous informant à elle du capitaine Roquefinette.

Et comme les deux jeunes gens remontaient chacun sur son cheval, le capitaine en fit autant, non sans remarquer en lui-même que le chevalier d'Harmental lui avait laissé le plus beau des trois.

Alors, comme ils étaient près d'un carrefour, chacun prit sa route et s'éloigna au grand galop.

Le baron de Valef rentra par la barrière de Passy et se rendit droit à l'Arsenal, prit les commissions de la duchesse du Maine, de la maison de laquelle il était, et partit le même jour pour l'Espagne.

Le capitaine Roquefinette fit trois ou quatre tours au pas, au trot et au galop dans le bois de Boulogne, afin d'apprécier les différentes qualités de sa monture, et ayant reconnu que c'était, comme l'avait dit le chevalier, un animal de belle et bonne race, il revint fort satisfait chez maître Durand, où il mangea à lui seul le déjeuner qui était commandé pour trois.

Le même jour, il conduisit son cheval au marché aux chevaux, et le vendit soixante louis. C'était la moitié de ce qu'il valait; mais il faut savoir faire des sacrifices quand on veut réaliser promptement.

Quant au chevalier d'Harmental, il prit l'allée de la Muette, regagna Paris par la grande avenue des Champs-Élysées, et trouva en rentrant chez lui, rue de Richelieu, deux lettres qui l'attendaient.

L'une de ces deux lettres était d'une écriture si bien connue à lui qu'il tressaillit de tout son corps en la regardant, et qu'après y avoir porté la main avec la même hésitation que s'il allait toucher un charbon ardent, il l'ouvrit avec un tremblement qui décelait l'importance qu'il y attachait. Elle contenait ce qui suit :

« Mon cher chevalier,

» On n'est pas maître de son cœur, vous le savez, et c'est une des misères de notre nature que de ne pouvoir longtemps aimer ni la même personne ni la même chose. Quant à moi, je veux au moins avoir sur les autres femmes le mérite de ne pas tromper celui qui a été mon amant. Ne venez donc pas à votre heure accoutumée, car on vous dirait que je n'y suis pas, et je suis si bonne que je ne voudrais pas risquer l'âme d'un valet ou d'une femme de chambre en leur faisant faire un si gros mensonge.

» Adieu, mon cher chevalier; ne gardez point de moi un trop mauvais souvenir, et faites que je pense encore de vous dans dix ans ce que j'en pense à cette heure, c'est-à-dire que vous êtes un des plus galans gentilshommes de France.

» SOPHIE D'AVERNE. »

— Mordieu ! s'écria d'Harmental en frappant du poing sur une charmante table de Boule qu'il mit en morceaux, si j'avais tué ce pauvre Lafare, je ne m'en serais consolé de ma vie !

Après cette explosion, qui le soulagea quelque peu, le chevalier se mit à marcher de sa porte à sa fenêtre d'un air qui prouvait que le pauvre garçon avait encore besoin de quelques déceptions de ce genre pour être à la hauteur de la morale philosophique que lui prêchait la belle infidèle. Puis, après quelques tours, il aperçut à terre la seconde lettre, qu'il avait complétement oubliée. Deux ou trois fois encore il passa près d'elle en la regardant avec une superbe indifférence ; enfin, comme il pensa qu'elle ferait peut-être diversion à la première, il la ramassa dédaigneusement, l'ouvrit avec lenteur, regarda l'écriture, qui lui était inconnue, chercha la signature, qui était absente, et, ramené par cet air de mystère à quelque curiosité, il lut ce qui suit :

« Chevalier,

» Si vous avez dans l'esprit le quart du romanesque et dans le cœur la moitié du courage que vos amis prétendent y reconnaître, on est prêt à vous offrir une entreprise digne de vous, et dont le résultat sera à la fois de vous venger de l'homme que vous détestez le plus au monde et de vous conduire à un but si brillant que, dans vos plus beaux rêves, vous n'avez jamais rien espéré de pareil. Le bon génie qui doit vous mener par ce chemin enchanté, et auquel il faut vous fier entièrement, vous attendra ce soir, de minuit à deux heures, au bal de l'Opéra. Si vous y venez sans masque, il ira à vous ; si vous y venez masqué, vous le reconnaîtrez à un ruban violet qu'il portera sur l'épaule gauche. Le mot d'ordre est : *Sésame, ouvre-toi !* Prononcez-le hardiment, et vous verrez s'ouvrir une caverne bien autrement merveilleuse que celle d'Ali-Baba. »

— A la bonne heure ! dit d'Harmental ; et si le génie au ruban violet tient seulement la moitié de sa promesse, ma foi ! il a trouvé son homme!

III.

LE CHEVALIER D'HARMENTAL.

Le chevalier Raoul d'Harmental, avec qui, avant de passer outre, il est nécessaire que nos lecteurs fassent plus ample connaissance, était l'unique rejeton d'une des meilleures familles du Nivernais. Quoique cette famille n'eût jamais joué un rôle important dans l'histoire, elle ne manquait pas cependant d'une certaine illustration, qu'elle avait acquise, soit par elle-même, soit par ses alliances. Ainsi, le père du chevalier, le sire Gaston d'Harmental, étant venu en 1682 à Paris, et ayant eu la fantaisie de monter dans les carrosses du roi, avait fait, haut la main, ses preuves de 1399, opération héraldique qui, s'il faut en croire un mémoire du parlement, aurait fort embarrassé plus d'un duc et pair. D'un autre côté, son oncle maternel, monsieur de Torigny, ayant été nommé chevalier de l'Ordre, à la promotion de 1694, avait avoué, en faisant reconnaître ses seize quartiers, que le plus beau de son visage, comme on le disait alors, était fait des d'Harmental, avec qui ses ancêtres étaient en alliance depuis trois cents ans. En voilà donc assez pour satisfaire aux exigences aristocratiques de l'époque sur laquelle nous écrivons.

Le chevalier n'était ni pauvre ni riche, c'est-à-dire que son père en mourant lui avait laissé une terre située dans les environs de Nevers, laquelle lui rapportait quelque chose comme vingt-cinq ou trente mille livres de rente. C'était de quoi vivre fort grandement dans sa province;

mais le chevalier avait reçu une excellente éducation, et il se sentait une grande ambition dans le cœur ; il avait donc, à sa majorité, c'est-à-dire vers 1711, quitté sa province, et était accouru à Paris.

Sa première visite avait été pour le comte de Torigny, sur lequel il comptait fort pour le mettre en cour. Malheureusement, à cette époque, le comte de Torigny n'y était pas lui-même. Mais comme il se souvenait toujours avec grand plaisir, ainsi que nous l'avons dit, de la famille d'Harmental, il recommanda son neveu au chevalier de Villarceaux, et le chevalier de Villarceaux, qui n'avait rien à refuser à son ami le comte de Torigny, conduisit le jeune homme chez madame de Maintenon.

Madame de Maintenon avait une qualité : c'était d'être restée l'amie de ses anciens amans. Elle reçut parfaitement le chevalier d'Harmental, grâce aux vieux souvenirs qui le recommandaient auprès d'elle, et quelques jours après, le maréchal de Villars étant venu lui faire sa cour, elle lui dit quelques mots si pressans en faveur de son jeune protégé, que le maréchal, enchanté de trouver une occasion d'être agréable à cette reine *in partibus*, répondit qu'à compter de cette heure il attachait le chevalier d'Harmental à sa maison militaire, et s'empresserait de lui offrir toutes les occasions de justifier la bonne opinion que son auguste protectrice voulait bien avoir de lui.

Ce fut une grande joie pour le chevalier que de se voir ouvrir une pareille porte. La campagne qui allait avoir lieu était définitive.

Louis XIV en était arrivé à la dernière période de son règne, à l'époque des revers. Tallard et Marsin avaient été battus à Hochstett, Villeroi à Ramillies, et Villars lui-même, le héros de Friedlingen, venait de perdre la fameuse bataille de Malplaquet contre Marlborough et Eugène. L'Europe, un instant étouffée sous la main de Colbert et de Louvois, réagissait tout entière contre la France. La situation des affaires était extrême; le roi, comme un malade désespéré qui change à chaque heure de médecin, changeait chaque jour de ministres. Mais chaque essai nouveau révélait une impuissance nouvelle. La France ne pouvait plus soutenir la guerre et ne pouvait pas parvenir à faire la paix. Vainement elle offrait d'abandonner l'Espagne et de restreindre ses frontières : ce n'était point assez d'humiliation. On exigeait que le roi donnât passage aux armées ennemies à travers la France pour aller chasser son petit-fils du trône de Charles II, et qu'il livrât comme places de sûreté Cambrai, Metz, La Rochelle et Bayonne, à moins qu'il n'aimât mieux, dans un an pour tout délai, le détrôner lui-même à force ouverte. Voilà à quelles conditions une trêve était accordée au vainqueur des Dunes, de Senef, de Fleurus, de Steinkerque et de la Marsaille; à celui qui, jusque-là, avait tenu dans le pan de son manteau royal la paix et la guerre; à celui qui s'intitulait le distributeur des couronnes, le châtieur des nations, le grand, l'immortel; à celui enfin pour lequel, depuis un demi-siècle, on taillait le marbre, on fondait le bronze, on mesurait l'alexandrin, on épuisait l'encens.

Louis XIV avait pleuré en plein conseil.

Ces larmes avaient produit une armée, et cette armée avait été donnée à Villars.

Villars marcha droit à l'ennemi, dont le camp était à Denain, et qui, les yeux fixés sur l'agonie de la France, s'endormait dans sa sécurité. Jamais responsabilité plus grande n'avait chargé une tête. Sur un coup de dé, Villars allait jouer le salut de la France.

Les alliés avaient établi, entre Denain et Marchiennes, une ligne de fortifications que, dans leur orgueil anticipé, Albemarle et Eugène appelaient la grande route de Paris. Villars résolut d'enlever Denain par surprise, et, Albemarle battu, de battre Eugène.

Il fallait, pour réussir dans une si audacieuse entreprise, tromper non-seulement l'armée ennemie, mais l'armée française, le succès de ce coup de main étant dans son impossibilité même.

Villars proclama bien haut son intention de forcer les lignes de Landrecies. Une nuit, à une heure convenue, toute son armée s'ébranle et marche dans la direction de cette ville. Tout à coup l'ordre est donné d'obliquer à gauche; le génie jette trois ponts sur l'Escaut. Villars franchit le fleuve sans obstacle, se jette dans les marais que l'on croyait impraticables, et où le soldat s'avance ayant de l'eau jusqu'à la ceinture; il marche droit aux premières redoutes, et les emporte presque sans coup férir, s'empare successivement d'une lieue de fortifications, atteint Denain, franchit le fossé qui l'entoure, pénètre dans la ville, et, en arrivant sur la place, trouve son jeune protégé, le chevalier d'Harmental, qui lui présente l'épée d'Albemarle, qu'il venait de faire prisonnier.

En ce moment, on annonce l'arrivée d'Eugène. Villars se retourne, atteint avant lui le pont sur lequel ce dernier doit passer, s'en empare et attend. Là, le véritable combat s'engage, car la prise de Denain n'a été qu'une escarmouche. Eugène pousse attaque sur attaque, revient sept fois à la tête de ce pont briser ses meilleures troupes contre l'artillerie qui le protége et contre les baïonnettes qui le défendent; enfin, ayant ses habits criblés de balles, tout sanglant de deux blessures, monte sur son troisième cheval, et le vainqueur de Hochstett et de Malplaquet se retire en pleurant de rage et en mordant ses gants de colère. En six heures tout a changé de face : la France est sauvée, et Louis XIV est toujours le grand roi.

D'Harmental s'était conduit en homme qui d'un seul coup veut gagner ses éperons. Villars, en le voyant tout couvert de sang et de poussière, se rappela par qui il lui avait été recommandé, et le fit approcher de lui, pendant qu'au milieu du champ de bataille même il écrivait sur un tambour le résultat de la journée. En voyant d'Harmental, Villars interrompit sa lettre.

— Etes-vous blessé ? lui demanda-t-il.

— Oui, monsieur le maréchal, mais si légèrement que cela ne vaut pas la peine d'en parler.

— Vous sentez-vous la force de faire soixante lieues à cheval à franc étrier sans vous reposer une heure, une minute, une seconde ?

— Je me sens capable de tout, monsieur le maréchal, pour le service du roi et le vôtre.

— Alors, partez à l'instant même, descendez chez madame de Maintenon, dites-lui de ma part ce que vous venez de voir, et annoncez-lui le courrier qui en apportera la relation officielle. Si elle veut vous conduire chez le roi, laissez-vous faire.

D'Harmental comprit l'importance de la mission dont on le chargeait, et, tout poudreux, tout sanglant, sans débotter, il sauta sur un cheval frais et gagna la première poste ; douze heures après, il était à Versailles.

Villars avait prévu ce qui devait arriver. Aux premiers mots qui sortirent de la bouche du chevalier, madame de Maintenon le prit par la main et le conduisit chez le roi. Le roi travaillait avec Voisin dans sa chambre, contre l'habitude, car il était un peu malade. Madame de Maintenon ouvrit la porte, poussa le chevalier d'Harmental aux pieds du roi, et levant les deux mains au ciel :

— Sire, dit-elle, remerciez Dieu ; car, Votre Majesté le sait, nous ne sommes rien par nous-mêmes, et c'est de Dieu que nous vient toute grâce.

— Qu'y a-t-il, monsieur ? parlez ! dit vivement Louis XIV, étonné de voir à ses pieds ce jeune homme qu'il ne connaissait pas.

— Sire, répondit le chevalier, le camp de Denain est pris ; le comte d'Albemarle est prisonnier, le prince Eugène est en fuite ; le maréchal de Villars met sa victoire aux pieds de Votre Majesté.

Malgré la puissance qu'il avait sur lui-même, Louis XIV pâlit ; il sentit que les jambes lui manquaient, et il s'appuya à la table pour ne pas tomber sur son fauteuil.

— Qu'avez-vous, sire ? s'écria madame de Maintenon en allant à lui.

— J'ai, madame, que je vous dois tout, dit Louis XIV : vous sauvez le roi, et vos amis sauvent le royaume.

Madame de Maintenon s'inclina et baisa respectueusement la main du roi.

Alors Louis XIV, encore tout pâle et tout ému, passa derrière le grand rideau qui fermait le salon où était son lit, et l'on entendit la prière d'actions de grâces qu'il adressait à demi-voix au Seigneur ; puis, au bout d'un instant, il reparut calme et grave, comme si rien n'était arrivé.

— Et maintenant, monsieur, racontez-moi la chose dans tous ses détails.

Alors d'Harmental fit le récit de cette merveilleuse bataille, qui venait, comme par miracle, de sauver la monarchie. Puis, lorsqu'il eut fini :

— Et de vous, monsieur, dit Louis XIV, vous ne m'en dites rien? Cependant, si j'en juge par le sang et la boue qui couvrent encore vos habits, vous n'êtes point resté en arrière.

— Sire, j'ai fait de mon mieux, dit d'Harmental en s'inclinant; mais s'il y a réellement quelque chose à dire de moi, je laisse, avec la permission de Votre Majesté, ce soin à monsieur le maréchal de Villars.

— C'est bien, jeune homme, et s'il vous oublie, par hasard, nous nous souviendrons, nous. Vous devez être fatigué, allez vous reposer; je suis content de vous.

D'Harmental se retira tout joyeux. Madame de Maintenon le reconduisit jusqu'à la porte. D'Harmental lui baisa la main encore une fois, et se hâta de profiter de la permission royale qui lui était donnée : il y avait vingt-quatre heures qu'il n'avait ni bu, ni mangé, ni dormi.

A son réveil, on lui remit un paquet que l'on avait apporté pour lui du ministère de la guerre. C'était son brevet de colonel.

Deux mois après, la paix fut faite. L'Espagne y laissa la moitié de sa monarchie, mais la France resta intacte.

Trois ans après, Louis XIV mourut.

Deux partis bien distincts, bien irréconciliables surtout, étaient en présence au moment de cette mort : celui des bâtards, incarné dans monsieur le duc du Maine, et celui des princes légitimes, représenté par monsieur le duc d'Orléans.

Si monsieur le duc du Maine avait eu la persistance, la volonté, le courage de sa femme, Louise-Bénédicte de Condé, peut-être, appuyé comme il l'était par le testament royal, eût-il triomphé; mais il eût fallu se défendre au grand jour, comme on était attaqué, et le duc du Maine, faible de cœur et d'esprit, dangereux à force d'être lâche, n'était bon qu'aux choses qui se passaient par-dessous terre. Il fut menacé de face, et dès lors ses artifices sans nombre, ses faussetés exquises, ses marches ténébreuses et profondes lui devinrent inutiles. En un jour, et presque sans combat, il fut précipité de ce faîte où l'avait porté l'aveugle amour du vieux roi. La chute fut lourde et surtout honteuse; il se retira mutilé, abandonnant la régence à son rival, et ne conservant de toutes les faveurs accumulées sur lui que la surintendance de l'éducation royale, la maîtrise de l'artillerie et le pas sur les ducs et pairs.

L'arrêt que venait de rendre le parlement frappait la vieille cour et tout ce qui lui était attaché. Le père Letellier alla au devant de son exil, madame de Maintenon se réfugia à Saint-Cyr, et monsieur le duc du Maine s'enferma dans la belle villa de Sceaux pour continuer sa traduction de Lucrèce.

Le chevalier d'Harmental avait assisté en spectateur intéressé, il est vrai, mais en spectateur passif, à toutes ces intrigues, attendant toujours qu'elles revêtissent un caractère qui lui permît d'y prendre part. S'il y avait eu lutte franche et armée, il se fût rangé du côté où la reconnaissance l'appelait. Trop jeune et trop chaste encore, si on peut le dire en matière politique, pour tourner avec le vent de la fortune, il resta respectueux à la mémoire de l'ancien roi et aux ruines de la vieille cour. Son absence du Palais-Royal, autour duquel gravitait à cette heure tout ce qui voulait reprendre une place dans le ciel politique, fut interprétée à opposition, et, un matin, comme il avait reçu le brevet qui lui accordait un régiment, il reçut l'arrêté qui le lui enlevait.

D'Harmental avait l'ambition de son âge : la seule carrière ouverte à un gentilhomme de cette époque était la carrière des armes ; son début y avait été brillant, et le coup qui brisait à vingt-cinq ans toutes ses espérances d'avenir lui fut profondément douloureux. Il courut chez monsieur de Villars, dans lequel il avait trouvé autrefois un protecteur si ardent. Le maréchal le reçut avec la froideur d'un homme qui ne serait pas fâché, non-seulement d'oublier le passé, mais de voir le passé oublié. Aussi, d'Harmental comprit que le vieux courtisan était en train de changer de peau, et il se retira discrètement.

Quoique cet âge fût essentiellement celui de l'égoïsme, la première épreuve qu'en faisait le chevalier lui fut amère ; mais il était dans cette heureuse période de la vie où il était rare que les douleurs de l'ambition trompée soient profondes et durables : l'ambition est la passion de ceux qui n'en ont pas d'autres, et le chevalier avait encore toutes celles que l'on a à vingt-cinq ans.

D'ailleurs, l'esprit du temps n'était point tourné encore à la mélancolie. C'est un sentiment tout moderne, né du bouleversement des fortunes et de l'impuissance des hommes. Au dix-huitième siècle, il était rare que l'on rêvât aux choses abstraites, et que l'on aspirât à l'inconnu ; on allait droit aux plaisirs, à la gloire ou à la fortune, et pourvu qu'on fût beau, brave ou intrigant, tout le monde pouvait arriver là. C'était encore l'époque où l'on n'était pas humilié de son bonheur. Aujourd'hui, l'esprit domine de trop haut la matière pour que l'on ose avouer que l'on est heureux.

Au reste, il faut l'avouer, le vent soufflait à la joie, et la France semblait voguer, toutes voiles dehors, à la recherche de quelqu'une de ces îles enchantées comme on en trouve sur la carte dorée des Mille et une Nuits. Après ce long et triste hiver de la vieillesse de Louis XIV, apparaissait tout à coup le printemps joyeux et brillant d'une jeune royauté : chacun s'épanouissait à ce nouveau soleil, radieux et bienfaisant, et s'en allait bourdonnant et insoucieux, comme font les papillons et les abeilles aux premiers jours de la belle saison. Le plaisir, absent et proscrit pendant plus de trente ans, était de retour; on l'accueillit comme un ami qu'on n'espérait plus revoir; on courait à lui de tous côtés, franchement, les bras et le cœur ouverts, et, de peur sans doute qu'il ne s'échappât de nouveau, on mettait à profit tous les instans. Le chevalier d'Harmental avait gardé sa tristesse huit jours ; puis il s'était mêlé à la foule, puis il avait été entraîné par le tourbillon, et ce tourbillon l'avait jeté au pieds d'une jolie femme.

Trois mois il avait été l'homme le plus heureux du monde ; pendant trois mois il avait oublié Saint-Cyr, les Tuileries, le Palais-Royal; il ne savait plus s'il y avait une madame de Maintenon, un roi, un régent; il savait qu'il fait bon vivre quand on est aimé, et il ne voyait pas pourquoi il ne vivrait pas et il n'aimerait pas toujours.

Il en était là de son rêve lorsque, ainsi que nous l'avons dit, soupant avec son ami le baron de Valef dans une honorable maison de la rue Saint-Honoré, il avait été tout à coup brutalement réveillé par Lafare. Les amoureux ont, en général, le réveil mauvais, et l'on a vu que, sous ce rapport, d'Harmental n'était pas plus endurant que les autres. C'était, au reste, d'autant plus pardonnable au chevalier qu'il croyait aimer véritablement, et que, dans sa bonne foi toute juvénile, il pensait que rien ne pourrait reprendre dans son cœur la place de cet amour ; c'était un reste de préjugé provincial qu'il avait apporté des environs de Nevers. Aussi, comme nous l'avons vu, la lettre si étrange, mais du moins si franche, de madame d'Averne, au lieu de lui inspirer l'admiration qu'elle méritait à cette folle époque, l'avait tout d'abord accablé. C'est le propre de chaque douleur qui nous arrive de réveiller toutes les douleurs passées, que l'on croyait disparues et qui n'étaient qu'endormies. L'âme a ses cicatrices comme le corps, et elles ne se ferment jamais si bien qu'une blessure nouvelle ne les puisse rouvrir. D'Harmental se retrouva ambitieux : la perte de sa maîtresse lui avait rappelé la perte de son régiment.

Aussi ne fallait-il rien moins que la seconde lettre, si inattendue et si mystérieuse, pour faire quelque diversion à la douleur du chevalier. Un amoureux de nos jours l'eût jetée avec dédain loin de lui, et se serait méprisé lui-même, s'il n'avait pas creusé sa douleur de manière à s'en faire, pour huit jours au moins, une pâle et poétique mélancolie ; mais un amoureux de la régence était bien autrement accommodant. Le suicide n'était pas encore découvert, et l'on ne se noyait alors, quand d'aventure on tombait à l'eau, que si l'on ne trouvait pas sous sa main la moindre petite paille où se retenir.

D'Harmental n'affecta donc pas la fatuité de la tristesse : il décida, en soupirant, il est vrai, qu'il irait au bal de l'Opéra ; et, pour un amant trahi d'une manière si imprévue et si cruelle, c'était déjà beaucoup.

Mais, il faut le dire à la honte de notre pauvre espèce, ce qui le porta surtout à cette philosophique détermination, c'est que la seconde lettre, celle où on lui promettait de si grandes merveilles, était d'une écriture de femme.

IV.

LA CHAUVE-SOURIS.

Les bals de l'Opéra étaient alors dans toute leur fureur. C'était une invention contemporaine du chevalier de Bouillon, à qui il n'avait fallu rien moins que le service qu'il venait de rendre ainsi à la société dissipée de ce temps-là pour se faire pardonner le titre de prince d'Auvergne, qu'il avait pris on ne savait trop pourquoi. C'était donc lui qui avait inventé ce double plancher qui met le parterre au niveau du théâtre, et le régent, juste appréciateur de toute belle invention, lui avait accordé, pour le récompenser de celle-là, une pension de six mille livres. C'était quatre fois ce que le grand roi donnait à Corneille.

Cette belle salle, à l'architecture riche et grave, que le cardinal de Richelieu avait inaugurée par sa Mirame, où Lulli et Quinault avaient fait représenter leurs pastorales, et où Molière avait joué lui-même ses principaux chefs-d'œuvre, était donc ce soir-là le rendez-vous de tout ce que la cour avait de noble, de riche et d'élégant. D'Harmental, par un sentiment de dépit bien naturel dans sa situation, avait donné un soin plus grand que d'habitude encore à sa toilette. Aussi arriva-t-il comme la salle était déjà pleine. Il en résulta qu'un instant il eut la crainte que le masque au ruban violet ne pût le rejoindre, attendu que le génie inconnu avait eu la négligence de ne point lui assigner un lieu de rendez-vous. Il se félicita alors d'être venu à visage découvert, résolution qui, pour le dire en passant, annonçait de sa part une grande sécurité dans la discrétion de ses adversaires, dont un mot l'eût envoyé devant le parlement ou tout au moins à la Bastille; mais telle était la confiance que les gentilshommes avaient réciproquement à cette époque dans leur loyauté, qu'après avoir passé le matin son épée à travers le corps de l'un des favoris du régent, le chevalier venait, sans hésitation aucune, chercher aventure au Palais-Royal.

La première personne qu'il aperçut fut le jeune duc de Richelieu, que son nom, ses aventures, son élégance, et peut-être ses indiscrétions, commençaient à mettre si fort à la mode. On assurait que deux princesses du sang se disputaient alors son amour, ce qui n'empêchait pas mesdames de Nesle et de Polignac de se battre au pistolet pour lui, et madame de Sabran, madame de Villars, madame de Mouchy et madame de Tencin de se partager son cœur.

Il venait de rejoindre le marquis de Canillac, un des roués du régent, qu'à cause de l'apparence rigide qu'il affectait, Son Altesse appelait son Mentor. Richelieu commençait à raconter à Canillac une histoire tout haut et avec de grands éclats. Le chevalier connaissait le duc, mais pas assez pour arriver au milieu d'une conversation entamée; ce n'était d'ailleurs pas là qu'il cherchait : aussi allait-il passer outre, lorsque le duc l'arrête par la basque de son habit.

— Pardieu! dit-il, mon cher chevalier, vous n'êtes pas de trop; je raconte à Canillac une bonne aventure qui peut lui servir, à lui, comme lieutenant nocturne de monsieur le régent, et à vous, comme exposé au même danger que j'ai couru. L'histoire date d'aujourd'hui : c'est un mérite de plus, car je n'ai encore eu le temps de la raconter qu'à vingt personnes, de sorte qu'elle est à peine connue. Répandez-la : vous me ferez plaisir et à monsieur le régent aussi.

D'Harmental fronça le sourcil, Richelieu prenait mal son temps; en ce moment le chevalier de Ravanne passa poursuivant un masque.

— Ravanne! cria Richelieu, Ravanne!

— Je n'ai pas le loisir, répondit le chevalier.

— Savez-vous où est Lafare?

— Il a la migraine.

— Et Fargy?

— Il s'est donné une entorse.

Et Ravanne se perdit dans la foule, après avoir échangé avec son adversaire du matin le salut le plus amical.

— Eh bien! et l'histoire? demanda Canillac.

— Nous y voici. Imaginez-vous qu'il y a six ou sept mois, à ma sortie de la Bastille, où m avait envoyé mon duel avec Gacé, trois ou quatre jours peut-être après avoir reparu dans le monde, Rafé me remet un charmant petit billet de madame de Parabère, par lequel je suis invité à passer le soir même chez elle. Vous comprenez, chevalier, ce n'est pas au moment où l'on sort de la Bastille que l'on méprise un rendez-vous donné par la maîtresse de celui qui en tient les clefs. Aussi ne faut-il pas demander si je fus exact. A l'heure dite, j'arrive. Devinez qui je trouve assis à côté d'elle sur un sofa? Je vous le donne en cent!

— Son mari? dit Canillac.

— Non, point; Son Altesse Royale elle-même. Je fus d'autant plus étonné qu'on m'avait fait entrer comme si la dame était seule. Néanmoins, comme vous le comprenez bien, chevalier, je ne me laissai point étourdir; je pris un air composé, naïf et modeste, un air comme le tien, Canillao, et je saluai la marquise avec une apparence de si profond respect, que le régent éclata de rire. Comme je ne m'attendais pas à cette explosion, je fus, je l'avoue, un peu déconcerté. Je pris une chaise pour m'asseoir, mais le régent me fit signe de prendre place sur le sofa, de l'autre côté de la marquise : j'obéis.

— Mon cher duc, me dit-il, nous vous avons écrit pour une affaire fort sérieuse. Voilà cette pauvre marquise qui, toute séparée qu'elle est depuis deux ans de son mari, se trouve enceinte.

La marquise fit ce qu'elle put pour rougir ; mais sentant qu'elle ne pouvait en venir à bout, elle se couvrit la figure avec son éventail.

— Au premier mot qu'elle m'a dit de sa position, continua le régent, j'ai fait venir d'Argenson, et je lui demandai de qui l'enfant pouvait être.

— Oh ! monsieur, épargnez-moi, dit la marquise.

— Allons, mon petit corbeau, reprit le régent, cela va être fini. Un peu de patience. Savez-vous ce que d'Argenson me répondit, mon cher duc ?

— Non, dis-je, assez embarrassé de ma personne.

— Il me répondit que c'était de moi ou de vous.

— C'est une atroce calomnie ! m'écriai-je.

— Ne vous enferrez pas, duc, la marquise a tout avoué.

— Alors, repris-je, si la marquise a tout avoué, je ne vois pas ce qui me reste à vous dire.

— Aussi, continua le régent, je ne vous demande pas pour que vous me donniez des renseignemens plus détaillés, mais afin que, comme complices du même crime, nous nous tirions d'affaire l'un par l'autre.

— Et qu'avez-vous à craindre, monseigneur ? demandai-je. Quant à moi, je sais que, protégé par le nom de Votre Altesse, je puis tout braver.

— Ce que nous avons à craindre, mon cher? les criailleries de Parabère, qui voudra que je le fasse duc.

— Eh bien ! mais si nous le faisions père? répondis-je.

— Justement, s'écria le régent, voilà notre affaire, et vous avez eu la même idée que la marquise.

— Pardieu, madame, répondis-je, c'est bien de l'honneur pour moi.

— Mais la difficulté, objecta madame de Parabère, c'est qu'il y a plus de deux ans que je n'ai même parlé au marquis, et que, comme il se pique de jalousie, de sévérité, que sais-je! il a fait serment que si jamais je me trouvais dans la position où je me trouve, un bon procès le vengerait de moi.

— Vous comprenez, Richelieu, cela devient inquiétant, ajouta le régent.

— Peste ! je crois bien, monseigneur !

— J'ai bien quelques moyens coërcitifs entre les mains, mais ces moyens ne vont pas jusqu'à forcer un mari de recevoir sa femme chez lui.

— Eh bien ! repris-je, si on le faisait venir chez sa femme?

— Voilà la difficulté.

— Attendez donc, madame la marquise ; sans indiscrétion, est-ce que monsieur de Parabère a toujours un faible pour le vin de Chambertin et de Romanée?

— J'en ai peur, dit la marquise.

— Alors, monseigneur, nous sommes sauvés ! J'invite monsieur le marquis à souper dans ma petite maison, avec une douzaine de mauvais sujets et de femmes charmantes ! vous y envoyez Dubois.......

— Comment! Dubois? demanda le régent.

— Sans doute; il faut bien quelqu'un qui nous conserve sa tête. Comme Dubois ne peut pas boire, et pour cause, il se chargera de faire boire le marquis; et quand tout le monde sera sous la table, il le démêlera au milieu de nous tous, il en fera ce qu'il voudra. Le reste regarde la marquise.

— Quand je vous le disais, marquise, reprit le régent en frappant dans ses mains, que Richelieu était de bon conseil! Tenez, duc, continua-t-il, vous devriez renoncer à rôder autour de certains palais, laisser la vieille tranquillement mourir à Saint-Cyr, le boiteux rimer ses vers à Sceaux, et vous rallier franchement à nous. Je vous donnerais dans mon cabinet la place de cette vieille caboche de d'Uxelles, et les choses n'en iraient peut-être pas plus mal...

— Oui-da! répondis-je, je le crois bien, mais la chose est impossible: j'ai d'autres visées.

— Mauvaise tête! murmura le régent.

— Et monsieur de Parabère? demanda le chevalier d'Harmental, curieux de connaître la fin de l'histoire.

— Monsieur de Parabère! eh bien! mais tout se passa comme la chose avait été arrêtée. Il s'endormit chez moi et se réveilla chez sa femme. Vous comprenez qu'il a fait grand bruit, mais il n'y avait plus moyen de crier au scandale et d'intenter un procès: sa voiture avait passé la nuit à la porte, et tous les domestiques l'avaient vu entrer et sortir, de sorte que nous attendîmes tranquillement, quoique avec une certaine impatience de savoir à qui l'enfant ressemblerait, de monsieur de Parabère, du régent ou de moi. Enfin, la marquise est accouchée aujourd'hui à midi.

— Et à qui l'enfant ressemble-t-il? demanda Canillac.

— A Nocé! répondit Richelieu en éclatant de rire. Est-ce

que l'histoire n'est pas bonne, marquis? Hein! quel malheur que ce pauvre marquis de Parabère ait eu la sottise de mourir avant le dénoûment! Comme il eût été vengé du tour que nous lui avons joué!

— Chevalier, dit en ce moment à l'oreille de d'Harmental une voix douce et flûtée, tandis qu'une petite main se posait sur son bras, quand vous aurez fini avec monsieur de Richelieu, je réclame mon tour.

— Excusez, monsieur le duc, dit le chevalier, mais vous voyez qu'on m'enlève.

— Je vous laisse aller, mais à une condition.

— Laquelle?

— C'est que vous raconterez mon histoire à cette charmante chauve-souris, en la chargeant de la redire à tous les oiseaux de nuit de sa connaissance.

— J'ai bien peur, répondit d'Harmental, de n'en avoir pas le temps.

— Oh! alors, tant mieux pour vous, reprit le duc en lâchant le chevalier, qu'il avait retenu jusque-là par son habit, car vous aurez en ce cas quelque chose de mieux à dire.

Et il tourna sur ses talons pour prendre lui-même le bras d'un domino qui, en passant, venait de lui faire compliment sur son aventure.

Le chevalier d'Harmental jeta un coup d'œil rapide sur le masque qui venait de l'accoster, afin de s'assurer si c'était bien celui qui lui avait donné rendez-vous, et il reconnut sur son épaule gauche le ruban violet qui devait lui servir de signe de ralliement. Il s'empressa donc de s'éloigner de Canillac et de Richelieu, afin de n'être point interrompu dans sa conversation qui, selon toute probabilité, devait être pour lui de quelque intérêt.

L'inconnue, qui au son de sa voix avait trahi son sexe, était de moyenne stature, et, autant qu'on en pouvait juger à l'élasticité et à la souplesse de ses mouvemens, paraissait être une jeune femme. Quant à sa taille, à sa tournure, à tout ce que l'œil de l'observateur a tant d'intérêt à découvrir en pareil cas, il était inutile de s'en occuper, vu le peu de résultat que promettait cette étude. En effet, comme l'avait déjà indiqué monsieur de Richelieu, elle avait adopté de tous les costumes celui qui était le plus propre à dissimuler ou les grâces ou les défauts : elle était vêtue en chauve-souris, costume fort en usage à cette époque, et d'autant plus commode qu'il était d'une simplicité parfaite, se composant simplement de la réunion de deux jupons noirs. La manière de les employer était à la portée de tout le monde : on serrait l'un, comme d'habitude, autour de sa ceinture ; on passait sa tête masquée par la fente de la poche de l'autre ; on rabattait le devant, dont on faisait deux ailes ; on relevait le derrière, dont on faisait deux cornes, et l'on avait la presque certitude de damner son interlocuteur, qui ne vous reconnaissait, empaqueté ainsi, que lorsqu'on y mettait une extrême bonne volonté.

Le chevalier fit toutes ces remarques en moins de temps qu'il ne nous en a fallu pour décrire un tel costume ; mais n'ayant aucune idée de la personne à laquelle il avait affaire, et croyant qu'il s'agissait tout bonnement de quelque intrigue amoureuse, il hésitait à lui adresser la parole, lorsque, tournant la tête de son côté :

— Chevalier, lui dit le masque sans prendre la peine de déguiser sa voix, dans la certitude sans doute que sa voix lui était inconnue, savez-vous bien que je vous ai une double reconnaissance d'être venu, surtout dans la situation d'esprit où vous êtes ? Il est malheureux que je ne puisse en conscience attribuer une pareille exactitude qu'à la curiosité.

— Beau masque, reprit d'Harmental, ne m'avez-vous pas dit dans votre lettre que vous étiez un bon génie? Or, si réellement vous participez d'une nature supérieure, le passé, le présent et l'avenir doivent vous être connus; vous saviez donc que je viendrais, et, puisque vous le saviez, ma venue ne doit pas vous étonner.

— Hélas! répondit l'inconnue, que l'on voit bien que vous êtes un faible mortel, et que vous avez le bonheur de ne vous être jamais élevé au-dessus de votre sphère! autrement vous sauriez que si nous connaissons, comme vous le dites, le passé, le présent et l'avenir, cette science est muette en ce qui nous regarde, et ce sont les choses que nous désirons le plus qui restent plongées pour nous dans la plus grande obscurité.

— Diable! répondit d'Harmental, savez-vous, monsieur le génie, que vous allez me rendre bien fat si vous continuez de ce ton-là? Car, prenez-y garde, vous m'avez dit, ou à peu près, que vous aviez grand désir que je vinsse à votre rendez-vous.

— Je croyais ne rien vous apprendre de nouveau, chevalier, et il me semblait que ma lettre, sous le rapport du désir que j'avais de vous voir, ne devait vous laisser aucun doute.

— Ce désir, que je n'admets au reste que parce que vous l'avouez et que je suis trop galant pour vous donner un démenti, ne vous a-t-il pas fait promettre dans cette lettre plus qu'il n'est en votre pouvoir de tenir?

— Faites l'épreuve de ma science, elle vous donnera la mesure de mon pouvoir.

— Oh! mon Dieu! je me bornerai à la chose la plus simple : vous savez, dites-vous, le passé, le présent et l'avenir; dites-moi ma bonne aventure.

— Rien de plus facile : donnez-moi votre main.

D'Harmental fit ce qu'on lui demandait.

— Sire chevalier, dit l'inconnue après un instant d'examen, je vois fort lisiblement écrits, par la direction de l'adducteur et par la disposition des fibres longitudinales de l'aponévrose palmaire, cinq mots dans lesquels est renfermée toute l'histoire de votre vie ; ces mots sont : *Courage, ambition, désappointement, amour et trahison.*

— Peste ! interrompit le chevalier, je ne savais pas que les génies étudiassent si à fond l'anatomie et fussent obligés de prendre leurs licences comme un bachelier de Salamanque!

— Les génies savent tout ce que les hommes savent, et bien d'autres choses encore, chevalier.

— Eh bien ! que veulent dire ces mots à la fois si sonores et si opposés, et que vous apprennent-ils de moi dans le passé, mon très savant génie ?

— Ils m'apprennent que c'est par votre *courage* seul que vous avez acquis le grade de colonel que vous occupiez dans l'armée de Flandre ; que ce grade avait éveillé votre *ambition*; que cette *ambition* a été suivie d'un *désappointement*, et que vous avez cru vous consoler de ce *désappointement* par *l'amour*; mais que *l'amour*, comme la fortune, étant sujet à la *trahison*, vous avez été trahi.

— Pas mal, dit le chevalier, et la sibylle de Cumes ne s'en serait pas mieux tirée. Un peu de vague, comme dans tous les horoscopes ; mais du reste, un grand fond de vérité. Passons au présent, beau masque.

— Le présent ! chevalier ! Parlons-en tout bas, car il sent terriblement la Bastille !

Le chevalier tressaillit malgré lui, car il croyait que nul, excepté les acteurs qui y avaient joué un rôle, ne pouvait connaître son aventure du matin.

— Il y a à cette heure, continua l'inconnue, deux braves gentilshommes couchés fort tristement dans leur lit, tandis que nous bavardons gaîment au bal ; et cela, parce que certain chevalier d'Harmental, grand écouteur aux portes, ne s'est pas souvenu d'un hémistiche de Virgile.

— Et quel est cet hémistiche ? demanda le chevalier de plus en plus étonné.

— *Facilis descensus Averni*, dit en riant la chauve-souris.

— Mon cher génie ! s'écria le chevalier en plongeant ses regards à travers les ouvertures du masque de l'inconnue, voici, permettez-moi de vous le dire, une citation tant soit peu masculine.

— Ne savez-vous pas que les génies sont des deux sexes ?

— Oui, mais je n'avais pas entendu dire qu'ils citassent si couramment l'*Énéide*.

— La citation n'est-elle pas juste ? Vous me parlez de la sibylle de Cumes, je vous réponds dans sa langue ; vous me demandez du positif, je vous en donne ; mais, vous autres mortels, vous n'êtes jamais satisfaits.

— Non, car j'avoue que cette science du passé et du présent m'inspire une terrible envie de connaître l'avenir.

— Il y a toujours deux avenirs, dit le masque ; il y a l'avenir des cœurs faibles, et l'avenir des cœurs forts. Dieu a donné à l'homme le libre arbitre, afin qu'il pût choisir. Votre avenir dépend de vous.

— Encore faut-il les connaître, ces deux avenirs, pour choisir le meilleur.

— Eh bien ! il y en a un qui vous attend quelque part, aux environs de Nevers, dans le fond d'une province, entre les lapins de votre garenne et les poules de votre basse-cour. Celui-là vous conduira droit au banc de marguillier de la paroisse. C'est d'une ambition facile, et il n'y a qu'à vous laisser faire pour l'atteindre : vous êtes sur la route.

— Et l'autre ? répliqua le chevalier, visiblement piqué que l'on pût supposer qu'en aucun cas un pareil avenir serait jamais le sien.

— L'autre, dit l'inconnue en appuyant son bras sur le bras du jeune gentilhomme, et en fixant sur lui ses yeux à travers son masque; l'autre vous rejettera dans le bruit et dans la lumière; l'autre fera de vous un des acteurs de la scène qui se joue dans le monde; l'autre, que vous perdiez ou que vous gagniez, vous laissera du moins le renom d'un grand joueur.

— Si je perds, que perdrai-je ? demanda le chevalier.
— La vie probablement.
Le chevalier fit un geste de mépris.
— Et si je gagne ? ajouta-t-il.
— Que dites-vous du grade de mestre de camp, du titre de grand d'Espagne, et du cordon du Saint-Esprit ? Tout cela sans compter le bâton de maréchal en perspective.

— Je dis que le gain vaut l'enjeu, beau masque, et que si tu me donnes la preuve que tu peux tenir ce que tu promets, je suis homme à faire ta partie.

— Cette preuve, répondit le masque, ne peut vous être donnée que par une autre que moi, chevalier, et si vous voulez l'acquérir, il faut me suivre.

— Oh! oh! dit d'Harmental, me serais-je trompé, et ne serais-tu qu'un génie de second ordre, un esprit subalterne, une puissance intermédiaire? Diable! voilà qui m'ôterait un peu de ma considération pour toi.

— Qu'importe, si je suis soumis à quelque grande enchanteresse, et si c'est elle qui m'envoie !

— Je te préviens que je ne traite rien par ambassadeur.

— Aussi ai-je mission de vous conduire près d'elle.

— Alors je la verrai ?

— Face à face, comme Moïse vit le Seigneur.

— Partons, en ce cas !

— Chevalier, vous allez vite en besogne ! Oubliez-vous qu'avant toute initiation il y a certaines cérémonies indispensables pour s'assurer de la discrétion des initiés.

— Que faut-il faire ?

— Il faut vous laisser bander les yeux, vous laisser conduire où l'on voudra vous mener ; puis, arrivé à la porte du temple, faire le serment solennel que vous ne révélerez rien à qui que ce soit des choses qu'on vous aura dites ou des personnes que vous aurez vues.

— Je suis prêt à jurer par le Styx, dit en riant d'Harmental.

— Non, chevalier, répondit le masque d'une voix grave ; jurez tout bonnement par l'honneur, on vous connaît, et cela suffira.

— Et ce serment fait, demanda le chevalier après un instant de silence et de réflexion, me sera-t-il permis de me retirer si les choses que l'on me proposera ne sont pas de celles que puisse accomplir un gentilhomme ?

— Vous n'aurez que votre conscience pour arbitre, et on ne vous demandera que votre parole pour gage.

— Je suis prêt, dit le chevalier.

— Allons donc, dit le masque.

Le chevalier s'apprêta à traverser la foule en ligne droite pour gagner la porte de la salle ; mais ayant aperçu Brancas, Broglie et Simiane qui se trouvaient sur sa route et qui l'eussent arrêté sans doute au passage, il fit un détour et prit une ligne courbe, laquelle cependant devait le conduire au même but.

— Que faites-vous ? demanda le masque.

— J'évite la rencontre de quelqu'un qui pourrait nous retarder.

— Tant mieux ! je commençais à craindre.

— Que craigniez-vous ? demanda d'Harmental.

— Je craignais, répondit en riant le masque, que votre empressement ne fût diminué de la différence de la diagonale aux deux côtés du carré.

— Pardieu ! dit d'Harmental, voilà la première fois, je crois, qu'on donne rendez-vous à un gentilhomme, au bal de l'Opéra, pour lui parler anatomie, littérature ancienne, et mathématiques ! Je suis fâché de vous le dire, beau masque, mais vous êtes bien le génie le plus pédant que j'aie connu de ma vie.

La chauve-souris éclata de rire, mais ne répondit rien à cette boutade, dans laquelle éclatait le dépit du chevalier de ne pouvoir reconnaître une personne qui paraissait cependant si bien au fait de ses propres aventures; mais comme ce dépit ne faisait qu'ajouter à sa curiosité, au bout d'un instant, tous deux, étant descendus d'une hâte pareille, se trouvèrent dans le vestibule.

— Quel chemin prenons-nous ? dit le chevalier ; nous en allons-nous par dessous terre ou dans un char attelé de deux griffons ?

— Si vous le permettez, chevalier, nous nous en irons tout bonnement dans une voiture. Au fond, et quoique vous ayez paru en douter plus d'une fois, je suis femme. et j'ai peur des ténèbres.

— Permettez-moi, en ce cas, de faire avancer mon carrosse, dit le chevalier.

— Non pas, j'ai le mien, s'il vous plaît, répondit le masque.

— Appelez-le donc alors.

— Avec votre permission, chevalier, nous ne serons pas plus fiers que Mahomet à l'endroit de la montagne; et comme mon carrosse ne peut pas venir à nous, nous irons à mon carrosse.

A ces mots, la chauve-souris entraîna le chevalier dans la rue Saint-Honoré. Une voiture sans armoiries, attelée de deux chevaux de couleur sombre, attendait au coin de la petite rue Pierre-Lescot. Le cocher était sur son siége, enveloppé d'une grande houppelande qui lui cachait tout le bas de la figure, tandis qu'un large chapeau à trois cornes couvrait son front et ses yeux. Un valet de pied tenait d'une main la portière ouverte, et de l'autre se masquait le visage avec son mouchoir.

— Montez, dit le masque au chevalier.

D'Harmental hésita un instant : ces deux domestiques inconnus sans livrée, qui paraissaient aussi désireux que leur maîtresse de conserver leur incognito ; cette voiture sans aucun chiffre, sans aucun blason, l'endroit obscur où elle était retirée, l'heure avancée de la nuit, tout inspirait au chevalier un sentiment de défiance très naturel; mais bientôt, réfléchissant qu'il donnait le bras à une femme et qu'il avait une épée au côté, il monta hardiment dans le carrosse. La chauve-souris s'assit près de lui, et le valet de pied referma la portière avec un ressort qui tourna deux fois à la manière d'une clef.

— Eh bien ! ne partons-nous pas ? demanda le chevalier en voyant que la voiture restait immobile.

— Il nous reste une petite précaution à prendre, répondit le masque en tirant un mouchoir de soie de sa poche.

— Ah ! oui, c'est vrai, dit d'Harmental, je l'avais oublié ; je me livre à vous en toute confiance : faites.

Et il avança sa tête.

L'inconnue lui banda les yeux, puis, l'opération terminée :

— Chevalier, dit-elle, vous me donnez votre parole, de ne point écarter ce bandeau avant que vous ayez reçu la permission de l'enlever tout à fait ?

— Je vous la donne.

— C'est bien.

Alors, soulevant la glace de devant :

— Où vous savez, monsieur le comte, dit l'inconnue en s'adressant au cocher.

Et la voiture partit au galop.

V.

L'ARSENAL.

Autant la conversation avait été animée au bal, autant le silence fut absolu pendant la route. Cette aventure, qui s'était présentée d'abord sous les apparences d'une aventure amoureuse, avait bientôt revêtu une allure plus grave et tournait visiblement à la machination politique. Si ce nouvel aspect n'effrayait pas le chevalier, il lui donnait du moins matière à réfléchir, et ces réflexions étaient d'autant plus profondes que plus d'une fois il avait rêvé à ce qu'il aurait à faire s'il se trouvait dans une situation pareille à celle où probablement il allait se trouver.

Il y a dans la vie de tout homme un instant qui décide de tout son avenir. Ce moment, si important qu'il soit, est rarement préparé par le calcul et dirigé par la volonté ; c'est presque toujours le hasard qui prend l'homme, comme le vent fait d'une feuille, et qui le jette dans quelque voie nouvelle et inconnue, où, une fois entré, il est contraint d'obéir à une force supérieure, et où, tout en croyant suivre son libre arbitre, il est l'esclave des circonstances ou le jouet des événemens.

Il en avait été ainsi du chevalier ; nous avons vu par quelle porte il était entré à Versailles, et comment, à défaut de la sympathie, l'intérêt et même la reconnaissance avaient dû l'attacher au parti de la vieille cour. D'Harmental, en conséquence, n'avait pas calculé le bien ou le mal qu'avait fait à la France madame de Maintenon ; il n'avait pas discuté le droit ou le pouvoir qu'avait Louis XIV de légitimer ses bâtards ; il n'avait pas pesé dans la balance de la généalogie monsieur le duc du Maine et monsieur le duc d'Orléans ; il avait compris d'instinct qu'il devait dévouer sa vie à ceux qui l'avaient faite d'obscure glorieuse ; et lorsqu'était mort ce vieux roi, lorsqu'il avait su que ses dernières volontés étaient que monsieur le duc du Maine eût la régence, lorsqu'il avait vu ses dernières volontés brisées par le parlement, il avait regardé comme une usurpation l'avénement au pouvoir de monsieur le duc d'Orléans, et dans la certitude d'une réaction armée contre ce pouvoir, il avait cherché des yeux par toute la France où se déployait le drapeau sous lequel sa conscience lui disait qu'il devait se ranger. Mais, à son grand étonnement, rien n'était arrivé de ce qu'il attendait ; l'Espagne, si intéressée à voir à la tête du gouvernement de la France une volonté amie, n'avait pas même protesté; monsieur du Maine, fatigué d'une lutte qui cependant n'avait duré qu'un jour, était rentré dans l'ombre d'où il semblait n'être sorti que malgré lui; monsieur de Toulouse, doux, bon, paisible, et presque honteux des faveurs dont lui et son frère avaient été accablés, ne laissait pas même soupçonner qu'il pût jamais se faire chef de parti; le maréchal de Villeroy faisait une opposition pauvre et taquine, dans laquelle il n'y avait ni plan ni calcul; Villars n'allait à personne, mais attendait évidemment que l'on vint à lui; d'Uxelles était rallié et avait accepté la présidence des affaires étrangères; les ducs et pairs prenaient patience et caressaient le régent dans l'espoir qu'il finirait, comme il l'avait promis, par ôter aux ducs du Maine et de Toulouse le pas que Louis XIV leur avait donné sur eux; enfin, il y avait malaise, mécontentement, opposition même au gouvernement du duc d'Orléans, mais tout cela était impalpable, invisible, disséminé. Nulle part un noyau où s'agglomérer, nulle part une volonté à qui inféoder la sienne; partout du bruit, de la gaîté partout; du faîte aux profondeurs de la société, le plaisir tenant lieu du bonheur: voilà ce qu'avait vu d'Harmental, voilà ce qui avait fait rentrer au fourreau son épée à moitié tirée. Il avait cru qu'il était seul à avoir vu une autre issue aux choses, et il était resté convaincu que cette issue n'avait jamais existé que dans son imagination, puisque les plus intéressés au résultat qu'il avait rêvé paraissaient regarder ce résultat comme tellement impossible, qu'ils ne tentaient rien pour y arriver.

Mais du moment où il s'était trompé, du moment où, sur cette surface riante, se préparait quelque chose de sombre, du moment où cette insouciance n'était qu'un voile pour cacher les ambitions en travail, c'était autre chose, et ses espérances, qu'il avait crues mortes et qui n'étaient qu'assoupies, murmuraient en se réveillant des promesses plus séduisantes que jamais. Ces offres qu'on lui venait de faire, tout exagérées qu'elles étaient, cet avenir qu'on venait de lui promettre, si improbable qu'il fût, avaient exalté son imagination. Or, à vingt-six ans, l'imagination est une étrange enchanteresse; c'est l'architecte des palais aériens, c'est la fée aux rêves d'or, c'est la reine du royaume sans bornes, et pour peu qu'elle appuie les calculs les plus gigantesques sur le plus frêle roseau, elle les voit déjà réalisés comme s'ils avaient pour base l'axe inébranlable de la terre.

Aussi, quoique la voiture roulât déjà depuis près d'une demi-heure, le chevalier n'avait-il point pensé à trouver le temps long; il était même si profondément plongé dans ses réflexions qu'on aurait pu ne pas lui bander les yeux, et qu'il n'en aurait pas moins ignoré par quelles rues on le faisait passer. Enfin, il sentit gronder les roues, comme lorsqu'une voiture passe sous une voûte : il entendit grincer une grille qui s'ouvrait pour lui donner entrée et qui se refermait derrière lui, et presque aussitôt le carrosse, ayant décrit un cercle, s'arrêta.

— Chevalier, lui dit son guide, si vous craignez de vous engager plus avant, il est encore temps, et vous pouvez retourner en arrière; si, au contraire, vous n'avez point changé de résolution, venez.

Pour toute réponse, d'Harmental tendit la main. Le valet de pied ouvrit la portière; l'inconnue descendit d'abord, puis aida le chevalier à descendre; bientôt ses pieds rencontrèrent des marches, il monta les six degrés d'un perron, et, toujours les yeux bandés, toujours conduit par la dame masquée, il traversa un vestibule, suivit un corridor, entra dans une chambre. Alors il entendit la voiture qui partait de nouveau.

— Nous voici arrivés, dit l'inconnue; vous vous rappelez bien nos conditions, chevalier? Vous êtes libre d'accepter ou de ne point accepter un rôle dans la pièce qui va se jouer à cette heure; mais, en cas de refus de votre part, vous promettez sur l'honneur de ne dire à qui que ce soit un seul mot des personnes que vous allez voir et des choses que vous allez entendre?

— Je le jure sur l'honneur! répondit le chevalier.

— Alors, asseyez-vous, attendez dans cette chambre, et n'ôtez votre bandeau que lorsque vous entendrez sonner deux heures. Soyez tranquille, vous n'avez plus longtemps à attendre.

A ces mots, la conductrice du chevalier s'éloigna de lui; une porte s'ouvrit et se referma. Presque aussitôt deux heures sonnèrent, et le chevalier arracha son bandeau.

Il était seul dans le plus merveilleux boudoir qu'il fût possible d'imaginer; c'était une petite pièce octogone, toute tendue d'un lampas lilas et argent, avec des meubles et des portières de tapisserie; les tables et les étagères étaient du plus délicieux travail de Boule, et toutes chargées de magnifiques chinoiseries; le plancher était couvert d'un tapis de Perse, et le plafond peint par Watteau, qui commençait à être le peintre à la mode. A cette vue, le chevalier eut peine à croire qu'on l'avait appelé pour une chose grave, et il en revint presque à ses premières idées.

En ce moment une porte perdue dans la tapisserie s'ouvrit, et d'Harmental vit paraître une femme que, dans la préoccupation fantastique de son esprit, il aurait pu prendre pour une fée, tant sa taille était mince, svelte et petite; elle était vêtue d'une charmante robe de pékin gris-perle, toute parsemée de bouquets si délicieusement brodés qu'à trois pas de distance, on les aurait pris pour des fleurs naturelles; les volans, les engageantes et les fontanges étaient en point d'Angleterre; les nœuds étaient en perles, avec des agrafes en diamans.

Quant au visage, il était couvert d'un demi-masque de velours noir, duquel pendait une barbe de dentelle de la même couleur.

D'Harmental s'inclina, car il y avait quelque chose de royal dans la marche et dans la tournure de cette femme, dont il comprit alors que la première n'était que l'envoyée.

— Madame, lui dit-il, ai-je réellement, comme je commence à le croire, quitté la terre des hommes pour le monde des génies, et êtes-vous la puissante fée à laquelle appartient ce beau palais?

— Hélas! chevalier, répondit la dame masquée d'une voix douce, et cependant arrêtée et positive, je suis non point une fée puissante, mais bien au contraire une pauvre princesse persécutée par un méchant enchanteur qui m'a enlevé ma couronne et qui opprime cruellement mon royaume. Aussi, comme vous le voyez, je vais cherchant partout un brave chevalier qui me délivre, et le bruit de votre renommée a fait que je me suis adressée à vous.

— S'il ne faut que ma vie pour vous rendre votre puissance passée, madame, reprit d'Harmental, dites un mot, et je suis prêt à la risquer avec joie. Quel est cet enchanteur qu'il faut combattre? Quel est ce géant qu'il faut pourfendre? Puisque vous m'avez choisi entre tous, je serai digne de l'honneur que vous m'avez fait. De ce moment, je vous engage ma parole, cet engagement dût-il me perdre.

— Dans tous les cas, chevalier, vous vous perdrez en bonne compagnie, dit la dame inconnue en dénouant les cordons de son masque et en se découvrant le visage ; car vous vous perdrez avec le fils de Louis XIV et la petite-fille du grand Condé.

— Madame la duchesse du Maine ! s'écria d'Harmental en mettant un genou en terre. Que Votre Altesse me pardonne si, ne la connaissant pas, j'ai pu dire quelque chose qui ne soit pas en harmonie avec le profond respect que j'ai pour elle.

— Vous n'avez dit que des choses dont je doive être fière et reconnaissante, chevalier ; mais peut-être vous repentez-vous de les avoir dites. En ce cas, vous êtes le maître et pouvez reprendre votre parole.

— Dieu me garde, madame, qu'ayant eu le bonheur d'engager ma vie au service d'une si grande et noble princesse que vous êtes, je sois assez malheureux pour me priver moi-même du plus grand honneur que j'aie jamais osé espérer ! Non, madame, prenez au sérieux, au contraire, je vous en supplie, ce que je vous ai offert tout à l'heure en riant, c'est-à-dire mon bras, mon épée et ma vie.

— Allons, chevalier, dit la duchesse du Maine avec ce sourire qui la rendait si puissante sur tout ce qui l'entourait, je vois que le baron de Valef ne m'avait point trompée sur votre compte, et que vous êtes tel qu'il vous avait annoncé. Venez, que je vous présente à nos amis.

La duchesse du Maine marcha la première ; d'Harmental la suivit, encore tout étourdi de ce qui venait de se passer, mais bien résolu, moitié par orgueil, moitié par conviction, à ne pas faire un pas en arrière.

La sortie donnait dans le même corridor par lequel sa première conductrice l'avait introduit. Madame du Maine et le chevalier y firent quelques pas ensemble, puis la duchesse ouvrit la porte d'un salon où les attendaient quatre nouveaux personnages : c'étaient le cardinal de Polignac, le marquis de Pompadour, monsieur de Malezieux et l'abbé Brigaud.

Le cardinal de Polignac passait pour être l'amant de madame du Maine. C'était un beau prélat de quarante à quarante-cinq ans, toujours mis avec une recherche parfaite, à la voix onctueuse par habitude, à la figure glacée, au cœur timide ; dévoré d'ambition, éternellement combattu par la faiblesse de son caractère, qui le laissait en arrière chaque fois qu'il aurait fallu marcher en avant ; au reste, de haute maison comme son nom l'indiquait, très savant pour un cardinal et très lettré pour un grand seigneur.

Monsieur de Pompadour était un homme de quarante-cinq à cinquante ans, qui avait été menin du grand-dauphin, fils de Louis XIV, et qui avait pris là un si grand amour et une si tendre vénération pour toute la famille du grand roi, que, ne pouvant voir sans une profonde douleur le régent sur le point de déclarer la guerre à Philippe V, il s'était jeté corps et âme dans le parti de monsieur le duc de Maine. Au surplus, fier et désintéressé, il avait donné un exemple de loyauté fort rare à cette époque, en renvoyant au régent le brevet de ses pensions et de celle de sa femme, et en refusant successivement pour lui et pour le marquis de Courcillon, son gendre, toutes les places qui leur avaient été offertes.

Monsieur de Malezieux était un homme de soixante à

soixante-cinq ans. Chancelier de Dombes et seigneur de Châtenay, il devait ce double titre à la reconnaissance de monsieur le duc du Maine, dont il avait soigné l'éducation. Poëte, musicien, auteur de petites comédies qu'il jouait lui-même avec infiniment d'esprit, né pour la vie paresseuse et intellectuelle, toujours préoccupé du plaisir de tous et du bonheur particulier de madame du Maine, pour laquelle son dévouement allait jusqu'à l'adoration, c'était le type du sybarite au dix-huitième siècle ; mais comme les sybarites aussi, qui, entraînés par l'aspect de la beauté, suivirent Cléopâtre à Actium et se firent tuer autour d'elle, il eût suivi sa chère Bénédicte à travers l'eau et le feu, et, sur un mot d'elle, sans hésitation, sans retard, et je dirai presque sans regret, se fût jeté du haut en bas des tours de Notre-Dame.

L'abbé Brigaud était fils d'un négociant de Lyon. Son père, qui avait de grands intérêts de commerce avec la cour d'Espagne, fut chargé de faire en l'air, et comme de son propre mouvement, des ouvertures à l'endroit du mariage du jeune Louis XV avec l'infante Marie-Thérèse d'Autriche. Si ces ouvertures eussent été mal reçues, les ministres de France les auraient désavouées, et tout était dit ; mais elles furent bien reçues, et les ministres de France y donnèrent leur assentiment. Le mariage eut lieu, et comme le petit Brigaud naquit vers le même temps que le grand dauphin, son père demanda pour récompense que le fils du roi fût le parrain de son fils, ce qui lui fut gracieusement accordé. De plus, le jeune Brigaud fut placé près du dauphin, où il connut le marquis de Pompadour, qui, comme nous l'avons dit, y était enfant d'honneur. En âge de prendre un parti, Brigaud se jeta dans les pères de l'Oratoire et en sortit abbé. C'était un homme fin, adroit, ambitieux, mais à qui, comme cela arrive quelquefois aux plus grands génies, les occasions de faire fortune avaient manqué. Quelque temps avant l'époque où nous sommes arrivés, il avait rencontré le marquis de Pompadour, qui cherchait lui-même un homme d'esprit et d'intrigue qui pût être le secrétaire de madame du Maine. Il lui dit à quoi l'exposait cette charge en un pareil moment. Brigaud pesa un instant les chances bonnes et mauvaises, et comme les bonnes lui parurent l'emporter, il accepta.

De ces quatre hommes, d'Harmental ne connaissait personnellement que le marquis de Pompadour, qu'il avait rencontré souvent chez monsieur de Courcillon, son gendre, lequel était quelque peu parent ou allié des d'Harmental.

Monsieur de Polignac, monsieur de Pompadour et monsieur de Malezieux causaient debout à une cheminée ; l'abbé Brigaud était assis devant une table et y classait des papiers.

— Messieurs, dit la duchesse du Maine en entrant, voici le brave champion dont le baron de Valef nous avait parlé et que nous a amené votre chère Delaunay, monsieur de Malezieux. Si son nom et ses antécédens ne suffisent pas pour lui servir de parrain près de vous, je me fais personnellement sa répondante.

— Présenté ainsi par Votre Altesse, dit Malezieux, ce n'est plus seulement un compagnon que nous verrons en lui, mais un véritable chef que nous serons prêts à suivre partout où il voudra nous mener.

— Mon cher d'Harmental, dit le marquis de Pompadour en tendant la main au jeune homme, nous étions déjà presque parens ; maintenant, nous voilà frères.

— Soyez le bien venu, monsieur, dit le cardinal de Polignac de ce ton onctueux qui lui était habituel, et qui contrastait si singulièrement avec la froideur de son visage.

L'abbé Brigaud leva la tête, la tourna vers le chevalier avec un mouvement de cou qui ressemblait à celui d'un serpent, et fixa sur d'Harmental deux petits yeux brillans comme ceux d'un lynx.

— Messieurs, dit d'Harmental après avoir répondu d'un signe à chacun d'eux, je suis bien neuf et bien nouveau parmi vous, bien ignorant surtout de ce qui se passe et de ce à quoi je puis vous être bon ; mais si ma parole est engagée depuis quelques minutes seulement, mon dévouement à la cause qui nous réunit date de plusieurs années ; je vous prie donc de m'accorder la confiance qu'a si généreusement réclamée pour moi Son Altesse Sérénissime. Tout ce que je demande ensuite, c'est une prompte occasion de vous prouver que j'en suis digne.

— A la bonne heure ! s'écria la duchesse du Maine ; vivent les gens d'épée pour aller droit au but ! Non, monsieur d'Harmental, non, nous n'aurons pas de secrets pour vous, et l'occasion que vous demandez, et qui remettra chacun de nous à sa véritable place, ne se fera pas attendre, je l'espère.

— Pardon, madame la duchesse, interrompit le cardinal en chiffonnant avec inquiétude son rabat de dentelle ; mais, à la manière dont vous y allez, le chevalier pourrait croire qu'il s'agit d'une conspiration.

— Et de quoi s'agit-il donc, cardinal ? demanda la duchesse du Maine avec impatience.

— Il s'agit, dit le cardinal, d'un conseil occulte, il est vrai, mais qui n'a rien de répréhensible, dans lequel nous cherchons les moyens de remédier aux malheurs de l'Etat et d'éclairer la France sur ses véritables intérêts, en lui rappelant les dernières volontés du roi Louis XIV.

— Tenez, cardinal, dit la duchesse en frappant du pied, vous me ferez mourir d'impatience avec toutes vos circonlocutions ! Chevalier, continua-t-elle en se retournant vers d'Harmental, n'écoutez pas Son Eminence, qui, dans ce moment-ci sans doute, pense à son *Anti-Lucrèce*. S'il se fût agi d'un simple conseil, avec l'excellente tête de Son Eminence nous nous serions tirés d'affaire, et nous n'aurions pas eu besoin de vous. Il s'agit d'une belle et bonne conspiration contre le régent; conspiration dont est le roi d'Espagne, dont est le cardinal Alberoni, dont est monsieur le duc du Maine, dont je suis, dont est le marquis de Pompadour, dont est monsieur de Malezieux, dont est l'abbé Brigaud, dont est Valef, dont vous êtes, dont est monsieur le cardinal lui-même, dont est le premier président, dont sera la moitié du parlement, et dont seront les trois quarts de la France ! Voilà ce dont il s'agit, chevalier. Etes-vous content, cardinal? Est-ce clair, messieurs?

— Madame ! murmura Malezieux en joignant les mains devant elle avec plus de dévotion qu'il n'eût certes fait devant la Vierge.

— Non, tenez, Malezieux, c'est qu'il me damne, continua la duchesse, avec ses tempéramens hors de saison ! Mon Dieu ! mais est-ce donc la peine d'être homme pour tâtonner éternellement ainsi ! Moi, je ne vous demande pas une épée, je ne vous demande pas un poignard ; qu'on me donne un clou seulement, et moi femme, et presque naine, j'irai, comme une nouvelle Jahel, le planter dans la tempe de cet autre Sisara. Alors tout sera fini, et si j'échoue, il n'y aura que moi de compromise.

Monsieur de Polignac poussa un profond soupir, Pompadour éclata de rire, Malezieux essaya de calmer la duchesse, l'abbé Brigaud baissa la tête et se remit à écrire comme s'il n'eût rien entendu.

Quant à d'Harmental, il eût voulu baiser le bas de la robe de madame du Maine, tant cette femme lui paraissait supérieure aux quatre hommes qui l'entouraient.

En ce moment, on entendit de nouveau le bruit d'une voiture qui entrait dans la cour et qui s'arrêtait devant le perron. Sans doute la personne attendue était une personne d'importance, car il se fit un grand silence, et la duchesse du Maine, dans son impatience, alla elle-même ouvrir la porte.

— Eh bien ? demanda-t-elle.

— Le voilà, dit dans le corridor une voix que d'Harmental crut reconnaître pour celle de la chauve-souris.

— Entrez, entrez, prince, dit la duchesse; entrez, nous vous attendons.

VI.

LE PRINCE DE CELLAMARE.

Sur cette invitation, un homme grand, mince, grave et digne, au teint hâlé par le soleil, entra enveloppé dans son manteau, et d'un seul coup d'œil embrassa tout ce qu'il y avait dans cette chambre, hommes et choses. Le chevalier reconnut l'ambassadeur de Leurs Majestés Catholiques, le prince de Cellamare.

— Eh bien ! prince, demanda la duchesse, que dites-vous de nouveau ?

— Je dis, madame, répondit le prince en lui baisant respectueusement la main et en jetant son manteau sur un fauteuil, je dis que Votre Altesse Sérénissime devrait bien changer de cocher. Je lui prédis malheur si elle garde à son service le drôle qui m'a conduit ici ; il m'a tout l'air d'être payé par le régent pour rompre le cou à Votre Altesse et à ses amis.

Chacun éclata de rire et particulièrement le cocher lui-même, qui, sans façon, était entré derrière le prince, et qui, jetant sa houppelande et son chapeau sur une chaise voisine du fauteuil où le prince de Cellamare avait déposé son manteau, montra un homme de haute mine, âgé de trente-cinq à quarante ans à peu près, ayant tout le bas de la figure caché par une mentonnière de taffetas noir.

— Entendez-vous, mon cher Laval, ce que le prince dit de vous ? demanda la duchesse.

— Oui, oui, dit Laval ; on lui en donnera des Montmorency pour qu'il les traite de cette façon-là ! Ah ! monsieur le prince, les premiers barons chrétiens ne sont pas dignes de vous servir de cochers ? Peste ! vous êtes bien difficile. En avez-vous beaucoup, à Naples, de cochers qui datent de Robert le Fort ?

— Comment ! c'était vous, mon cher comte ? dit le prince en lui tendant la main.

— Moi-même, prince. Madame la duchesse a envoyé son cocher faire la mi-carême dans sa famille, et m'a pris à son service pour cette nuit ; elle a pensé que c'était plus sûr.

— Et madame la duchesse a bien fait, dit le cardinal de Polignac ; on ne peut prendre trop de précautions.

— Oui-da! Votre Éminence, dit Laval. Je voudrais bien savoir si vous seriez du même avis après avoir passé la moitié de la nuit sur le siége d'une voiture, d'abord pour aller chercher monsieur d'Harmental au bal de l'Opéra et ensuite pour aller prendre le prince à l'hôtel Colbert?

— Comment! dit d'Harmental, c'est vous, monsieur le comte, qui avez eu la bonté?...

— Oui, c'est moi, jeune homme, répondit Laval, et j'aurais été au bout du monde pour vous ramener ici, car je vous connais, vous êtes un brave : c'est vous qui êtes entré un des premiers à Denain et qui avez pris d'Albemarle. Vous avez eu le bonheur de ne pas y laisser la moitié de votre mâchoire, comme j'ai laissé la moitié de la mienne en Italie, et vous avez eu raison, car c'eût été un motif de plus de vous ôter votre régiment, comme ils l'ont fait, du reste.

— Nous vous rendrons tout cela, chevalier, soyez tranquille, et au centuple, dit la duchesse; mais, pour le moment, parlons de l'Espagne. Prince, vous avez reçu des nouvelles d'Albéroni, m'a dit Pompadour?

— Oui, Votre Altesse.

— Quelles sont-elles?

— Bonnes et mauvaises à la fois. Sa Majesté Philippe V est dans un de ses momens de mélancolie, et on ne peut le déterminer à rien. Il ne peut croire au traité de la quadruple alliance.

— Il n'y peut croire! s'écria la duchesse, et ce traité doit être signé à cette heure! et dans huit jours Dubois l'aura apporté ici!

— Je le sais, Votre Altesse, reprit froidement Cellamare; mais Sa Majesté Catholique ne le sait pas.

— Ainsi, il nous abandonne à nous-mêmes?

— Mais... à peu près.

— Mais alors, que fait donc la reine, et à quoi aboutissent toutes ses belles promesses et ce prétendu empire qu'elle a sur son mari ?

— Cet empire, madame, elle promet de vous en donner des preuves lorsque quelque chose sera fait.

— Oui, dit le cardinal de Polignac ; et puis elle nous manquera de parole !

— Non, Votre Eminence : je me fais son garant.

— Ce que je vois de plus clair dans tout cela, dit Laval, c'est qu'il faut compromettre le roi ; une fois compromis, il marchera.

— Allons donc ! dit Cellamare, voilà que nous approchons.

— Mais comment le compromettre, demanda la duchesse du Maine, sans lettre de lui, sans message, même verbal, à cinq cents lieues de distance ?

— N'a-t-il pas son représentant à Paris, et ce représentant n'est-il pas chez vous à cette heure, madame ?

— Tenez, prince, dit la duchesse, vous avez des pouvoirs plus étendus que vous ne voulez l'avouer.

— Non ; mes pouvoirs se bornent à vous dire que la citadelle de Tolède et la forteresse de Sarragosse sont à votre service. Trouvez le moyen d'y faire entrer le régent, et Leurs Majestés Catholiques fermeront si bien la porte sur lui qu'il n'en sortira plus, je vous en réponds.

— C'est impossible, dit monsieur de Polignac.

— Impossible ! et pourquoi ? s'écria d'Harmental. Rien de plus simple, au contraire, surtout avec la vie que mène monsieur le régent. Que faut-il pour cela ? Huit ou dix hommes de cœur, une voiture bien fermée, et des relais jusqu'à Bayonne.

— J'ai déjà offert de m'en charger, dit Laval.

— Et moi aussi, dit Pompadour.

— Vous ne pouvez, vous, dit la duchesse; si la chose échouait, le régent, qui vous connaît, saurait à qui il a eu affaire, et vous seriez perdus.

— C'est fâcheux, dit froidement Cellamare, car, arrivé à Tolède ou à Sarragosse, il y a la grandesse pour celui qui aura réussi.

— Et le cordon bleu, ajouta madame du Maine, à son retour à Paris.

— Oh ! silence, je vous en supplie, madame, dit d'Harmental, car si Votre Altesse dit de pareilles choses, le dévouement prendra un air d'ambition qui lui ôtera tout son mérite. J'allais m'offrir pour tenter l'entreprise, moi que le régent ne connaît pas, mais voilà que j'hésite maintenant. Et cependant, j'oserais dire que je me crois digne de la confiance de Votre Altesse, et capable de la justifier.

— Comment, chevalier ! s'écria la duchesse, vous risqueriez?...

— Ma vie. C'est tout ce que je puis risquer. Je croyais que je l'avais déjà offerte à Votre Altesse et que Votre Altesse l'avait acceptée. M'étais-je trompé ?

— Non, non, chevalier, dit vivement la duchesse, et vous êtes un brave et loyal gentilhomme. Il y a des pressentimens, je l'ai toujours cru, et du moment où Valef a prononcé votre nom en me disant que vous étiez tel que vous êtes, j'ai eu l'idée que tout nous viendrait de vous. Messieurs, vous entendez ce que dit le chevalier. En quoi pouvez-vous l'aider, voyons?

— En tout ce qu'il voudra, dirent Laval et Pompadour.

— Les coffres de Leurs Majestés Catholiques sont à sa

disposition, dit le prince de Cellamare, et il y peut puiser à pleines mains.

— Merci, messieurs, dit d'Harmental en se tournant vers le comte de Laval et vers le marquis de Pompadour ; vous ne feriez, connus comme vous l'êtes, que rendre l'entreprise plus difficile. Occupez-vous seulement de me procurer un passeport pour l'Espagne, comme si j'étais chargé d'y conduire quelque prisonnier d'importance. Cela doit être facile.

— Je m'en charge, dit l'abbé Brigaud ; j'aurai chez monsieur d'Argenson une feuille toute préparée qu'il n'y aura plus qu'à remplir.

— Voyez ce cher Brigaud, dit Pompadour, il ne parle pas souvent, mais il parle bien.

— C'est lui qui devrait être cardinal, dit la duchesse, bien plutôt que certains grands seigneurs que je connais ; mais une fois que nous disposerons du bleu et du rouge, soyez tranquilles, messieurs, nous n'en serons point avares. Maintenant, chevalier, vous avez entendu ce que vous a dit le prince : si vous avez besoin d'argent...

— Malheureusement, répondit d'Harmental, je ne suis point assez riche pour refuser l'offre de Son Excellence, et, lorsque je serai arrivé à la fin d'un millier de pistoles peut-être que j'ai chez moi, il faudra bien que j'aie recours à vous.

— A lui, à moi, à nous tous, chevalier, car chacun, en pareille circonstance, doit se taxer selon ses moyens. J'ai peu d'argent comptant, mais j'ai force diamans et perles ; ainsi ne vous laissez manquer de rien, je vous prie. Tout le monde n'a pas votre désintéressement, et il y a des dévouemens qui ne s'achètent qu'à prix d'or.

— Mais enfin, monsieur, avez-vous bien songé dans quelle entreprise vous vous jetez? Si vous étiez pris!

— Que Votre Éminence se rassure, répondit dédaigneusement d'Harmental, j'ai assez à me plaindre de monsieur le régent pour que l'on croie, si je suis pris, que c'est une affaire entre lui et moi, et que ma vengeance est toute personnelle.

— Mais enfin, dit le comte de Laval, il faudrait une espèce de lieutenant dans cette entreprise, un homme sur lequel vous puissiez compter. Avez-vous quelqu'un?

— Je crois que oui, répondit d'Harmental. Seulement, il faudrait que je fusse prévenu chaque matin de ce que le régent fera chaque soir. Monsieur le prince de Cellamare, comme ambassadeur, doit avoir sa police secrète.

— Oui, dit le prince embarrassé; j'ai quelques personnes qui me rendent compte...

— C'est justement cela, dit d'Harmental.

— Mais où logez-vous? demanda le cardinal.

— Chez moi, monseigneur, répondit d'Harmental, rue Richelieu, n° 74.

— Et combien y a-t-il de temps que vous y demeurez?

— Trois ans.

— Alors vous y êtes trop connu, monsieur, il faut changer de quartier. On connaît les personnes que vous recevez, et lorsqu'on verrait des visages nouveaux, on s'inquiéterait.

— Cette fois Votre Éminence a raison, dit d'Harmental; je chercherai un autre logement dans quelque quartier perdu et éloigné.

— Je m'en charge, dit Brigaud. Le costume que je porte n'inspire pas de soupçons; je retiendrai votre logement comme s'il était destiné à un jeune homme de province qui me serait recommandé et qui viendrait occuper quelque place dans un ministère.

— Vraiment, mon cher Brigaud, dit le marquis de Pompadour, vous êtes comme cette princesse des Mille et une Nuits, qui ne pouvait pas ouvrir la bouche qu'il n'en tombât des perles.

— Eh bien! c'est chose convenue, monsieur l'abbé, dit d'Harmental; je m'en rapporte à vous, et dès aujourd'hui j'annonce chez moi que je quitte Paris pour un voyage de trois mois.

— Ainsi donc, tout est arrêté, dit avec joie la duchesse du Maine. Voilà la première fois que nous voyons clair dans nos affaires, chevalier, et c'est grâce à vous. Je ne l'oublierai point.

— Messieurs, dit Malezieux en tirant sa montre, je vous ferai observer qu'il est quatre heures du matin, et que nous ferons mourir de fatigue notre chère duchesse.

— Vous vous trompez, sénéchal, répondit la duchesse : de pareilles nuits reposent; il y a longtemps que je n'en ai passé une aussi bonne.

— Prince, dit Laval en reprenant sa houppelande, il faut que vous vous contentiez du cocher que vous vouliez faire mettre à la porte, à moins que vous n'aimiez mieux vous reconduire vous-même ou vous en aller à pied.

— Non, ma foi! dit le prince, je me risque; je suis Napolitain et je crois aux présages. Si vous me versez, ce sera signe qu'il faut nous en tenir où nous en sommes; si vous me conduisez à bon port, cela voudra dire que nous pouvons aller de l'avant.

— Pompadour, vous reconduirez monsieur d'Harmental? dit la duchesse.

— Volontiers, répondit le marquis; il y a longtemps que

nous ne nous étions vus, et nous avons mille choses à nous dire.

— Ne pourrai-je pas prendre congé de ma spirituelle chauve-souris? demanda d'Harmental ; car je n'oublie pas que c'est à elle que je dois le bonheur d'avoir offert mes services à Votre Altesse.

— Delaunay ! dit la duchesse en reconduisant jusqu'à la porte le prince de Cellamare et le comte de Laval, Delaunay ! voici monsieur le chevalier d'Harmental qui prétend que vous êtes la plus grande sorcière qu'il ait vue de sa vie.

— Eh bien ! dit en entrant, le sourire sur les lèvres, celle qui a laissé depuis de si charmans mémoires sous le nom de madame de Staal, croyez-vous à mes prophéties maintenant, monsieur le chevalier ?

— J'y crois, parce que j'espère, répondit le chevalier ; mais à cette heure que je connais la fée qui vous avait envoyée, ce n'est point ce que vous m'avez prédit pour l'avenir qui m'étonne le plus. Comment avez-vous pu être si bien instruite du passé et surtout du présent ?

— Allons, Delaunay, dit en riant la duchesse, sois bonne pour lui et ne le tourmente pas davantage ; autrement il croirait que nous sommes deux magiciennes, et il aurait peur de nous.

— N'y a-t-il pas quelqu'un de vos amis, chevalier, demanda mademoiselle Delaunay, qui vous ait quitté ce matin au bois de Boulogne pour nous venir dire adieu ?

— Valef ! Valef ! s'écria d'Harmental. Je comprends maintenant.

— Allons donc ! dit madame du Maine. A la place d'Œdipe, vous auriez été mangé dix fois par le sphinx.

— Mais les mathématiques? mais Virgile? mais l'anatomie? reprit d'Harmental.

— Ignorez-vous, chevalier, dit Malezieux se mêlant de la conversation, que nous ne l'appelons ici que notre savante, à l'exception de Chaulieu cependant, qui l'appelle sa coquette et sa friponne, mais le tout par licence et par manière poétique?

— Comment! mais, ajouta la duchesse, nous l'avons lâchée l'autre jour après Duvernoy, notre médecin, et elle l'a battu sur l'anatomie!

— Aussi, dit le marquis de Pompadour en prenant le bras de d'Harmental pour l'emmener, le brave homme, dans son désappointement, a-t-il prétendu que c'était la fille de France qui connaissait le mieux le corps humain.

— Voilà, dit l'abbé Brigaud en pliant ses papiers, le premier savant qui se soit permis de faire un bon mot ; il est vrai que c'est sans s'en douter.

Et d'Harmental et Pompadour, ayant pris congé de la duchesse du Maine, se retirèrent en riant, suivis de l'abbé Brigaud, qui comptait sur eux pour ne pas s'en retourner à pied.

— Eh bien! dit madame du Maine en s'adressant au cardinal de Polignac, qui était resté le dernier avec Malezieux, Votre Eminence trouve-t-elle toujours que ce soit une chose si terrible que de conspirer?

— Madame, répondit le cardinal, qui ne comprenait pas que l'on pût rire quand on jouait sa tête, je vous retournerai la question quand nous serons tous à la Bastille.

Et il s'en alla à son tour avec le bon chancelier, déplorant sa mauvaise fortune qui le poussait dans une si téméraire entreprise.

La duchesse du Maine le regarda s'éloigner avec une expression de mépris qu'elle ne pouvait prendre sur elle de dissimuler, puis, lorsqu'elle fut seule avec mademoiselle Delaunay :

— Ma chère Sophie, lui dit-elle toute joyeuse, éteignons notre lanterne, car je crois que nous avons enfin trouvé un homme !

VII.

ALBERONI.

Lorsque d'Harmental se réveilla, il crut avoir fait un songe. Les événemens s'étaient, depuis trente-six heures, succédé avec une telle rapidité qu'il avait été emporté comme par un tourbillon sans savoir où il allait. Maintenant seulement, il se retrouvait en face de lui-même et pouvait réfléchir au passé et à l'avenir.

Nous sommes d'une époque où chacun a plus ou moins conspiré. Nous savons donc par nous-mêmes comment, en pareil cas, les choses se passent. Après un engagement pris dans un moment d'exaltation quelconque, le premier sentiment qu'on éprouve, en jetant un coup d'œil sur la position nouvelle qu'on a prise, est un sentiment de regret d'avoir été si avant ; puis, peu à peu on se familiarise avec l'idée des périls que l'on court ; l'imagination, toujours si complaisante, les écarte de la vue pour présenter à leur place les ambitions qui peuvent se réaliser. Bientôt l'orgueil s'en mêle ; on comprend qu'on est devenu tout à coup une puissance occulte dans cet État où, la veille, on n'était rien encore; on passe dédaigneusement près de ceux qui vivent de la vie commune; on marche la tête plus haute, l'œil plus fier; on se berce dans ses espérances, on s'endort dans les nuages, et l'on s'éveille un matin vainqueur ou vaincu, porté sur les pavois du peuple, ou brisé par les rouages de cette machine qu'on appelle le gouvernement.

Il en fut ainsi de d'Harmental. L'âge dans lequel il vivait avait encore pour horizon la Ligue et touchait presque à la Fronde; une génération d'hommes s'était écoulée à peine depuis que le canon de la Bastille avait soutenu la rébellion du grand Condé. Pendant cette génération, Louis XIV avait rempli la scène, il est vrai, de son omnipotente volonté; mais Louis XIV n'était plus, et les petits-fils croyaient qu'avec le même théâtre et les mêmes machines, ils pouvaient jouer le même jeu qu'avaient joué leurs pères.

En effet, comme nous l'avons dit, après quelques instans de réflexion, d'Harmental revit les choses sous le même aspect qu'il les avait vues la veille, et se félicita d'avoir pris, comme il l'avait fait du premier coup, la première place au milieu d'aussi hauts personnages que l'étaient les Montmorency et les Polignac. Sa famille, par cela même qu'elle avait toujours vécu en province, lui avait transmis beaucoup de cette aventureuse chevalerie si à la mode sous Louis XIII, et que Richelieu n'avait pu détruire entièrement sur les échafauds ni Louis XIV éteindre dans les antichambres. Il y avait quelque chose de romanesque à se ranger, jeune homme, sous les bannières d'une femme, surtout lorsque cette femme était la petite-fille du grand Condé. Et puis, on tient si peu à la vie à vingt-six ans, qu'on la risque à chaque instant pour des choses bien autrement futiles qu'une entreprise du genre de celle dont d'Harmental était devenu le principal chef.

Aussi résolut-il de ne point perdre de temps à se mettre en mesure de tenir les promesses qu'il avait faites. Il ne se dissimulait pas qu'à compter de cette heure, il ne s'appartenait plus à lui-même, et que les yeux de tous les conjurés, depuis ceux de Philippe V jusqu'à ceux de l'abbé Brigaud, étaient fixés sur lui. Des intérêts suprêmes venaient se rattacher à sa volonté, et de son plus ou moins de courage, de son plus ou moins de prudence, allaient dépendre les destins de deux royaumes et la politique du monde.

En effet, à cette heure, le régent était la clef de voûte de l'édifice européen, et la France, qui n'avait point encore de contrepoids dans le Nord, commençait à prendre, sinon par les armes, du moins par la diplomatie, cette influence qu'elle n'a malheureusement pas toujours conservée depuis. Placée, comme elle l'était, au centre du triangle formé par les trois grandes puissances, les yeux fixés sur l'Allemagne, un bras étendu vers l'Angleterre et l'autre vers l'Espagne, prête à se tourner en amie ou en ennemie vers celui de ces trois Etats qui ne la traiterait pas selon sa dignité, elle avait pris, depuis dix-huit mois que le duc d'Orléans était arrivé aux affaires, une attitude de force calme qu'elle n'avait jamais eue, même sous Louis XIV. Cela tenait à la division d'intérêts qu'avaient amenée l'usurpation de Guillaume d'Orange et l'avènement de Philippe V au trône. Fidèle à sa vieille haine contre le stathouder de Hollande, qui avait refusé sa fille, Louis XIV avait constamment appuyé les prétentions de Jacques II, celles du chevalier de Saint-Georges. Fidèle à son pacte de famille avec Philippe V, il avait constamment soutenu, de secours d'hommes et d'argent, son petit-fils contre l'empereur, et, sans cesse affaibli par cette double guerre qui lui avait coûté tant d'or et de sang, il en avait été réduit à cette fameuse paix d'Utrecht qui lui apporta tant de honte.

Mais à la mort du vieux roi tout avait changé, et le régent avait adopté une marche non-seulement nouvelle, mais opposée. Le traité d'Utrecht n'était qu'une trêve, laquelle était rompue du moment où la politique de l'Angleterre et de la Hollande ne poursuivait pas des intérêts communs avec la politique française. En conséquence, le régent avait tout d'abord tendu la main à Georges Ier, et le traité de la triple alliance avait été signé à La Haye, le 4 février 1717, par l'abbé Dubois au nom de la France, par le général Cadogan au nom de l'Angleterre, et par le pensionnaire Heinsius pour la Hollande. C'était un grand pas de fait dans la pacification de l'Europe, mais ce n'était pas un pas définitif. Les intérêts de l'Autriche et de l'Espagne demeuraient toujours en suspens. Charles VI ne reconnaissait pas encore Philippe V comme roi d'Espagne, et Philippe V, de son côté, n'avait pas voulu renoncer à ses droits sur les provinces de la monarchie espagnole que le traité d'Utrecht, en dédommagement du trône de Philippe II, avait cédées à l'empereur.

Dès lors, le régent n'avait plus qu'une seule pensée : celle d'amener, par des négociations amicales, Charles VI à reconnaître Philippe V comme roi d'Espagne, et à contraindre, par la force s'il le fallait, Philippe V à abandonner ses prétentions sur les provinces transférées à l'empereur.

C'était dans ce but qu'au moment même où nous avons commencé ce récit, Dubois était à Londres, poursuivant le traité de la quadruple alliance avec plus d'ardeur encore qu'il ne l'avait fait pour celui de La Haye.

Or, ce traité de la quadruple alliance, en réunissant en un seul faisceau les intérêts de la France et de l'Angleterre, de la Hollande et de l'Empire, neutralisait toute prétention de quelque autre État que ce fût qui ne serait pas approuvée par les quatre puissances. Aussi était-ce là tout ce que craignait au monde Philippe V, ou plutôt le cardinal Alberoni; car, pour Philippe V, pourvu qu'il eût une femme et un prie-Dieu, il ne s'occupait guère de ce qui se passait hors de sa chambre et de sa chapelle.

Mais il n'en était point ainsi d'Alberoni. C'était une de ces fortunes étranges comme les peuples en voient, de tout temps, avec un étonnement toujours nouveau, pousser autour des trônes; c'était un de ces caprices du destin que le hasard élève et brise, comme ces trombes gigantesques que l'on voit s'avancer sur l'Océan, menaçant de tout anéantir, et qu'un caillou lancé par la main du dernier matelot fait retomber en vapeur; c'était une de ces avalanches qui menacent d'engloutir les villes et de combler les vallées, parce qu'un oiseau, en prenant son vol, a détaché un flocon de neige du sommet des montagnes.

Ce serait une curieuse histoire à faire que celle des grands effets produits par une petite cause depuis les Grecs jusqu'à nous.

L'amour d'Hélène amena la guerre de Troie, et changea la face de la Grèce. Le viol de Lucrèce chassa les Tarquins de Rome. Un mari insulté conduisit Brennus au Capitole. La Cava introduisit les Maures en Espagne. Une mauvaise plaisanterie écrite par un jeune fat sur la chaire d'un vieux doge faillit bouleverser Venise. L'évasion de Dearbnorgil avec Mac-Murchad produisit l'esclavage de l'Irlande. L'ordre donné à Cromwell de descendre du vaisseau sur lequel il était déjà embarqué pour se rendre en Amérique eut pour résultat l'exécution de Charles Ier et la chute des Stuarts. Une discussion entre Louis XIV et Louvois, sur une fenêtre de Trianon, causa la guerre de Hollande. Un verre d'eau répandu sur la robe de mistress Marsham priva le duc de Marlborough de son commandement et sauva la France par la paix d'Utrecht. Enfin l'Europe faillit être mise à feu et à sang parce que M. de Vendôme avait reçu l'évêque de Parme assis sur sa chaise percée.

Ce fut la source de la fortune d'Alberoni.

Alberoni était né sous la hutte d'un jardinier. Enfant, il se fit sonneur de cloches ; jeune homme, il troqua son sarrau de toile pour un petit collet. Il était d'humeur gaie et bouffonne. M. le duc de Parme l'entendit rire un matin de si bon cœur, que le pauvre duc, qui ne riait pas tous les jours, voulut savoir ce qui l'égayait ainsi, et le fit appeler. Alberoni lui raconta je ne sais quelle aventure grotesque ; le rire gagna Son Altesse, et Son Altesse, s'apercevant qu'il était bon de rire quelquefois, l'attacha à sa personne. Peu à peu, et tout en s'amusant de ses contes, le duc trouva que son bouffon avait de l'esprit, et comprit que cet esprit pourrait ne pas être incapable d'affaires. Ce fut sur ces entrefaites que revint, très mortifié de l'accueil qu'il avait reçu du généralissime de l'armée française, le pauvre évêque de Parme, dont, en effet, on sait l'étrange réception. La susceptibilité de cet envoyé pouvait compromettre les graves intérêts que Son Altesse avait à débattre avec la France ; Son Altesse jugea qu'Alberoni était justement l'homme qu'il lui fallait pour n'être humilié de rien, et envoya l'abbé achever la négociation que l'évêque avait laissée interrompue.

Monsieur de Vendôme, qui ne s'était point gêné pour un évêque, ne se gêna point pour un abbé, et il reçut le second ambassadeur de Son Altesse comme il avait reçu le premier; mais, au lieu de suivre l'exemple de son prédécesseur, Alberoni tira de la situation même où se trouvait monsieur de Vendôme de si bouffonnes plaisanteries et de si singulières louanges, que, séance tenante, l'affaire fut terminée, et qu'il revint auprès du duc avec toutes choses arrangées à son souhait.

Ce fut une raison pour que le duc l'employât à une seconde affaire. Cette fois, monsieur de Vendôme allait se mettre à table. Alberoni, au lieu de lui parler d'affaires, lui demanda la permission de lui faire goûter deux plats de sa façon, descendit à la cuisine et remonta une soupe au fromage d'une main et un macaroni de l'autre. Monsieur de Vendôme trouva la soupe si bonne qu'il voulut qu'Alberoni en mangeât avec lui, à sa table. Au dessert, Alberoni entama son affaire, et, profitant de la disposition où le dîner avait mis monsieur de Vendôme, il l'enleva à la pointe de sa fourchette. Son Altesse était émerveillée; les plus grands génies qu'elle avait eus auprès d'elle n'en avaient jamais fait autant.

Alberoni s'était bien gardé de donner sa recette au cuisinier. Aussi, cette fois, ce fut monsieur de Vendôme qui fit demander au duc de Parme s'il n'avait rien à traiter avec lui. Son Altesse n'eut pas de peine à trouver un troisième motif d'ambassade, et envoya de nouveau Alberoni. Celui-ci trouva moyen de persuader à son souverain que l'endroit où il lui serait le plus utile était près de monsieur de Vendôme, et à monsieur de Vendôme, qu'il n'y avait pas moyen de vivre sans soupe au fromage et sans macaroni. En conséquence, monsieur de Vendôme l'attacha à son service, lui laissa mettre la main à ses affaires les plus secrètes, et finit par en faire son premier secrétaire.

Ce fut alors que monsieur de Vendôme passa en Espagne, Alberoni se mit en relations avec madame des Ursins, et quand monsieur de Vendôme mourut, en 1712, à Tignaros, elle lui rendit auprès d'elle la position qu'il avait eue auprès du défunt : c'était monter toujours. Au reste, depuis son départ, Alberoni ne s'était point arrêté.

La princesse des Ursins commençait à se faire vieille, crime irrémissible aux yeux de Philippe V. Elle résolut de chercher, pour remplacer Marie de Savoie, une jeune femme, par l'intermédiaire de qui elle pût continuer de régner sur le roi. Alberoni lui proposa la fille de son ancien maître, la lui représenta comme une enfant sans caractère et sans volonté, qui ne réclamerait jamais de la royauté autre chose que le nom. La princesse des Ursins se laissa prendre à cette promesse, le mariage fut arrêté, et la jeune princesse quitta l'Italie pour l'Espagne.

Son premier acte d'autorité fut de faire arrêter la princesse des Ursins, qui était venue au devant d'elle en habit de cour, et de la faire reconduire comme elle était, sans manteau, la poitrine découverte, par un froid de dix degrés, dans une voiture dont un des gardes avait cassé la glace avec son coude, à Burgos d'abord, puis en France, où elle arriva, après avoir été forcée d'emprunter cinquante pistoles à ses domestiques. Son cocher eut le bras gelé, et on le lui coupa.

Après sa première entrevue avec Élisabeth Farnèse, le roi d'Espagne annonça à Alberoni qu'il était premier ministre.

De ce jour, grâce à la jeune reine, qui lui devait tout, l'ex-sonneur de cloches avait exercé un empire sans bornes sur Philippe V.

Or, voici ce que rêvait Alberoni, qui, ainsi que nous l'avons dit, avait toujours empêché Philippe V de reconnaître la paix d'Utrecht. Si la conjuration réussissait, si d'Harmental parvenait à enlever le duc d'Orléans et à le conduire dans la citadelle de Tolède ou dans la forteresse de Saragosse, Alberoni faisait reconnaître monsieur du Maine pour régent, enlevait la France à la quadruple alliance, jetait le chevalier de Saint-Georges avec une flotte sur les côtes d'Angleterre, mettait la Prusse, la Suède et la Russie, avec lesquelles il avait un traité d'alliance, aux prises avec la Hollande. L'Empire profitait de leur lutte pour reprendre Naples et la Sicile, et assurait le grand-duché de Toscane, prêt à rester sans maître par l'extinction des Médicis, au second fils du roi d'Espagne ; réunissait les Pays-Bas catholiques à la France, donnait la Sardaigne aux ducs de Savoie, Commachio au pape, Mantoue aux Vénitiens; se faisait l'âme de la grande ligue du Midi contre le Nord, et si Louis XV venait à mourir, couronnait Philippe V roi de la moitié du monde.

Ce n'était pas mal calculé, on en conviendra, pour un faiseur de macaroni.

VIII.

UN PACHA DE NOTRE CONNAISSANCE.

Toutes ces choses étaient entre les mains d'un jeune homme de vingt-six ans ; il n'était donc point étonnant qu'il se fût quelque peu effrayé d'abord de la responsabilité qui pesait sur lui. Comme il était au plus fort de ses réflexions, l'abbé Brigaud entra. Il s'était déjà occupé du futur logement du chevalier, et lui avait trouvé, n° 5, rue du Temps-Perdu, entre la rue du Gros-Chenet et la rue Montmartre, une petite chambre garnie, telle qu'il convenait à un pauvre jeune homme de province qui venait chercher fortune à Paris. Il lui apportait en outre deux mille pistoles de la part du prince de Cellamare. D'Harmental voulait les refuser, car il lui semblait que de ce moment il n'agirait plus selon sa conscience ou par dévouement, et qu'il se mettrait aux gages d'un parti; mais l'abbé Brigaud lui fit comprendre que, dans une pareille entreprise, il y avait des susceptibilités à vaincre et des complices à payer, et que d'ailleurs, si l'affaire réussissait, il lui faudrait partir à l'instant même pour l'Espagne et s'ouvrir peut-être le chemin à force d'or.

Brigaud emporta un costume complet du chevalier pour lui acheter des habits à sa taille, et simples comme il convenait qu'en portât un jeune homme qui postulait une place de commis dans un ministère. C'était un homme précieux que l'abbé Brigaud.

D'Harmental passa le reste de la journée à faire les préparatifs de son prétendu voyage, ne laissa point, en cas d'événemens fâcheux, une seule lettre qui pût compromettre un ami; puis, lorsque la nuit fut venue, il s'achemina vers la rue Saint-Honoré, où, grâce à la Normande, il espérait avoir des nouvelles du capitaine Roquefinette.

En effet, du moment où on lui avait parlé d'un lieutenant pour son entreprise, il avait aussitôt pensé à cet homme que le hasard lui avait fait rencontrer, et qui lui avait donné, en lui servant de second, une preuve de son insoucieux courage. Il n'avait eu besoin que de jeter un coup d'œil sur lui pour reconnaître un de ces aventuriers, reste des condottieri du moyen âge, toujours prêts à vendre leur sang à quiconque en offre un bon prix, que la paix pousse sur le pavé, et qui alors mettent leur épée, devenue inutile a l'État, au service des individus. Un tel homme devait avoir de ces relations sombres et mystérieuses avec quelques-uns de ces individus sans nom comme il s'en trouve toujours à la base des conspirations; machines que l'on fait agir sans qu'elles sachent elles-mêmes ni quel est le ressort qui les met en jeu ni quel est le résultat qu'elles produisent; qui, soit que les choses échouent, soit qu'elles réussissent, se dispersent au bruit qu'elles font en éclatant au-dessus de leur tête, et qu'on est tout étonné de voir disparaître dans les bas-fonds de la populace, comme ces fantômes qui s'abîment, après la pièce, à travers les trappes d'un théâtre bien machiné.

Le capitaine Roquefinette était donc indispensable aux projets du chevalier, et comme on devient superstitieux en devenant conspirateur, d'Harmental commençait à croire que c'était Dieu lui-même qui le lui avait amené par la main.

Le chevalier, sans être une pratique, était une connaissance de la Fillon. C'était du bon ton, à cette époque, d'aller quelquefois au moins se griser chez cette femme quand on n'y allait pas pour autre chose. Aussi, d'Harmental n'était-il pour elle ni son fils, nom qu'elle donnait familièrement aux habitués, ni son compère, nom qu'elle réservait à l'abbé Dubois; c'était tout simplement monsieur le chevalier, marque de considération qui aurait fort humilié la plupart des jeunes gens de l'époque. La Fillon fut donc assez étonnée lorsque d'Harmental, après l'avoir fait appeler, lui demanda s'il ne pourrait point parler à celle de ses pensionnaires qui était connue sous le nom de la Normande.

— O mon Dieu ! monsieur le chevalier, lui dit-elle, je suis vraiment désolée qu'une chose comme cela arrive à vous, que j'aurais voulu attacher à la maison, mais la Normande est justement retenue jusqu'à demain soir.

— Peste ! dit le chevalier, quelle rage !

— Oh ! ce n'est pas une rage, reprit la Fillon, c'est un caprice d'un vieil ami à qui je suis toute dévouée.

— Quand il a de l'argent, bien entendu.

— Eh bien ! voilà ce qui vous trompe. Je lui fais crédit jusqu'à une certaine somme. Que voulez-vous ? c'est une faiblesse, mais il faut bien être reconnaissante : c'est lui qui m'a lancée dans le monde, car, telle que vous me voyez, monsieur le chevalier, moi qui ai eu ce qu'il y a de mieux à Paris, à commencer par monsieur le régent, je suis fille d'un pauvre porteur de chaise. Oh ! je ne suis pas comme la plupart de vos belles duchesses qui renient leur origine, et comme les trois quarts de vos ducs et pairs qui se font fabriquer des généalogies. Non, ce que je suis, je le dois à mon mérite, et j'en suis fière.

— Alors, dit le chevalier, qui avait peu de curiosité, dans la situation d'esprit où il se trouvait, pour l'histoire de la Fillon, si intéressante qu'elle fût, vous dites que la Normande sera ici demain soir ?

— Elle y est, monsieur le chevalier, elle y est ; seulement, comme je vous le dis, elle est à faire des folies avec mon vieux reître de capitaine.

— Dites donc, ma chère présidente (c'était le nom qu'on donnait quelquefois à la Fillon, depuis certain quiproquo qu'elle avait eu avec une présidente qui avait l'avantage de porter le même nom qu'elle), est-ce que par hasard votre capitaine serait mon capitaine ?

— Comment se nomme le vôtre ?

— Le capitaine Roquefinette.

— C'est lui-même !

— Il est ici ?

— En personne.

— Eh bien ! c'est à lui justement que j'ai affaire, et je ne demandais la Normande que pour avoir l'adresse du capitaine.

— Alors, tout va bien, répondit la présidente.

— Ayez donc la bonté de le faire demander.

— Oh ! il ne descendra pas, quand ce serait le régent lui-même qui aurait à lui parler. Si vous voulez le voir, il faut monter.

— Et où cela ?

— A la chambre n° 2, celle où vous avez soupé l'autre soir avec le baron de Valef. Oh ! quand il a de l'argent, rien n'est trop bon pour lui. C'est un homme qui n'est que capitaine, mais qui a un cœur de roi.

— De mieux en mieux ! dit d'Harmental en montant l'escalier sans que le souvenir de la mésaventure qui lui était arrivée dans cette chambre eût le pouvoir de détourner sa pensée de la nouvelle direction qu'elle avait prise ; un cœur de roi, ma chère présidente ! c'est justement ce qu'il me faut.

Quand d'Harmental n'aurait pas connu la chambre en question, il n'aurait pas pu se tromper, car, arrivé sur le premier palier, il entendit la voix du brave capitaine qui lui eût servi de guide.

— Allons, mes petits amours, disait-il, le troisième et

dernier couplet, et de l'ensemble à la reprise. Puis il entonna d'une magnifique voix de basse :

> Grand Saint-Roch, notre unique bien,
> Écoutez un peuple chrétien
> Accablé de malheurs, menacé de la peste ;
> Nous ne craindrons rien de funeste.
> Venez nous secourir, soyez notre soutien.
> Détournez de sur nous la colère céleste.
> Mais n'amenez pas votre chien,
> Nous n'avons pas de pain de reste.

Quatre ou cinq voix de femmes reprirent en chœur :

> Mais n'amenez pas votre chien,
> Nous n'avons pas de pain de reste.

— C'est mieux, dit le capitaine, c'est mieux ; passons maintenant à la bataille de Malplaquet.

— Oh ! nenni, dit une voix. Votre bataille, j'en ai assez !

— Comment, tu as assez de ma bataille ! une bataille où je me suis trouvé en personne, morbleu !

— Oh ! ça m'est bien égal ! j'aime mieux une romance que toutes vos méchantes chansons de guerre, pleines de jurons qui offensent le bon Dieu ! Et elle se mit à chanter :

> Linval aimait Arsène...
> Il ne put l'oublier.

— Silence ! dit le capitaine. Est-ce que je ne suis plus le maître ici ? Tant que j'aurai de l'argent, je veux qu'on m'amuse à ma manière. Quand je n'aurai plus le sou, ce sera autre chose : vous me chanterez vos guenilles de complaintes, et je n'aurai plus rien à dire.

Il paraît que les convives du capitaine trouvèrent qu'il n'était pas de la dignité de leur sexe de souscrire aveuglément à une pareille prétention, car il se fit une telle rumeur que d'Harmental jugea qu'il était temps de mettre les holà ; en conséquence, il frappa à la porte.

— Tournez la bobinette, dit le capitaine, et la chevillette cherra.

En effet, contre toute probabilité, la clef était restée à la serrure : d'Harmental suivit donc de point en point l'instruction qui lui était donnée dans la langue du Petit Chaperon rouge, et ayant ouvert la porte, il se trouva en face du capitaine, couché sur le tapis, devant les restes d'un copieux dîner, appuyé sur des coussins, une camisole de femme sur les épaules, une grande pipe à la bouche et une nappe roulée autour de sa tête en guise de turban. Trois ou quatre filles étaient autour de lui. Sur un fauteuil était déposé son habit, auquel on remarquait un ruban nouveau, son chapeau qui avait un galon neuf, et Colichemarde, cette fameuse épée qui avait inspiré à Ravanne sa facétieuse comparaison avec la maîtresse-broche de madame sa mère.

— Comment ! c'est vous, chevalier ! s'écria le capitaine. Vous me trouvez comme monsieur de Bonneval, dans mon sérail et au milieu de mes odalisques. Vous ne connaissez pas monsieur de Bonneval, mesdemoiselles ? C'est un pacha à trois queues de mes amis, qui, comme moi, ne pouvait pas souffrir les romances, mais qui entendait un peu bien le maniement de la vie. Dieu me garde une fin comme la sienne ! c'est tout ce que je lui demande.

— Oui, c'est moi, capitaine, dit d'Harmental, ne pouvant

s'empêcher de rire du groupe grotesque qu'il avait sous les yeux. Je vois que vous ne m'aviez pas donné une fausse adresse, et je vous félicite de votre véracité.

— Soyez le bienvenu, chevalier, dit le capitaine. Mesdemoiselles, je vous prie de servir monsieur exactement comme vous me traitez en toutes choses, et de lui chanter les chansons qu'il voudra. Asseyez-vous donc, chevalier, et mangez et buvez, comme si vous étiez chez vous, attendu que c'est votre cheval que nous buvons et mangeons. Il y est déjà passé plus d'à-moitié, pauvre animal! mais les restes en sont bons.

— Merci, capitaine. Je viens de dîner moi-même, et je n'ai qu'un mot à vous dire, si vous le permettez.

— Non, pardieu! je ne le permets pas, dit le capitaine; à moins que ce ne soit encore pour une rencontre. Oh! cela passe avant tout! Si c'est pour une rencontre, à la bonne heure! La Normande, allonge-moi ma brette!

— Non, capitaine, c'est pour affaire.

— Si c'est pour affaire, votre serviteur de tout mon cœur, chevalier! Je suis plus tyran que le tyran de Thèbes ou de Corinthe, Archias, Pélopidas, Léonidas, je ne sais plus quel Olibrius en as qui renvoyait les affaires au lendemain. Moi, j'ai de l'argent jusqu'à demain soir. Donc, après-demain matin les affaires sérieuses.

— Mais, du moins, après-demain, capitaine, dit d'Harmental, je puis compter sur vous, n'est-ce pas?

— A la vie, à la mort, chevalier!

— Je crois aussi que l'ajournement est plus prudent.

— Prudentissime, dit le capitaine. Athénaïs, rallume-moi ma pipe.

— A après-demain donc.

— A après-demain. Mais où vous retrouverai-je?

— Promenez-vous de dix à onze heures du matin dans la rue du Temps-Perdu, regardez de temps en temps en l'air ; on vous appellera de quelque part.

— C'est dit, chevalier, de dix à onze heures du matin. Pardon, si je ne vous reconduis pas, mais ce n'est pas l'habitude des Turcs.

Le chevalier lui fit signe de la main qu'il le dispensait de cette formalité, et, ayant fermé la porte derrière lui, commença de descendre l'escalier. Il n'en était pas à la quatrième marche, qu'il entendit le capitaine, fidèle à ses premières idées, entonner à tue-tête cette fameuse chanson des dragons de Malplaquet qui fit peut-être couler autant de sang en duel qu'il y en avait eu de répandu sur le champ de bataille.

IX.

LA MANSARDE.

Le lendemain, l'abbé Brigaud arriva chez le chevalier à la même heure que la veille. C'était un homme d'une exactitude parfaite. Il apportait trois choses fort utiles au chevalier : des habits, un passeport, et le rapport de la police du prince de Cellamare sur ce que devait faire monsieur le régent dans la présente journée du 24 mars 1718.

Les habits étaient simples, comme il convient à un cadet de bonne bourgeoisie qui vient chercher fortune à Paris. Le chevalier les essaya, et, grâce à sa bonne mine, il se trouva que, tout simples qu'ils étaient, ils lui allaient ravir. L'abbé Brigaud secoua la tête : il aurait mieux aimé que le chevalier eût moins belle tournure ; mais c'était un malheur irréparable, et il lui fallut s'en consoler.

Le passeport était au nom del senor Diégo, intendant de la noble maison d'Oroposa, lequel avait mission de ramener en Espagne une espèce de maniaque, bâtard de la susdite maison, dont la folie était de se croire régent de France. Cette précaution allait, comme on le voit, au devant de toutes les réclamations que le duc d'Orléans aurait pu faire du fond de sa voiture. Et comme le passeport était fort en règle, du reste, signé du prince de Cellamare et visé par messire Voyer d'Argenson, il n'y avait aucun motif pour que le régent, une fois dans le carrosse, ne fît pas bonne route jusqu'à Pampelune, où tout serait dit. La signature surtout de messire Voyer d'Argenson était imitée avec une vérité qui faisait le plus grand honneur aux calligraphes du prince de Cellamare.

Quant au rapport, c'était un chef-d'œuvre de clarté et de ponctualisme. Nous le reproduisons textuellement, afin de donner à la fois une idée de la façon de vivre du prince et de la manière dont était faite la police de l'ambassadeur d'Espagne. Ce rapport était daté de deux heures de la nuit.

« Aujourd'hui, le régent se lèvera tard : il y a eu souper dans les petits appartemens. Madame d'Averne y assistait pour la première fois, en remplacement de madame de Parabère. Les autres femmes étaient la duchesse de Falaris et Saleri, dames d'honneur de Madame. Les hommes étaient le marquis de Broglie, le comte de Nocé, le marquis de Canillac, le duc de Brancas, et le chevalier de Simiane. Quant au marquis de Lafare et à monsieur de

Fargy, ils étaient retenus dans leur lit par une indisposition dont on ignore la cause.

» A midi le conseil aura lieu. Le régent doit y communiquer au duc du Maine, au prince de Conti, au duc de Saint-Simon, au duc de Guiche, etc., le projet de traité de la quadruple alliance, que lui a envoyé l'abbé Dubois, en annonçant son retour pour dans trois ou quatre jours.

» Le reste de la journée est donné tout entier à la paternité. Avant-hier, monsieur le régent a marié une fille qu'il avait eue de la Desmarets, et qui avait été élevée chez les religieuses de Saint-Denis. Elle dîne avec son mari au Palais-Royal, et après le dîner, monsieur le régent le conduit à l'Opéra, dans la loge de madame Charlotte de Bavière. La Desmarets, qui n'a pas vu sa fille depuis six ans, est prévenue que, si elle veut la voir, elle peut venir au théâtre.

» Monsieur le régent, malgré son caprice pour madame d'Averne, fait toujours la cour à la marquise de Sabran. La marquise se pique encore de fidélité, non pas à son mari, mais au duc de Richelieu. Pour avancer ses affaires, monsieur le régent a nommé hier monsieur de Sabran son maître d'hôtel. »

— J'espère que voilà de la besogne bien faite, dit l'abbé Brigaud, lorsque le chevalier eut achevé ce rapport.

— Ma foi ! oui, mon cher abbé, répondit d'Harmental ; mais si le régent ne nous donne pas dans l'avenir de meilleures occasions d'exécuter notre entreprise, il ne me sera pas facile de le conduire en Espagne.

— Patience ! patience ! dit Brigaud ; il y a temps pour tout. Le régent nous offrirait une occasion aujourd'hui que vous ne seriez probablement pas en mesure d'en profiter.

— Non ; vous avez raison.

— Alors, vous voyez que ce que Dieu fait est bien fait : Dieu nous laisse la journée d'aujourd'hui, profitons-en pour déménager.

Le déménagement n'était ni long ni difficile : d'Harmental prit son trésor, quelques livres, le paquet qui contenait sa garde-robe, monta en voiture, se fit conduire chez l'abbé, renvoya sa voiture en disant qu'il allait le soir à la campagne, et serait absent dix ou douze jours, et qu'on n'eût pas à s'inquiéter de lui ; puis, ayant échangé ses habits élégans contre ceux qui convenaient au rôle qu'il allait jouer, il alla, conduit par l'abbé Brigaud, prendre possession de son nouveau logement.

C'était une chambre, ou plutôt une mansarde, avec un cabinet, située au quatrième, rue du Temps-Perdu, nº 5, laquelle est aujourd'hui la rue Saint-Joseph. La propriétaire de la maison était une connaissance de l'abbé Brigaud ; aussi, grâce à sa recommandation, avait-on fait pour le jeune provincial quelques frais extraordinaires : il y trouva des rideaux d'une blancheur parfaite, du linge d'une finesse extrême, une apparence de bibliothèque toute garnie, de sorte qu'il vit du premier coup d'œil que, s'il n'était pas aussi bien que dans son appartement de la rue Richelieu, il serait au moins d'une façon tolérable.

Madame Denis, c'était le nom de l'amie de l'abbé Brigaud, attendait son futur locataire pour lui faire elle-même les honneurs de sa chambre ; elle lui en vanta tous les agrémens, lui assura que, n'était la dureté des temps, il ne l'aurait pas eue pour le double ; lui certifia que sa maison était une des mieux famées du quartier, lui promit que le bruit ne le dérangerait pas de son travail, attendu que la rue étant trop étroite pour que deux voitures y passassent de front, il était très rare que les cochers s'y hasardassent ;

toutes choses auxquelles le chevalier répondit d'une façon si modeste, qu'en redescendant au premier étage, qu'elle habitait, madame Denis recommanda au concierge et à sa femme les plus grands égards pour son nouveau commensal.

Ce jeune homme, quoiqu'il pût certainement lutter de bonne mine avec les plus fiers seigneurs de la cour, lui paraissait bien loin d'avoir, surtout à l'égard des femmes, les manières lestes et hardies que les muguets de l'époque croyaient qu'il était de bon ton d'affecter. Il est vrai que l'abbé Brigaud, au nom de la famille de son pupille, avait payé un trimestre d'avance.

Un instant après, l'abbé descendit à son tour chez madame Denis, qu'il acheva d'édifier sur le compte de son jeune protégé, qui, dit-il, ne recevrait absolument personne autre que lui et un vieil ami de son père. Ce dernier, malgré des façons un peu brusques qu'il avait prises dans les camps, était un seigneur très recommandable. D'Harmental avait cru devoir user de cette précaution pour que l'apparition du capitaine n'effarouchât point trop la bonne madame Denis dans le cas où, par hasard, elle viendrait à le rencontrer.

Resté seul, le chevalier, qui avait déjà fait l'inventaire de sa chambre, résolut, pour se distraire, de faire celui du voisinage; il ouvrit sa croisée et commença l'inspection de tous les objets que la rue pouvait embrasser.

Il put se convaincre tout d'abord de la vérité de l'observation que madame Denis avait faite relativement à la rue : à peine avait-elle dix à douze pieds de large, et, du point élevé d'où les regards du chevalier plongeaient, elle lui paraissait plus étroite encore ; ce peu de largeur, qui pour tout autre locataire eût sans doute été un défaut, lui parut au contraire une qualité, car il calcula aussitôt que dans le cas où il serait poursuivi, à l'aide d'une planche posée sur sa fenêtre et sur la fenêtre percée vis-à-vis, il pouvait passer de l'autre côté de la rue. Il était donc important d'établir, à tout événement, avec les locataires de la maison en face des relations de bon voisinage.

Malheureusement chez le voisin ou chez la voisine on paraissait peu disposé à la sociabilité; non-seulement la fenêtre était hermétiquement fermée, comme le comportait l'époque de l'année dans laquelle on se trouvait, mais encore les rideaux de mousseline qui pendaient derrière les vitres étaient si exactement tirés qu'ils ne présentaient pas la plus petite ouverture par laquelle le regard pût pénétrer. Une seconde fenêtre, qui paraissait appartenir à la même chambre, était close avec une égale précision.

Plus favorisée que celle de madame Denis, la maison en face de la sienne avait un cinquième étage, ou plutôt une terrasse. Une dernière chambre mansardée, et qui était située juste au-dessus de la fenêtre si exactement fermée, donnait sur cette terrasse : c'était, selon toutes probabilités, la résidence d'un agronome distingué, car il était parvenu, à force de patience, de temps et de travail, à transformer cette terrasse en un jardin qui contenait, dans douze ou quinze pieds carrés, un jet d'eau, une grotte et un berceau. Il est vrai que le jet d'eau n'allait qu'à l'aide d'un réservoir supérieur, alimenté l'hiver par l'eau du ciel, et l'été par celle que le propriétaire y versait lui-même; il est vrai également que la grotte, toute garnie de coquillages et surmontée d'une petite forteresse en bois, paraissait destinée, dans quelque cas que ce fût, à abriter, non pas un être humain, mais purement et simplement un individu de la race canine; il est vrai enfin que le berceau, entièrement dépouillé, par l'âpreté de l'hiver, du feuillage qui en faisait le charme principal, ressemblait pour le moment à une immense cage à poulets.

D'Harmental admira l'active industrie du bourgeois de Paris, qui parvient à se créer une campagne sur le bord de sa fenêtre, sur le coin d'un toit, et jusque dans le sillon de sa gouttière. Il murmura le fameux vers de Virgile : *O fortunatos nimium!* et puis, la brise étant assez froide, comme il n'apercevait qu'une suite assez monotone de toits, de cheminées et de girouettes, il referma sa croisée, mit bas son habit, s'enveloppa d'une robe de chambre qui avait le défaut d'être un peu trop comfortable pour la situation présente de son maître, s'assit dans un assez bon fauteuil, allongea ses pieds sur ses chenets, étendit la main vers un volume de l'abbé de Chaulieu, et se mit, pour se distraire, à lire les vers adressés à mademoiselle Delaunay, dont lui avait parlé le marquis de Pompadour, et qui acquéraient pour lui un nouvel intérêt depuis qu'il en connaissait l'histoire (1).

Le résultat de cette lecture fut que le chevalier, tout en souriant de l'amour octogénaire du bon abbé, s'aperçut que, plus malheureux que lui peut-être, il avait le cœur parfaitement vide. Sa jeunesse, son courage, son élégance, son esprit fier et aventureux, lui avaient valu force belles fortunes; mais dans tout cela il n'avait jamais rendu que ce qu'on lui offrait, c'est-à-dire des liaisons éphémères. Un instant il avait cru aimer madame d'Averne, et être aimé d'elle; mais de la part de la belle inconstante, cette grande passion n'avait pas tenu contre une corbeille de fleurs et

(1) Launay, qui souverainement
Possèdes le talent de plaire, etc.

de pierreries, et contre la vanité de plaire au régent. Avant que cette infidélité ne fût faite, le chevalier avait cru qu'il serait au désespoir de cette infidélité : elle avait eu lieu, il en avait eu la preuve; il s'était battu, parce qu'à cette époque on se battait à propos de tout, ce qui tenait probablement à ce que le duel était sévèrement défendu ; puis enfin il s'était aperçu du peu de place que tenait dans son cœur le grand amour auquel cependant il avait cru livrer son cœur tout entier. Il est vrai que les événemens advenus depuis trois ou quatre jours avaient nécessairement entraîné son esprit vers d'autres pensées, mais le chevalier ne se dissimulait pas qu'il n'en eût point été ainsi s'il avait été réellement amoureux. Un grand désespoir ne lui eût guère permis d'aller chercher une distraction au bal masqué, et s'il n'était point allé au bal masqué, aucun des événemens qui s'étaient succédé d'une manière si rapide et si inattendue n'aurait eu son développement n'ayant pas son point de départ. Le résultat de tout cela fut que le chevalier resta convaincu qu'il était parfaitement incapable d'une grande passion, et qu'il était seulement destiné à se rendre coupable envers les femmes d'une foule de ces charmantes scélératesses qui mettaient à cette époque un jeune seigneur à la mode. En conséquence, il se leva, fit dans sa chambre trois tours d'un air conquérant; poussa un profond soupir en pensant à quelle époque éloignée étaient probablement remis ces beaux projets, et revint à pas lents de sa glace à son fauteuil.

Pendant le trajet, il s'aperçut que la fenêtre en face de la sienne, une heure auparavant si hermétiquement fermée, était enfin toute grande ouverte. Il s'arrêta par un mouvement machinal, écarta son rideau, et plongea les yeux dans l'appartement qu'on livrait ainsi à son investigation.

C'était une chambre, selon toute apparence, occupée par une femme. Près de la croisée, sur laquelle une charmante petite levrette blanche et café au lait appuyait, en regardant curieusement dans la rue, ses deux pattes fines et élégantes, était un métier à broder. Au fond, en face de la fenêtre, un clavecin tout ouvert se reposait entre deux harmonies. Quelques pastels, encadrés dans des cadres de bois noir relevé d'un petit filet d'or, étaient appendus aux murs recouverts d'un papier perse, et des rideaux d'indienne du même dessin que le papier retombaient derrière ces autres rideaux de mousseline si scrupuleusement appliqués aux carreaux. Par la seconde fenêtre entrebâillée, on apercevait les rideaux d'une alcôve qui probablement renfermait un lit. Le reste du mobilier était parfaitement simple, mais d'une harmonie charmante, qui était due évidemment, non pas à la fortune, mais au goût de la modeste habitante de ce petit réduit.

Une vieille femme balayait, époussetait et rangeait, profitant de l'absence de la maîtresse du logis pour faire cette besogne de ménage; car on ne voyait qu'elle dans la chambre, et cependant il était clair que ce n'était pas elle qui l'habitait.

Tout à coup la physionomie de la levrette, dont les grands yeux avaient erré jusque-là de tous côtés avec l'insouciance aristocratique particulière à cet animal, parut s'animer; elle pencha la tête dans la rue, puis, avec une légèreté et une adresse miraculeuses, elle sauta sur le rebord de la fenêtre et s'assit en dressant les oreilles et en levant une de ses pattes de devant. Le chevalier comprit alors à ces signes que la locataire de la petite chambre s'approchait; il ouvrit aussitôt sa croisée. Malheureusement, il était déjà trop tard, la rue était solitaire. Au même moment la levrette sauta de la fenêtre dans l'appartement, et courut à la porte. D'Harmental en augura que la jeune dame montait l'escalier, et, pour la voir plus à son aise, il se rejeta en arrière et se cacha au moyen de son rideau; mais la vieille femme vint à la fenêtre et la referma. Le chevalier ne s'attendait pas à ce dénoûment, aussi en fut-il d'abord tout désappointé; il referma sa fenêtre à son tour, et revint étendre ses pieds sur ses chenets.

La chose n'était pas fort distrayante, et ce fut alors que le chevalier, si répandu et si occupé habituellement de toutes ces petites choses de société qui deviennent le fond de la vie pour un homme du monde, sentit dans quel isolement il allait se trouver pour peu que sa retraite se prolongeât. Il se souvint qu'autrefois aussi il avait joué du clavecin et dessiné, et il lui sembla que, s'il avait la moindre épinette et quelques pastels, il prendrait le temps en patience. Il sonna le concierge et lui demanda où l'on pourrait se procurer ces objets. Le concierge répondit que tout surcroît de meubles était naturellement au compte du locataire, et que s'il voulait un clavecin il lui faudrait le louer; que, quant aux pastels, on en trouvait chez le papetier dont la boutique faisait le coin de la rue de Cléry et de la rue du Gros-Chenet. D'Harmental donna un double louis au concierge, et lui signifia que dans une demi-heure il désirait avoir une épinette, et tout ce qu'il lui fallait pour dessiner. Le double louis était un argument dont il avait senti plus d'une fois l'efficacité. Cependant, se reprochant de l'avoir employé cette fois avec une légèreté qui donnait un démenti à sa position apparente, il rappela le concierge et lui dit qu'il entendait bien, pour son double louis, avoir non-seulement papier et pastel, mais encore la location de son clavecin payée pour un mois. Le concierge répondit qu'à la rigueur, et parce qu'il marchanderait comme pour lui-même, la chose était possible, mais que bien certainement il lui faudrait payer le transport. D'Harmental y consentit. Une demi-heure après, il était en possession des objets demandés : tant Paris était déjà une ville merveilleuse pour tout enchanteur qui avait une baguette d'or.

Le concierge, en redescendant, dit à sa femme que si le jeune homme du quatrième ne regardait pas de plus près à son argent, il pourrait bien ruiner sa famille; et il lui montra deux écus de six francs qu'il avait économisés sur le double louis de leur locataire. La femme prit les deux écus des mains de son mari, en l'appelant ivrogne, et elle les serra dans un sac de peau caché sous un amas de vieilles nippes, en déplorant le malheur des pères et mères qui se saignent pour de pareils garnemens.

Ce fut l'oraison funèbre du double louis du chevalier.

X.

UN BOURGEOIS DE LA RUE DU TEMPS-PERDU.

Pendant ce temps, d'Harmental s'était assis devant son épinette, et tapait dessus de son mieux ; le marchand y avait mis une sorte de conscience et lui avait envoyé un instrument à peu près d'accord, de sorte que le chevalier s'aperçu. qu'il faisait merveille, et commença à croire qu'il était né avec le génie de la musique, et qu'il ne lui avait manqué jusqu'alors qu'une circonstance comme celle où il se trouvait pour que ce génie se développât. Sans doute il y avait quelque chose de vrai au fond de tout cela, car au milieu d'une trille des plus éblouissantes, il vit, de l'autre côté de la rue, cinq petits doigts qui soulevaient délicatement le rideau pour reconnaître d'où venait cette harmonie inaccoutumée. Malheureusement, à la vue de ces petits doigts, le chevalier oublia sa musique, se retourna vivement sur son tabouret dans l'espérance d'apercevoir une figure derrière la main. Cette manœuvre mal calculée le perdit. La maîtresse de la petite chambre, surprise en flagrant délit de curiosité, laissa retomber le rideau. D'Harmental, blessé de cette pruderie, s'en alla fermer sa fenêtre, et pendant tout le reste de la journée il bouda sa voisine.

La soirée se passa à dessiner, à lire et à jouer du clavecin. Le chevalier n'aurait jamais cru qu'il y avait tant de minutes dans une heure, et tant d'heures dans un jour. A dix heures du soir, il sonna le concierge afin de lui donner ses ordres pour le lendemain. Mais le concierge ne répondit pas : il était couché depuis longtemps. Madame Denis avait dit vrai : sa maison était une maison tranquille. D'Harmental apprit alors qu'il y avait des gens qui se mettaient au lit au moment où il avait l'habitude de monter en voiture pour commencer ses visites. Cela lui donna fort à penser sur les mœurs étranges de cette classe infortunée de la société qui ne connaissait ni l'Opéra ni les petits soupers, et qui dormait la nuit et veillait le jour. Il pensa qu'il fallait venir dans la rue du Temps-Perdu pour voir de pareilles choses, et il se promit bien d'en égayer ses amis quand il pourrait leur raconter cette singularité.

Cependant une chose lui fit plaisir, c'est que sa voisine veillait comme lui : cela indiquait en elle un esprit supérieur à celui des vulgaires habitans de la rue du Temps-

Perrau. D'Harmental croyait encore que l'on ne veillait que parce qu'on n'avait pas envie de dormir ou parce que l'on avait envie de s'amuser. Il oubliait ceux qui veillent parce qu'ils ne peuvent pas faire autrement.

A minuit, la lumière s'éteignit dans la chambre en face, et d'Harmental à son tour se décida à se coucher.

Le lendemain, à huit heures, l'abbé Brigaud était chez lui; il présenta à d'Harmental le second rapport de la police secrète du prince de Cellamare. Celui-ci était conçu en ces termes :

« Trois heures du matin.

» Vu la conduite régulière qu'il a menée hier, M. le régent a donné l'ordre qu'on le réveillât à neuf heures.

» Il recevra quelques personnes désignées à son lever.

» De dix heures à midi, il y aura audience publique.

» De midi à une heure, M. le régent travaillera à ses espionnages avec La Vrillière et Leblanc.

» De une heure à deux, il ouvrira les lettres avec Torcy.

» A deux heures et demie, il passera au conseil de régence et fera visite au roi.

» A trois heures, il se rendra au jeu de courte paume de la rue de Seine, pour soutenir avec Brancas et Canillac un défi contre le duc de Richelieu, le marquis de Broglie et le comte de Gacé.

» A six heures, il ira souper au Luxembourg chez madame la duchesse de Berry, et il y passera la soirée.

» De là, il reviendra, *sans gardes*, au Palais-Royal, à moins que la duchesse de Berry ne lui donne une escorte des siens. »

— Peste ! *sans gardes*, mon cher abbé. Que pensez-vous de cela? dit d'Harmental tout en se mettant à sa toilette. Est-ce que l'eau ne vous en vient pas à la bouche?

— Sans gardes, oui, répondit l'abbé; mais avec des coureurs, mais avec des piqueurs, mais avec un cocher, tous gens qui se battent très peu, il est vrai, mais qui crient très haut. Oh! patience, patience, mon jeune ami! Vous êtes donc bien pressé d'être grand d'Espagne?

— Non, mon cher abbé; mais je suis pressé de ne pas vivre dans une mansarde où tout me manque et où je suis obligé de faire ma toilette tout seul, comme vous voyez. Vous croyez donc que ce n'est rien que de se coucher à dix heures le soir et de s'habiller sans valet de chambre le matin?

— Oui, mais vous avez de la musique, reprit l'abbé.

— Ah! en effet, dit d'Harmental. L'abbé, ouvrez donc ma fenêtre, je vous prie, que l'on voie que je reçois bonne compagnie. Cela me fera honneur auprès de mes voisins.

— Tiens, tiens, tiens! dit l'abbé en faisant ce dont le priait le chevalier; mais ce n'est pas mal du tout, cela.

— Comment! pas mal, reprit à son tour d'Harmental, mais c'est très bien au contraire : c'est de l'*Armide*, pardieu! Le diable m'emporte si je croyais trouver cela au quatrième étage, et rue du Temps-Perdu!

— Chevalier, je vous prédis une chose, dit l'abbé : c'est que, pour peu que la chanteuse soit jeune et jolie, nous aurons dans huit jours autant de peine à vous faire sortir d'ici que nous en avons maintenant à vous y faire rester.

— Mon cher abbé, répondit d'Harmental en secouant la tête, si votre police était aussi bien faite que celle du prince de Cellamare, vous sauriez que je suis guéri de l'amour pour longtemps; et la preuve, la voici : ne croyez pas que je passe mes journées à soupirer; je vous prierai donc, en descendant, de m'envoyer quelque chose comme un pâté et une douzaine de bouteilles d'excellens vins. Je m'en rapporte à vous : je sais que vous êtes connaisseur ; d'ailleurs, envoyées par vous, elles témoigneront d'une attention de tuteur ; achetées par moi, elles témoigneraient d'une débauche de pupille, et j'ai ma réputation provinciale à garder à l'endroit de madame Denis.

— C'est juste ; je ne vous demande pas pourquoi faire ; je m'en rapporte à vous.

— Et vous avez raison, mon cher abbé ; c'est pour le bien de la cause.

— Dans une heure, le pâté et le vin seront ici.
— Quand vous reverrai-je ?
— Demain probablement.
— Ainsi donc, à demain.
— Vous me renvoyez ?
— J'attends quelqu'un.
— Toujours pour la bonne cause ?
— Je vous en réponds. Allez, et que Dieu vous garde !
— Restez, et que le diable ne vous tente pas ! Souvenez-vous que c'est la femme qui nous a fait chasser tous autant que nous sommes du paradis terrestre. Défiez-vous de la femme !

— Amen ! dit le chevalier en faisant de la main un dernier signe à l'abbé Brigaud.

En effet, comme l'avait remarqué le bon abbé, d'Harmental avait hâte qu'il fût parti. Son grand amour pour la musique, qu'il avait découvert de la veille seulement, avait fait de tels progrès qu'il était désireux de n'être distrait en rien de ce qu'il venait d'entendre. Autant que le permettait cette maudite fenêtre toujours fermée, ce qui parvenait au chevalier, tant de l'instrument que de la voix, révélait dans sa voisine une excellente musicienne : le doigté était savant, la voix était douce quoique étendue, et avait, dans les cordes hautes, de ces vibrations profondes qui répondent au cœur. Aussi, après un passage très difficile et parfaitement exécuté, d'Harmental ne put-il s'empêcher de battre des mains et de crier bravo. Par malheur encore, ce triomphe auquel, dans sa solitude, elle n'était point habituée, au lieu d'encourager la musicienne, l'intimida sans doute à un tel point que, clavecin et voix, tout s'arrêta à l'instant même, et que le silence succéda immédiatement à la mélodie pour laquelle le chevalier avait si imprudemment manifesté son enthousiasme.

En échange, il vit s'ouvrir la porte de la chambre au-dessus, qui, comme nous l'avons dit, donnait sur la terrasse. Il en sortit d'abord une main étendue qui visiblement interrogeait le temps. La réponse du temps fut rassurante, selon toute vraisemblance, car la main fut presque aussitôt suivie d'une tête coiffée d'un petit bonnet d'indienne serré sur le front par un ruban de soie gorge de pigeon, et la tête à son tour ne précéda que de quelques instans un avant-corps couvert d'une espèce de robe de chambre en façon de camisole et de la même étoffe que le bonnet. Cela ne permettait point encore au chevalier de reconnaître bien précisément à quel sexe appartenait l'individu qui semblait avoir tant de peine à se hasarder à l'air du matin. Enfin une espèce de rayon de soleil ayant glissé entre deux nuages, encouragea, à ce qu'il paraît, le timide locataire de la terrasse, qui se détermina à sortir tout à fait. D'Harmental reconnut alors, à sa culotte courte de velours noir et à ses bas chinés, que le personnage qui venait d'entrer en scène était du sexe masculin.

c'était l'horticulteur dont nous avons parlé.

Le mauvais temps des jours précédens l'avait sans doute privé de sa promenade matinale, et l'avait empêché de donner à son jardin ses soins accoutumés, car il commença à le parcourir avec une inquiétude visible d'y trouver quelque accident produit par le vent et par la pluie; mais après une visite minutieuse du jet d'eau, de la grotte et du berceau, qui étaient les trois principaux ornemens, l'excellente figure de l'horticulteur s'éclaira d'un rayon de joie comme le temps venait de faire d'un rayon de soleil. Il s'était aperçu non seulement que toute chose était à sa place, mais encore que son réservoir était plein à déborder. Il crut donc pouvoir se donner le plaisir de faire jouer ses eaux, prodigalité qu'ordinairement, à l'instar du roi Louis XIV, il ne se permettait que le dimanche. Il tourna un robinet, et la gerbe hebdomadaire s'éleva majestueusement à la hauteur de quatre ou cinq pieds.

Le bonhomme en eut une joie si grande qu'il se mit à chanter le refrain d'une vieille chanson pastorale avec laquelle d'Harmental avait été bercé, et que tout en répétant:

Laissez-moi aller,
Laissez-moi jouer,
Laissez-moi aller jouer sous la coudrette,

il courut à sa fenêtre et appela deux fois à haute voix:
— Bathilde! Bathilde!

Le chevalier comprit alors qu'il y avait une communication architecturale entre la chambre du cinquième et celle du quatrième, et une relation quelconque entre l'horticulteur et la musicienne. Or, comme il pensa que, vu la modestie dont elle venait de lui donner une preuve, la musidonna, s'il restait à sa fenêtre, pourrait bien ne pas monter sur la terrasse, il referma sa croisée d'un air d'insouciance parfaite, tout en ayant soin de se ménager derrière le rideau une petite ouverture par laquelle il pouvait tout voir sans être vu.

Ce qu'il avait prévu arriva. Au bout d'un instant, une charmante tête de jeune fille parut dans l'encadrement de la fenêtre; mais comme sans doute le terrain sur lequel s'était hasardé avec tant de courage celui qui l'avait appelée était trop humide, elle ne voulut point aller plus loin. La petite levrette, non moins craintive que sa maîtresse, resta près d'elle, ses pattes blanches posées sur le rebord de la fenêtre, et secouant la tête en signe de négation à toutes les instances qui lui furent faites pour l'attirer plus loin que sa maîtresse ne voulait aller.

Cependant il s'établit un dialogue de quelques minutes entre le bonhomme et la jeune fille. D'Harmental eut donc le loisir de l'examiner avec d'autant moins de distraction que sa fenêtre étant fermée lui permettait de voir sans entendre.

Elle paraissait arrivée à cet âge délicieux de la vie où la femme, passant de l'enfance à la jeunesse, sent tout fleurir dans son cœur et sur son visage, sentiment, grâce et beauté. Au premier coup d'œil, on voyait qu'elle n'avait pas moins de seize ans, mais pas plus de dix-huit. Il existait en elle un singulier mélange de deux races : elle avait les cheveux blonds, le teint mat et le col ondoyant d'une Anglaise, avec les yeux noirs, les lèvres de corail et les dents de perles d'une Espagnole. Comme elle ne mettait ni blanc ni rouge, et comme à cette époque la poudre commençait à peine à être de mode, et d'ailleurs était réservée aux têtes aristocratiques, son teint éclatait de sa propre fraîcheur, et rien ne ternissait la délicieuse nuance de sa chevelure. Le chevalier resta comme en extase. En effet, il n'avait vu dans sa vie que deux genres de femmes : les grosses et rondes paysannes du Nivernais, avec leurs gros pieds, leurs grosses mains, leurs jupons courts et leurs chapeaux en cor de chasse, et les femmes de l'aristocratie parisienne, belles sans doute, mais de cette beauté étiolée par les veilles, par le plaisir, par cette transposition de la vie qui les fait ce que seraient des fleurs qui ne verraient du soleil que quelques rares rayons, et à qui l'air vivifiant du matin et du soir n'arriverait qu'à travers les vitres d'une serre chaude. Il ne connaissait donc pas ce type bourgeois, ce type intermédiaire, si on peut le dire, entre la haute société et la population des campagnes, qui a toute l'élégance de l'une et toute la fraîche santé de l'autre. Aussi, comme nous l'avons dit, resta-t-il cloué à sa place, et longtemps après que la jeune fille était rentrée, avait-il les yeux encore fixés sur la fenêtre où était apparue cette délicieuse vision.

Le bruit de sa porte qui s'ouvrait le tira de son extase : c'étaient le pâté et le vin de l'abbé Brigaud qui faisaient leur entrée solennelle dans la mansarde du chevalier. La vue de ces provisions lui rappela qu'il avait pour le moment autre chose à faire que de se livrer à la vie contemplative, et qu'il avait donné, pour affaire d'une bien grande importance, rendez-vous au capitaine Roquefinette. En conséquence il tira sa montre, et il s'aperçut qu'il était dix heures du matin. C'était, on s'en souvient, l'heure convenue. Il donna congé au porteur des comestibles aussitôt qu'il les eut déposés sur la table, se chargea lui-même du reste du service, afin de n'avoir pas besoin d'immiscer le concierge dans ses petites affaires, et, ouvrant de nouveau

sa fenêtre, il se mit à guetter l'apparition du capitaine Roquefinette.

XI.

LE PACTE.

Il était à peine à son observatoire qu'il aperçut le digne
capitaine qui débouchait par la rue du Gros-Chenet, le
nez au vent, la main sur la hanche, et avec l'allure mar-
tiale et décidée d'un homme qui, comme le philosophe
grec, sent qu'il porte tout avec soi. Son chapeau, thermo-
mètre auquel ses familiers pouvaient reconnaître l'état secret des finances de son maître, et qui dans les jours de
fortune était posé aussi carrément sur sa tête qu'une pyramide l'est sur sa base, son chapeau avait repris cette mi-
raculeuse inclinaison qui avait tant frappé le baron de Valef, et grâce à laquelle une de ses trois cornes touchait
presque l'épaule droite, tandis que la corne parallèle aurait
pu donner à Franklin quarante ans plus tôt, si Franklin eût
rencontré le capitaine, la première idée du paratonnerre.
Arrivé au tiers de la rue, il leva la tête, ainsi que la chose
était convenue, et juste au-dessus de lui il remarqua le chevalier. Celui qui attendait et celui qui était attendu échan-
gèrent un signe, et le capitaine, ayant calculé ses distances
avec un coup d'œil tout stratégique, et reconnu la porte qui
devait correspondre à la fenêtre, franchit le seuil de la
paisible maison de madame Denis avec le même air de familiarité que si c'était celui d'une taverne. Le chevalier,
de son côté, referma sa croisée et tira devant elle les ri-

deaux avec le plus grand soin. Était-ce pour n'être point vu avec le capitaine par sa belle voisine? Était-ce pour que le capitaine ne la vît pas elle-même?

Au bout d'un instant, d'Harmental entendit les pas du capitaine et le bruit de son épée, l'illustre Colichemarde, qui battait contre les barres de l'escalier. Arrivé au troisième, comme la lumière qui venait d'en bas n'était alimentée par aucun autre jour, le capitaine se trouva fort embarrassé, ne sachant pas s'il devait s'arrêter ou passer outre. Aussi, après avoir toussé de la façon la plus significative, voyant que cet appel était resté incompris de celui qu'il cherchait :

— Morbleu ! dit-il, chevalier, comme vous ne m'avez probablement pas fait venir pour que je me casse le cou, ouvrez votre porte ou chantez, que je sois guidé par la lumière du ciel ou par le son de votre voix. Autrement, je suis perdu, ni plus ni moins que Thésée dans le Labyrinthe.

Et le capitaine se mit à chanter lui-même à tue-tête :

Belle Ariane, je vous prie,
Prêtez-moi votre peloton,
Tonton, tonton, tontaine, tonton.

Le chevalier courut à la porte et l'ouvrit.

— A la bonne heure, dit le capitaine, qui commençait à apparaître dans la demi-teinte. C'est que l'échelle de votre pigeonnier est noire en diable. Mais enfin me voilà, fidèle à la consigne, solide au poste, exact au rendez-vous. Dix heures sonnaient à la Samaritaine juste au moment où je passais sur le pont Neuf.

— Oui, vous êtes homme de parole, je le vois, dit le chevalier en tendant la main au capitaine ; mais entrez vite ; il est important que mes voisins ne fissent point attention à vous.

— En ce cas, je suis muet comme une tanche, répondit le capitaine. Au surplus, ajouta-t-il en montrant le pâté et les bouteilles qui couvraient la table, vous avez deviné le véritable moyen de me fermer la bouche.

Le chevalier poussa la porte derrière le capitaine et mit le verrou.

— Ah ! oh ! du mystère ? Tant mieux ! je suis pour les mystères, moi. Il y a presque toujours quelque chose à gagner avec les gens qui commencent par vous dire : chuuut ! En tout cas, vous ne pouviez pas mieux vous adresser qu'à votre serviteur, continua le capitaine en revenant à son langage mythologique : vous voyez en moi le petit-fils d'Harpocrate, dieu du silence. Ainsi ne vous gênez pas.

— C'est bien, capitaine, reprit d'Harmental, car je vous avoue que j'ai des choses assez importantes à vous dire pour réclamer d'avance votre discrétion.

— Elle vous est acquise, chevalier. Pendant que je donnais une leçon au petit Ravanne, je vous ai vu du coin de l'œil manier l'épée en amateur, et j'aime les gens braves. Et puis, en remercîment d'un petit service qui ne valait pas une chiquenaude, vous m'avez fait cadeau d'un cheval qui valait cent louis, et j'aime les gens généreux. Donc, puisque vous êtes deux fois mon homme, pourquoi ne serais-je pas une fois le vôtre ?

— Allons, dit le chevalier, je vois que nous pourrons nous entendre.

— Parlez et je vous écoute, répondit le capitaine en prenant son air le plus grave.

— Vous m'écouterez mieux assis, mon cher hôte ; mettons-nous à table et déjeunons.

— Vous prêchez comme saint Jean-Bouche-d'Or, chevalier, dit le capitaine en détachant son épée et la posant avec son chapeau sur le clavecin ; de sorte, continua-t-il en s'asseyant en face de d'Harmental, qu'il n'y a pas moyen d'être d'un autre avis que vous. Me voilà ; commandez la manœuvre, et je l'exécute.

— Goûtez ce vin pendant que j'attaque le pâté.

— C'est juste, dit le capitaine : divisons nos forces et battons l'ennemi séparément, puis nous nous réunirons pour exterminer ce qui en restera.

Et, joignant l'application à la théorie, le capitaine saisit au collet la première bouteille venue, fit sauter le bouchon, et, s'étant versé une pleine rasade, il l'avala avec une telle facilité qu'on eût pu croire que la nature l'avait doué d'un mode de déglutition tout particulier. Mais aussi, il faut lui rendre justice, à peine le vin fut-il bu qu'il s'aperçut que la liqueur qu'il venait d'entonner si cavalièrement méritait un degré d'attention fort supérieur à celui qu'il lui avait accordé.

— Oh ! oh ! dit-il en faisant claquer sa langue et en reposant avec une lenteur pleine de respect son verre sur la table, qu'est-ce que je fais donc là ? indigne que je suis ! j'avale du nectar comme si c'était de la piquette, et cela au commencement d'un repas ! Ah ! continua-t-il, se versant un second verre de la même bouteille en secouant la tête, Roquefinette, mon ami, tu commences à te faire vieux. Il y a dix ans, à la première goutte qui aurait touché ton palais, tu aurais su à qui tu avais affaire, tandis que maintenant il te faut plusieurs essais pour connaître la valeur des choses. A votre santé, chevalier !

fit cette fois le capitaine, plus circonspect, avala lentement son second verre, se reprenant à trois fois pour le vider, et clignant des yeux en signe de satisfaction ; puis, quand il eut fini :

— C'est de l'ermitage de 1702, l'année de la bataille de Friedlinden ! Si votre fournisseur en a beaucoup comme celui-là, et s'il fait crédit, donnez-moi son adresse : je lui promets une fière pratique !

— Capitaine, répondit le chevalier en faisant glisser une énorme tranche de pâté sur l'assiette de son convive, non-seulement mon fournisseur fait crédit, mais encore à mes amis il le donne pour rien.

— Oh ! l'honnête homme ! s'écria le capitaine avec un ton pénétré. Et, après un instant de silence, pendant lequel un observateur superficiel aurait pu le croire absorbé par l'appréciation du pâté comme il l'avait été un instant auparavant par celle du vin, posant ses deux coudes sur la table, et regardant d'Harmental d'un air narquois entre son couteau et sa fourchette :

— Ainsi donc, mon cher chevalier, nous conspirons, et nous avons besoin pour réussir, à ce qu'il paraît, que ce pauvre capitaine Roquefinette nous donne un coup de main ?

— Et qui vous a dit cela, capitaine ? interrompit le chevalier, en tressaillant malgré lui.

— Qui m'a dit cela ? Pardieu ! la belle charade à deviner ! Un homme qui donne des chevaux de cent louis, qui boit à son ordinaire du vin à une pistole la bouteille, et qui loge dans une mansarde de la rue du Temps-Perdu, que diable voulez-vous qu'il fasse s'il ne conspire pas ?

— Eh bien ! capitaine, dit en riant d'Harmental, je ne ferai pas le discret : vous pourriez bien avoir deviné juste.

Est-ce qu'une conspiration vous effraie? continua-t-il en versant à boire à son hôte.

— Moi, m'effrayer! Qui est-ce qui a dit qu'il y avait quelque chose au monde qui effrayait le capitaine Roquefinette?

— Ce n'est pas moi, capitaine, puisque sans vous connaître, à la première vue, aux premières paroles échangées, j'ai jeté les yeux sur vous pour vous offrir d'être mon second.

— Ah! c'est-à-dire que si vous êtes pendu à une potence de vingt pieds, je serai pendu, moi, à une potence de dix; voilà tout.

— Peste! capitaine, dit d'Harmental en lui versant de nouveau à boire, si l'on commençait, comme vous le faites, par envisager les choses sous leur mauvais côté, on n'entreprendrait jamais rien.

— Parce que j'ai parlé de potence? répondit le capitaine. Mais cela ne prouve rien. Qu'est-ce que la potence aux yeux du philosophe? Une des mille manières de sortir de la vie, et certainement une des moins désagréables. On voit bien que vous n'avez jamais regardé la chose en face, pour en faire le dégoûté. D'ailleurs, en faisant nos preuves, nous aurons le cou coupé, comme monsieur de Rohan. Avez-vous vu couper le cou à monsieur de Rohan? reprit le capitaine en regardant en face d'Harmental. C'était un beau jeune homme comme vous, de votre âge à peu près. Il avait conspiré, comme vous voulez faire, mais la chose manqua. Que voulez-vous! tout le monde se trompe. On lui fit un bel échafaud noir; on lui permit de se tourner du côté de la fenêtre où était sa maîtresse; on lui coupa avec des ciseaux le col de sa chemise; mais le bourreau était un maladroit, habitué à pendre et non pas à décapiter; de sorte qu'il fut obligé ne s'y reprendre à trois fois pour lui trancher la tête; et encore n'en vint-il à bout qu'à l'aide d'un couteau qu'il tira de sa ceinture, et avec lequel il lui chicota si bien le cou qu'il parvint enfin à le détacher... Allons, vous êtes un brave ! continua le capitaine en voyant que le chevalier avait écouté sans sourciller les détails de cette horrible exécution. Touchez là, je suis votre homme. Contre qui conspirons-nous? Voyons, est-ce contre monsieur le duc du Maine? Est-ce contre monsieur le duc d'Orléans? Faut-il casser l'autre jambe au boiteux? Faut-il crever l'autre œil au borgne? Me voilà.

— Rien de tout cela, capitaine; et, s'il plaît à Dieu, il n'y aura pas de sang répandu.

— De quoi s'agit-il donc alors?

— Avez-vous jamais entendu parler de l'enlèvement du secrétaire du duc de Mantoue?

— De Matthioli?

— Oui.

— Pardieu! je connais l'affaire mieux que personne; je l'ai vu passer comme on le conduisait à Pignerol; c'est le chevalier de Saint-Martin et monsieur de Villebois qui ont fait le coup; à telles enseignes, qu'ils ont eu chacun trois mille livres, pour eux et pour leurs hommes.

— C'était assez médiocrement payé, dit avec dédain d'Harmental.

— Vous trouvez, chevalier? Cependant trois mille livres, c'est un joli denier.

— Alors, pour trois mille livres, vous vous seriez chargé de la chose?

— Je m'en serais chargé, répondit le capitaine.

— Mais si, au lieu d'enlever le secrétaire, on vous eut proposé d'enlever le duc?

— Alors, c'eût été plus cher.

— Mais vous eussiez accepté de même ?

— Pourquoi pas? J'aurais demandé le double, voilà tout.

— Et si, en vous donnant le double, un homme comme moi vous eût dit : Capitaine, ce n'est point un danger obscur où je vous jette, enfant perdu, c'est une lutte dans laquelle je m'engage comme vous, où je mets comme vous mon nom, mon avenir, ma tête, qu'eurioz-vous répondu à cet homme ?

— Je lui eusse tendu la main comme je vous la tends. Maintenant de qui s'agit-il?

Le chevalier remplit son verre et celui du capitaine.

— A la santé du régent, dit-il, et puisse-t-il arriver sans accident jusqu'à la frontière d'Espagne, comme Matthioli est arrivé jusqu'à Pignerol !

— Ah! ah! dit le capitaine Roquefinette en levant son verre à la hauteur de l'œil. Puis, après une pause :— Et pourquoi pas? continua-t-il. Le régent n'est qu'un homme, après tout. Seulement, nous ne serons ni décapités ni pendus : nous serons roués. A un autre je dirais que c'est plus cher, mais pour vous, chevalier, je n'ai pas deux prix. Vous me donnerez six mille livres, et je vous trouverai douze hommes bien résolus.

— Mais ces douze hommes, demanda vivement d'Harmental, croyez-vous pouvoir vous y fier?

— Est-ce qu'ils sauront seulement de quoi il est question! répondit le capitaine. Ils croiront qu'il s'agit d'un pari, et voilà tout.

— Et moi, capitaine, dit d'Harmental en ouvrant un secrétaire et en y prenant un sac de mille pistoles, je vais vous prouver que je ne marchande pas avec mes amis. Voici deux mille livres en or ; prenez-les comme à-compte si nous réussissons; si nous échouons, chacun tirera de son côté.

— Chevalier, répondit le capitaine en prenant le sac et en le posant dans sa main avec un air d'indicible satisfaction, vous comprenez que je ne vous ferai pas l'injure de compter après vous. Et à quand la chose ?

— Je n'en sais rien encore, mon cher capitaine ; mais si vous avez trouvé le pâté supportable et le vin bon, et si vous voulez tous les jours me faire le plaisir de déjeuner avec moi, comme vous avez fait aujourd'hui, je vous tiendrai au courant.

— Il ne s'agit plus de cela, chevalier, dit le capitaine, et pour le moment, c'est fini de rire ! Je ne serais pas plutôt venu trois jours de suite chez vous que la police de ce damné d'Argenson serait à nos trousses. Heureusement qu'il a affaire à aussi fin que lui, et qu'il y a longtemps que nous jouons aux barres ensemble. Non, non, chevalier, d'ici au moment d'agir, il faut nous voir le moins possible, ou plutôt ne pas nous voir du tout. Votre rue n'est pas longue, et comme elle donne d'un côté dans la rue du Gros-Chenet et de l'autre dans la rue Montmartre, je n'ai pas même besoin d'y passer. Tenez, continua-t-il en détachant son nœud d'épaule, prenez ce ruban. Le jour où il faudra que je monte, vous l'attacherez à un clou en dehors de la fenêtre. Je saurai ce que cela veut dire et je monterai.

— Comment ! capitaine, dit d'Harmental en voyant son convive se lever et rajuster son épée, vous vous en allez sans achever la bouteille ! Que vous a donc fait ce bon vin, que vous appréciiez tant tout à l'heure, et que vous avez l'air de mépriser maintenant ?

— C'est justement parce que je l'apprécie toujours que je

m'en sépare, et la preuve que je ne le méprise pas, ajouta-t-il en remplissant de nouveau son verre, c'est que je vais lui dire un dernier adieu. A votre santé, chevalier ! Vous pouvez vous vanter d'avoir là de fier vin ! Hum ! Et maintenant, n i ni, c'est fini ! Me voilà à l'eau pour jusqu'au lendemain du jour où j'aurai vu le ruban rouge flotter à la fenêtre. Tâchez que ce soit le plus tôt possible, attendu que l'eau est un liquide qui est diablement contraire à ma constitution.

— Mais pourquoi vous en allez-vous si vite ?

— Parce que je connais le capitaine Roquefinette. C'est un bon enfant ; mais quand il se trouve en face d'une bouteille, il faut qu'il boive, et quant il a bu, il faut qu'il parle. Or, si bien que l'on parle, souvenez-vous de ceci : Quand on parle trop, on finit toujours par dire quelque bêtise. Adieu, chevalier ; n'oubliez pas le ruban ponceau ; moi, je vais à nos affaires.

— Adieu, capitaine, dit d'Harmental ; je vois avec plaisir que je n'ai pas besoin de vous recommander la discrétion.

Le capitaine fit avec le pouce de sa main droite un signe de croix sur sa bouche, enfonça son chapeau carrément sur sa tête, souleva l'illustre Colichemarde, de peur qu'elle fît quelque bruit en battant les murailles, et descendit l'escalier aussi silencieusement que s'il eût craint que chacun de ses pas eût un écho à l'hôtel d'Argenson.

XII.

BASQUE.

Le chevalier resta seul, mais cette fois il y avait dans ce qui venait de se passer entre lui et le capitaine une assez vaste matière à réflexion pour qu'il n'eût besoin de recourir dans son ennui ni aux poésies de l'abbé de Chaulieu, ni à son clavecin, ni à ses pastels. En effet, jusque-là le chevalier n'était en quelque sorte engagé qu'à demi dans l'entreprise hasardeuse dont la duchesse du Maine et le prince de Cellamare lui avaient fait entrevoir l'issue heureuse, et dont le capitaine, pour éprouver son courage, venait de lui découvrir si brutalement la sanglante péripétie. Jusque-là, il n'avait été que l'extrémité d'une chaîne. En rompant d'un côté, il était dégagé. Maintenant, il était devenu un anneau intermédiaire rivé des deux côtés, et se rattachant à la fois à ce que la société avait de plus haut et à ce qu'elle avait de plus bas. Enfin, de cette heure, il ne s'appartenait plus, et il était comme ce voyageur perdu dans les Alpes qui s'arrête au milieu d'un chemin inconnu et qui mesure de l'œil pour la première fois la montagne qui s'élève au-dessus de sa tête et le gouffre qui s'ouvre à ses pieds.

Heureusement, le chevalier avait ce courage calme, froid et résolu de l'homme chez lequel le sang et la bile, ces deux forces contraires, au lieu de se neutraliser, s'excitent en se combattant. Il s'engageait dans un danger avec toute la rapidité de l'homme sanguin, et une fois engagé dans ce danger, il le mesurait avec la résolution de l'homme bilieux. Il en résultait que le chevalier devait être aussi dangereux dans un duel que dans une conspiration ; car, dans un duel, son calme lui permettait de profiter de la moindre faute de son adversaire, et, dans une conspiration, son sang-froid lui permettait de renouer, à mesure qu'ils se seraient brisés, ces fils imperceptibles auxquels tient souvent la réussite des plus hautes entreprises. Madame du Maine avait donc raison de dire à mademoiselle Delaunay qu'elle pouvait éteindre sa lanterne et qu'elle croyait enfin avoir trouvé un homme.

Mais cet homme était jeune, cet homme avait vingt-six ans, c'est-à-dire un cœur ouvert encore à toutes les illusions et à toutes les poésies de cette première partie de l'existence. Enfant, il avait déposé ses couronnes aux pieds de sa mère ; jeune homme, il était venu montrer son bel uniforme de colonel à sa maîtresse. Enfin, dans toutes les entreprises de sa vie, une image aimée avait marché devant lui, et il s'était jeté au milieu du danger avec la certitude que, s'il y succombait, quelqu'un lui survivrait qui plaindrait son sort, et chez qui son souvenir du moins resterait vivant. Mais sa mère était morte. La dernière femme dont il s'était cru aimé l'avait trahi ; il se sentait seul dans le monde, lié seulement d'intérêt avec des gens pour lesquels il deviendrait un obstacle dès qu'il ne leur serait plus un instrument, et qui, s'il échouait, loin de pleurer sa mort, ne verraient en elle qu'une cause de tranquillité. Or, cette situation isolée, qui devrait être enviée de tout homme dans un danger suprême, est presque toujours, en pareil cas, si grand est l'égoïsme de notre nature, une cause de découragement profond. Telle est l'horreur du néant chez l'homme, qu'il croit se survivre encore par les sentiments qu'il inspira, et qu'il se console en quelque sorte de quitter la terre en songeant aux regrets qui accompagneront sa mémoire, et à la pitié qui visitera sa tombe. Aussi, en ce moment, le chevalier eût tout donné pour être aimé par quelque chose, ne fût-ce que par un chien peut-être.

Il était plongé au plus triste de ces réflexions, lorsqu'un passant et repassant devant sa fenêtre, il s'aperçut que celle de sa voisine était ouverte. Il s'arrêta tout à coup, secoua le front comme pour en faire tomber les plus sombres de ses pensées; puis, appuyant son coude contre le mur et posant sa tête dans sa main, il essaya par la vue des objets extérieurs de donner une autre direction à son esprit. Mais l'homme n'est pas plus maître de sa veille que de son sommeil, et les rêves qu'il fait, les yeux ouverts ou fermés, suivent un développement indépendant de sa volonté, et se rattachent, il ne sait comment ni pourquoi, à des fils invisibles qui, en vibrant d'une manière inattendue, révèlent leur existence. Alors les objets les plus opposés se rapprochent, les pensées les plus incohérentes s'attirent; on a des lueurs fugitives qui, si elles ne s'éloignaient pas avec la rapidité d'un éclair, nous découvriraient peut-être l'avenir. On sent qu'il se passe quelque chose d'étrange en soi; on comprend dès lors que l'on n'est qu'une sorte de machine mue par une main invisible, et, selon que l'on est fataliste ou providentiel, on se courbe sous le caprice inintelligent du hasard ou l'on s'incline devant la mystérieuse volonté de Dieu.

Il en fut ainsi de d'Harmental : il avait cherché dans la vue d'objets étrangers à ses souvenirs et à ses espérances une distraction à sa situation présente, et il n'y trouva que la continuation de ses pensées.

La jeune fille qu'il avait aperçue le matin était assise près de la fenêtre, afin de profiter des derniers rayons du jour; elle travaillait à quelque chose comme à une broderie. Derrière elle son clavecin était ouvert, et sur un tabouret posé à ses pieds, sa levrette, endormie de ce sommeil léger propre aux animaux que la nature a destinés à la garde de l'homme, se réveillait à chaque bruit qui montait de la rue, dressait les oreilles, allongeait la tête gracieusement au delà du rebord de la fenêtre, puis se recouchait en tendant une de ses petites pattes sur les genoux de sa maîtresse. Tout cela était délicieusement éclairé par une lueur du soleil couchant qui allait au fond de la chambre faire ressortir en points lumineux les ornements de cuivre du clavecin et les filets d'or de l'angle d'un cadre. Le reste était dans la demi-teinte.

Alors il sembla au chevalier, sans doute à cause de la disposition d'esprit singulière où il était lorsque ce tableau avait frappé sa vue, il lui sembla que cette jeune fille, au visage calme et suave, entrait dans sa vie comme un de ces personnages restés jusqu'alors derrière le rideau, et qui entrent dans une pièce au deuxième acte ou au troisième pour prendre part à l'action et quelquefois pour en changer le dénoûment. Depuis cet âge où l'on voit encore des anges dans ses rêves, il n'avait rien rencontré de pareil. La jeune fille ne ressemblait à aucune des femmes qu'il avait vues jusqu'alors. C'était un mélange de beauté, de candeur et de simplicité, comme on en trouve quelquefois dans ces charmantes têtes que Greuze a copiées, non pas dans la nature, mais qu'il a vues se réfléchir dans le miroir de son imagination. Alors, oubliant tout, l'humble condition où elle était née sans doute, la rue où elle se trouvait, la chambre modeste qui lui servait de demeure ; ne voyant dans la femme que la femme même, et lui faisant un cœur selon son visage, il pensa quel serait le bonheur de l'homme qui ferait battre le premier ce cœur, qui serait regardé avec amour par ces beaux yeux, et qui cueillerait sur ces lèvres, si fraîches et si pures, le mot : Je t'aime ! cette fleur de l'âme, dans un premier baiser.

Telles sont les nuances étranges que les mêmes objets empruntent de la différence de situation de celui qui les regarde. Huit jours auparavant, au milieu de son luxe, dans sa vie qu'aucun danger ne menaçait, entre un déjeuner à la taverne et une chasse à courre, entre un défi de courte paume chez Farel et une orgie chez la Fillon, si d'Harmental eût rencontré cette jeune fille, il n'eût vu sans doute en elle qu'une charmante grisette qu'il eût fait suivre par son valet de chambre, et à qui le lendemain il eût fait outrageusement offrir un cadeau de vingt-cinq louis peut-être ; mais le d'Harmental d'il y a huit jours n'existait plus. A la place du beau seigneur, élégant, fou, dissipé, sûr de la vie, était un jeune homme isolé, marchant dans l'ombre, seul, avec sa propre force, sans une étoile pour le guider, qui pouvait tout à coup sentir la terre s'ouvrir sous ses pieds ou le ciel s'abattre sur sa tête. Celui-là avait besoin d'un appui, si faible qu'il fût, celui-là avait besoin d'amour, celui-là avait besoin de poésie. Il n'était donc point étonnant que, cherchant une madone à qui faire sa prière, il enlevât, dans son imagination, cette belle jeune fille à la sphère matérielle et prosaïque dans laquelle elle se trouvait, et que, l'attirant dans sa sphère à lui, il la posât, non point telle qu'elle était, sans doute, mais telle qu'il eût désirú qu'elle fût, sur le piédestal vide de ses adorations passées.

Tout à coup la jeune fille leva la tête, jeta les yeux par hasard en face d'elle, et aperçut à travers les vitres la figure pensive du chevalier. Il lui parut évident que ce jeune homme restait là pour elle et que c'était elle qu'il regardait. Aussi une vive rougeur passa-t-elle aussitôt sur son visage. Cependant elle fit comme si elle n'avait rien vu, et elle baissa de nouveau la tête vers sa broderie. Mais au bout d'un instant elle se leva, fit quelques tours dans sa chambre, puis, sans affectation, sans fausse pruderie, quoique avec un reste d'embarras cependant, elle revint fermer sa fenêtre.

D'Harmental restait où il était et comme il était, continuant, malgré la fermeture de la fenêtre, de s'avancer dans le pays imaginaire où sa pensée voyageait. Une ou deux fois il lui sembla voir se soulever le rideau de sa voisine, comme si elle eût voulu savoir si l'indiscret qui l'avait chassée de sa place était toujours à la sienne. Enfin, quelques accords savans et rapides se firent entendre; une harmonie douce leur succéda, et ce fut alors d'Harmental qui ouvrit sa fenêtre à son tour.

Il ne s'était point trompé; sa voisine était d'une force tout à fait supérieure : elle exécuta deux ou trois morceaux, mais sans cependant mêler sa voix au son de l'instrument, et d'Harmental trouvait presque autant de plaisir à l'entendre qu'il en avait trouvé à la voir. Tout à coup elle s'arrêta au milieu d'une mesure. D'Harmental supposa, ou qu'elle l'avait vu à sa fenêtre, ou qu'elle voulait le punir de sa curiosité, ou qu'il était entré quelqu'un, et que ce quelqu'un l'avait interrompue; il se retira en arrière, mais de façon à ne point perdre de vue la fenêtre. Au bout d'un instant, il reconnut que sa dernière supposition était vraie. Un homme vint à la croisée, souleva le rideau, colla sa bonne grosse face à une vitre, tandis qu'avec la main il battit une marche sur une autre vitre. Le chevalier reconnut, quoiqu'une différence sensible se fût faite dans sa toilette, l'homme au jet d'eau qu'il avait vu sur la terrasse le matin, et qui, avec un air de si parfaite familiarité, avait prononcé deux fois le nom de Bathilde.

Cette apparition plus que prosaïque produisit l'effet qu'elle devait naturellement produire, c'est-à-dire qu'elle ramena d'Harmental de la vie imaginaire à la vie réelle. Il avait oublié cet homme, qui faisait un contraste si parfait et si étrange avec la jeune fille dont il était nécessairement ou le père, ou l'amant, ou le mari. Or, dans tous ces cas, que pouvait avoir de commun avec le noble et aristocrate chevalier la fille, l'épouse ou la maîtresse d'un tel homme? La femme, et c'est un malheur de sa situation éternellement dépendante, grandit ou s'abaisse de la grandeur ou de la vulgarité de celui au bras de qui elle marche appuyée, et, il faut l'avouer, l'horticulteur de la terrasse n'était pas fait pour maintenir la pauvre Bathilde à la hauteur où le chevalier l'avait élevée dans ses rêves.

Aussi se prit-il à rire de sa propre folie, et la nuit étant revenue, comme, depuis la veille au matin, il n'avait pas mis le pied dehors, il résolut de faire un tour par la ville afin de s'assurer par lui-même de l'exactitude des rapports du prince de Cellamare. Il s'enveloppa de son manteau, descendit les quatre étages, et s'achemina vers le Luxembourg, où la note que lui avait remise le matin l'abbé Brigaud disait que le régent devait aller souper sans gardes.

Arrivé en face du palais du Luxembourg, le chevalier ne

vit aucun des signes qui annonçaient que le duc d'Orléans était chez sa fille : il n'y avait à la porte qu'une sentinelle, tandis que du moment où entrait monsieur le régent, on avait l'habitude d'en placer une seconde. De plus, on ne voyait dans la cour ni voiture qui attendît, ni coureurs, ni valets de pied ; il était donc évident que monsieur le duc d'Orléans n'était point encore venu. Le chevalier attendit pour le voir passer, car, comme le régent ne déjeunait jamais et ne prenait à deux heures de l'après-midi qu'une tasse de chocolat, il était rare qu'il soupât plus tard que six heures. Or, cinq heures trois quarts avaient sonné à Saint-Sulpice au moment où le chevalier tournait le coin de la rue de Condé et de la rue de Vaugirard.

Le chevalier attendit une heure et demie rue de Tournon, allant de la rue du Petit-Lion au palais, sans rien apercevoir de ce qu'il était venu chercher. A huit heures moins un quart il vit quelque mouvement au Luxembourg. Une voiture avec des piqueurs à cheval, armés de torches, vint attendre au pied du perron. Un instant après, trois femmes y montèrent : il entendit le cocher qui criait aux piqueurs : au Palais-Royal! Les piqueurs partirent au galop, la voiture les suivit, le factionnaire présenta les armes, et, si vite que passât devant lui l'élégant équipage aux armes de France, le chevalier reconnut la duchesse de Berri, madame de Mouchy, sa dame d'honneur, et madame de Pons, sa dame d'atours. Il y avait erreur grave dans l'itinéraire envoyé au chevalier : c'était la fille qui allait chez le père, et non le père qui allait chez la fille.

Cependant le chevalier attendit encore, car il pouvait être arrivé au régent un accident qui l'eût retenu chez lui. Une heure après, la voiture repassa. La duchesse de Berri riait d'une histoire que lui racontait Broglie, qu'elle ramenaît. Il n'y avait donc aucun accident grave. C'était la police du prince de Cellamare qui était en faute.

Le chevalier rentra chez lui vers dix heures, sans avoir été ni rencontré ni reconnu. Il eut quelque peine à se faire ouvrir, car, selon les habitudes patriarcales de la maison Denis, le concierge était couché. Il vint tirer les verrous en grommelant. D'Harmental lui glissa un petit écu dans la main, en lui disant une fois pour toutes qu'il lui arriverait quelquefois de rentrer tard ; mais que, chaque fois que la chose arriverait, il y aurait la même gratification pour lui. Sur quoi le concierge se confondit en remercîments, et lui assura qu'il était parfaitement libre de rentrer à l'heure qu'il lui plairait, et même de ne pas rentrer du tout.

De retour dans sa chambre, d'Harmental s'aperçut que celle de sa voisine était éclairée; il posa sa bougie derrière un meuble et s'approcha de sa fenêtre. De cette façon, autant que les rideaux le permettaient, il pouvait voir chez elle, tandis qu'on ne pouvait voir chez lui.

Elle était assise près d'une table, dessinant probablement contre un carton qu'elle tenait sur ses genoux, car on voyait son profil qui se détachait en noir sur la lumière placée derrière elle. Au bout d'un instant, une autre ombre, que le chevalier reconnut pour celle du bonhomme à la terrasse, passa deux ou trois fois entre la lumière et la fenêtre. Enfin l'ombre s'approcha de la jeune fille, celle-ci tendit le front, l'ombre y déposa un baiser, et s'éloigna un bougeoir à la main. Un instant après, les vitres de la chambre du cinquième étage s'éclairèrent. Toutes ces petites circonstances parlaient une langue qu'il était impossible de ne pas comprendre; l'homme à la terrasse n'était point le mari de Bathilde : c'était tout au plus son père.

D'Harmental, sans savoir pourquoi, se sentit tout joyeux

de cette découverte : il ouvrit, aussi doucement qu'il put, la fenêtre, et, accoudé sur la barre qui lui servait d'appui, les yeux fixés sur cette ombre, il retomba dans cette même rêverie dont l'avait tiré, dans la journée, l'apparition grotesque de son voisin. Au bout d'une heure à peu près, la jeune fille se leva, déposa carton et crayons sur la table, s'avança du côté de l'alcôve, s'agenouilla sur une chaise devant la seconde fenêtre, et fit sa prière. D'Harmental comprit que sa veille laborieuse était finie; mais, se rappelant la curiosité de la belle voisine quand pour la première fois il avait de son côté fait de la musique, il voulut voir s'il aurait le pouvoir de prolonger cette veille, et se mit à son épinette. Ce qu'il avait prévu arriva : aux premiers sons qui parvinrent jusqu'à elle, la jeune fille, ignorant que par la position de la lumière on voyait son ombre à travers les rideaux, s'approcha de la fenêtre sur la pointe du pied, et, se croyant bien cachée, elle écouta sans contrainte le mélodieux instrument qui, pareil à un oiseau du soir, s'éveillait pour chanter au milieu de la nuit.

Le concert eût peut-être duré bien des heures ainsi, car d'Harmental, encouragé par le résultat produit, se sentait une verve et une facilité d'exécution qu'il ne s'était jamais connues. Malheureusement, le locataire du troisième était sans doute quelque manant, peu amateur de la musique, car d'Harmental entendit tout à coup, juste au-dessous de ses pieds, le bruit d'une canne qui frappait le plafond avec une telle violence, que c'était, à n'en pouvoir douter, un avertissement direct qu'on lui donnait de remettre à un moment plus convenable sa mélodieuse occupation. Dans toute autre circonstance, d'Harmental eût envoyé au diable l'impertinent donneur d'avis; mais il réfléchit qu'une esclandre qui sentirait son gentilhomme le perdrait de réputation auprès de madame Denis, et qu'il jouait trop gros jeu à être reconnu pour ne point passer philosophiquement par-dessus quelques-uns des inconvéniens de la nouvelle position qu'il avait adoptée. En conséquence, au lieu de se mettre en opposition plus longue avec les règlemens nocturnes établis sans doute entre son hôtesse et ses locataires, il obéit à l'invitation, oubliant de quelle façon cette invitation lui avait été faite.

De son côté, dès qu'elle n'entendit plus rien, la jeune fille quitta sa fenêtre, et comme elle laissa tomber derrière elle les seconds rideaux d'étoffe perse, elle disparut aux yeux de d'Harmental. Quelque temps encore cependant il put voir la chambre éclairée ; mais bientôt toute lueur s'éteignit. Quant à la chambre du cinquième étage, depuis plus de deux heures elle était dans la plus parfaite obscurité.

D'Harmental se coucha à son tour, tout joyeux de penser qu'il existait un point de contact si direct entre lui et sa belle voisine.

Le lendemain, l'abbé Brigaud entra dans sa chambre avec son exactitude ordinaire. Le chevalier était déjà levé depuis une heure, et s'était vingt fois approché de sa fenêtre sans avoir pu apercevoir sa voisine, quoiqu'il fût évident qu'elle s'était levée, même avant lui. En effet, par les carreaux supérieurs, il avait vû en se réveillant les grands rideaux remis à leurs patères. Aussi, tout disposé qu'il était à faire tomber son commencement de mauvaise humeur sur quelqu'un :

— Ah! pardieu! mon cher abbé, lui dit-il aussitôt que la porte fut refermée, félicitez de ma part le prince sur sa police : elle est parfaitement faite, ma foi!

— Qu'est-ce que vous avez contre elle ? demanda l'abbé Brigaud avec le demi-sourire qui lui était habituel.

« — Ce que j'ai? J'ai que, voulant juger par moi-même, hier, de sa fidélité, je suis allé m'embusquer rue de Tournon, que j'y suis resté quatre heures, et que ce n'est pas le régent qui est venu chez sa fille, mais madame la duchesse de Berri qui a été chez son père.

— Eh bien! nous savons cela.

— Ah! vous savez cela? dit d'Harmental.

— Oui, à telles enseignes qu'elle est sortie à huit heures moins cinq minutes du Luxembourg, avec madame de Mouchy et madame de Pons, et qu'elle y est rentrée à neuf heures et demie en ramenant Broglie, qui est venu prendre à table la place du régent, qu'on avait attendu inutilement.

— Et le régent, où est-il, lui?

— Le régent?

— Oui.

— Ceci est une autre histoire; vous allez le savoir. Écoutez et ne perdez pas un mot, puis nous verrons si vous dites encore que la police du prince est mal faite.

— J'écoute.

— Notre rapport annonçait que le duc-régent devait hier, à trois heures, aller faire une partie de courte paume rue de Seine?

— Oui.

— Il y est allé. Au bout d'une demi-heure il en est sorti, tenant son mouchoir sur ses yeux; il s'était donné lui-même un coup de raquette sur le sourcil avec tant de violence qu'il s'était ouvert la peau du front.

— Ah! voilà donc l'accident?

— Attendez. Alors le régent, au lieu de rentrer au Palais-Royal, s'est fait conduire chez madame de Sabran. Vous savez où demeure madame de Sabran?

— Elle demeurait rue de Tournon; mais depuis que son mari est maître d'hôtel du régent, ne demeure-t-elle pas rue des Bons-Enfans, tout près du Palais-Royal?

— Justement. Or, il paraît que madame de Sabran, qui jusque-là avait fait de la fidélité à Richelieu, touchée enfin de l'état pitoyable où elle a vu le pauvre prince, a voulu justifier le proverbe : Malheureux au jeu, heureux en amour. Le prince, à sept heures et demie, par un petit mot daté de la salle à manger de madame de Sabran, qui lui donnait à souper, a annoncé à Broglie qu'il n'irait pas au Luxembourg, et l'a chargé d'y aller à sa place, et de faire ses excuses à la duchesse de Berri.

— Ah! voilà donc l'histoire que racontait Broglie et qui faisait tant rire ces dames?

— C'est probable. Maintenant, comprenez-vous?

— Oui, je comprends que le régent, n'étant pas doué de la puissance d'ubiquité, ne pouvait pas être à la fois chez madame de Sabran et chez sa fille.

— Et vous ne comprenez que cela?

— Mon cher abbé, vous parlez comme un oracle; expliquez-vous, voyons.

— Ce soir, je viendrai vous prendre à huit heures, et nous irons faire un tour rue des Bons-Enfans. Les localités parleront pour moi.

— Ah! ah! dit d'Harmental, j'y suis... Si près du Palais-Royal, le régent ira à pied; l'hôtel qu'habite madame de Sabran a son entrée rue des Bons-Enfans; après une certaine heure, on ferme le passage du Palais-Royal, qui donne dans la rue des Bons-Enfans; il est donc obligé pour rentrer de tourner par la cour des Fontaines ou par la rue Neuve-des-Bons-Enfans, et alors nous le tenons! Mordieu! l'abbé, vous êtes un grand homme, et si mongour le duc du Maine ne vous fait pas cardinal ou du moins archevêque, il n'y a plus de justice.

— Je compte bien là-dessus. Maintenant, vous comprenez! il faut vous tenir prêt.

— Je le suis.

— Avez-vous des moyens d'exécution organisés?

— J'en ai.

— Alors, vous correspondez avec vos gens?

— Par un signe.

— Et ce signe ne peut vous trahir?

— Impossible.

— En ce cas, tout va bien. Il ne s'agit plus que de déjeuner, car j'avais si grande hâte de venir vous dire ces belles nouvelles, que je suis sorti de chez moi à jeun.

— Déjeuner, mon cher abbé? vous en parlez bien à votre aise! Je n'ai à vous offrir que les débris du pâté d'hier, et trois ou quatre bouteilles de vin qui ont survécu, je crois, à la bataille.

— Hum! hum! murmura intérieurement l'abbé. Faisons mieux que cela, mon cher chevalier.

— A vos ordres.

— Descendons déjeuner chez notre bonne hôtesse, madame Denis.

— Que diable voulez-vous que j'aille déjeuner chez elle? est-ce que je la connais, moi?

— Ceci me regarde. Je vous présente comme mon pupille.

— Mais nous ferons un déjeuner détestable.

— Rassurez-vous : je connais la cuisine.

— Mais ce sera assommant, ce déjeuner!

— Mais vous vous ferez une amie d'une femme parfaitement connue dans le quartier pour ses mœurs excellentés, pour son dévoûment au gouvernement ; d'une femme incapable enfin de donner asile à un conspirateur. Entendez-vous cela ?

— Si c'est pour le bien de la cause, abbé, je me sacrifie.

— Sans compter que c'est une maison fort agréable, dans laquelle il y a deux jeunes personnes qui jouent, l'une de la viole d'amour et l'autre de l'épinette, et un garçon qui est clerc de procureur ; une maison enfin où le dimanche soir vous pourrez descendre pour faire la partie de loto.

— Allez-vous-en au diable avec votre madame Denis ! Ah ! pardon, l'abbé, vous êtes peut-être l'ami de la maison. En ce cas, prenons que je n'ai rien dit.

— Je suis son directeur, répondit l'abbé Brigaud d'un air modeste.

— Alors, mille excuses, mon cher abbé. Mais vous avez raison, au fait : madame Denis est encore une fort belle femme, parfaitement conservée, avec des mains superbes et des pieds très mignons. Pesto ! je me la rappelle. Descendez le premier, je vous suis.

— Pourquoi pas ensemble ?

— Et ma toilette donc, l'abbé ? Vous voulez que je descende devant mesdemoiselles Denis tout défrisé comme me voilà ? Allons donc ! on se doit à sa figure, que diable ! D'ailleurs, il est plus convenable que vous m'annonciez : je n'ai pas les priviléges d'un directeur, moi.

— Vous avez raison ; je descends, je vous annonce, et dans dix minutes vous arrivez en personne, n'est-ce pas ?

— Dans dix minutes.

— Adieu.

— Au revoir.

Le chevalier n'avait dit que la moitié de la vérité : il restait pour faire sa toilette peut-être, mais aussi dans l'espérance qu'il apercevrait quelque peu sa belle voisine, à laquelle il avait rêvé toute la nuit. Ce désir fut sans résultat : il eut beau rester embusqué derrière les rideaux de sa fenêtre, celle de la jeune fille aux blonds cheveux et aux beaux yeux noirs resta hermétiquement voilée. Il est vrai qu'en échange, il put apercevoir son voisin qui, entr'ouvrant sa porte dans la toilette matinale que lui connaissait déjà le chevalier, passa, avec la même précaution que la veille, sa main d'abord, puis sa tête. Mais cette fois, sa hardiesse n'alla pas plus loin, car il faisait quelque peu de brouillard, et le brouillard, comme on sait, est essentiellement contraire à l'organisation du bourgeois de Paris. Aussi le nôtre toussa-t-il deux fois, dans les cordes les plus basses de sa voix, et, retirant tête et bras, rentra dans sa chambre comme une tortue dans sa carapace. D'Harmental vit dès lors avec plaisir qu'il pourrait se dispenser d'acheter un baromètre, et que son voisin lui rendrait le même service que ces bons capucins de bois qui sortent de leur ermitage les jours de beau temps, et qui restent au contraire obstinément chez eux les jours où il tombe de la pluie.

L'apparition fit son effet ordinaire et réagit sur la pauvre Bathilde. Chaque fois que d'Harmental apercevait la jeune fille, il y avait en elle une si suave attraction qu'il ne voyait plus que la femme jeune, gracieuse, belle, musicienne et peintre, c'est-à-dire la créature la plus délicieuse et la plus complète qu'il eût jamais rencontrée. En ces moments-là, pareille à ces fantômes qui passent dans la nuit de nos rêves portant comme une lampe d'albâtre leur lumière en eux-mêmes, elle s'éclairait d'un rayon céleste, repoussant tout ce qui l'entourait dans l'obscurité ; mais quand, à son tour, l'homme de la terrasse s'offrait aux regards du chevalier, avec sa figure commune, sa tournure triviale, ce type indélébile de vulgarité qui s'attache à certains individus, aussitôt un jeu de bascule étrange s'opérait dans l'esprit du chevalier : toute poésie disparaissait comme, à un coup de sifflet du machiniste, disparaît un palais de fée; les choses s'illuminaient d'un autre jour, l'aristocratie native de d'Harmental reprenait le dessus : Bathilde n'était plus que la fille de cet homme, c'est-à-dire une grisette, voilà tout; sa beauté, sa grâce, son élégance, ses talents même devenaient un accident du hasard, une erreur de la nature, quelque chose comme une rose qui eût fleuri sur un chou. Alors le chevalier haussait dans sa glace les épaules en face de lui-même, se mettait à rire tout haut, et, ne comprenant plus d'où lui venait l'impression si vive qu'un instant auparavant il avait éprouvée, il l'attribuait à la préoccupation de son esprit, à l'étrangeté de sa situation, à la solitude, à tout enfin, excepté à sa véritable cause, à la puissance souveraine et irrésistible de la distinction et de la beauté.

D'Harmental descendit donc chez son hôtesse dans la disposition d'esprit la plus favorable pour trouver mesdemoiselles Denis charmantes.

XIII.

LA FAMILLE DENIS.

Le chevalier et l'abbé quittèrent la mansarde et descendirent chez leur hôtesse. Madame Denis n'avait point jugé convenable que deux jeunes personnes aussi innocentes que l'étaient ses deux filles déjeunassent avec un jeune homme qui, depuis trois jours seulement qu'il était arrivé à Paris, rentrait déjà à onze heures du soir, et jouait du clavecin jusqu'à deux heures du matin. L'abbé Brigaud avait beau lui affirmer que cette double infraction aux règlemens intérieurs de la police de sa maison ne devait en rien déprécier auprès d'elle les mœurs de son pupille, dont il répondait comme de lui-même, tout ce qu'il avait obtenu, c'est que les demoiselles Denis paraîtraient au dessert.

Mais le chevalier s'aperçut bientôt que si leur mère leur avait défendu de se faire voir, elle ne leur avait pas défendu de se faire entendre. A peine les trois convives furent-ils attablés autour d'un véritable déjeuner de dévote, composé d'une multitude de petits plats appétissans à l'œil et délicieux au goût, que les sons saccadés d'une épinette se firent entendre, accompagnant une voix qui ne manquait pas d'étendue, mais dont de fréquentes erreurs de tons dénotaient la déplorable inexpérience. Aux premières notes, madame Denis posa la main sur le bras de l'abbé; puis, après un instant de silence, pendant lequel elle écouta avec un complaisant sourire cette musique qui faisait venir la chair de poule au chevalier.

— Entendez-vous? lui dit-elle : c'est notre Athénaïs qui joue du clavecin, et c'est Émilie qui chante.

L'abbé Brigaud, tout en faisant signe de la tête qu'il entendait parfaitement et l'accompagnement et la voix, marchait sur le pied de d'Harmental pour lui indiquer que l'occasion se présentait de placer un compliment.

— Madame, dit aussitôt le chevalier, qui comprit l'appel que l'abbé faisait à sa politesse, nous vous devons un double remerciement, car vous nous offrez non-seulement un excellent déjeuner, mais encore un concert délicieux.

— Oui, répondit négligemment madame Denis ; ce sont ces enfans qui s'amusent ; elles ne savent pas que vous êtes là, et elles étudient ; mais je vais leur défendre de continuer.

Madame Denis fit un mouvement pour se lever.

— Comment donc ! madame, s'écria d'Harmental ; parce que j'arrive de province, me croyez-vous donc tout à fait indigne de faire connaissance avec les talens de la capitale ?

— Dieu me garde, monsieur, d'avoir une pareille opinion de vous ! répondit madame Denis d'un air plein de mollesse ; car je sais que vous êtes musicien. Le locataire du troisième m'en a prévenue.

— En ce cas, madame, il n'a pas dû vous donner une haute idée de mon mérite, reprit en riant le chevalier, car il n'a pas paru apprécier infiniment le peu que j'en puis avoir.

— Il m'a dit seulement que l'heure lui avait paru étrange pour faire de la musique. Mais écoutez, monsieur Raoul, ajouta madame Denis en tendant l'oreille vers la porte : les rôles sont changés ; maintenant, mon cher abbé, c'est notre Athénaïs qui chante et c'est Emilie qui accompagne sa sœur sur la viole d'amour.

Il paraît que madame Denis avait un faible pour Athénaïs ; au lieu de parler comme elle l'avait fait pendant que c'était le tour d'Emilie de chanter, elle écouta d'un bout à l'autre la romance de sa favorite, les yeux tendrement fixés sur l'abbé Brigaud, qui, sans perdre un coup de fourchette ni un verre de vin, se contentait de faire de la tête des signes d'approbation. Du reste, Athénaïs chantait un peu plus juste que sa sœur, mais elle rachetait cette qualité par un défaut au moins équivalent aux oreilles du chevalier : elle avait la voix d'une vulgarité effrayante.

Quant à madame Denis, elle dondolinait la tête à fausse mesure, avec un air de béatitude qui faisait infiniment plus d'honneur à sa complaisance maternelle qu'à son intelligence musicale.

Un duo succéda aux solos. Les demoiselles Denis avaient juré de débiter tout leur répertoire. D'Harmental chercha à son tour sous la table les pieds de l'abbé Brigaud pour lui en écraser au moins un ; mais il ne rencontra que ceux de madame Denis, qui, prenant la recherche que faisait à tâtons le chevalier pour une agacerie personnelle, se tourna gracieusement de son côté.

— Ainsi donc, monsieur Raoul, lui dit-elle, vous venez, jeune et sans expérience, vous exposer ainsi à tous les dangers de la capitale?

— Oh! mon Dieu, oui, dit l'abbé Brigaud, prenant la parole, de peur que d'Harmental, entraîné par l'occasion, ne pût résister au plaisir de répondre quelque baliverne. Vous voyez en ce jeune homme, madame Denis, le fils d'un ami qui m'a été bien cher (il porta sa serviette à ses yeux), et qui, je l'espère, fera honneur aux soins que j'ai donnés à son éducation ; car, sans qu'il en ait l'air, c'est un ambitieux que mon pupille !

— Et monsieur a raison, reprit madame Denis. Quand on a les talens et la figure de monsieur, il me semble que l'on peut parvenir à tout.

— Ah! mais, madame Denis, dit l'abbé Brigaud, si vous me le gâtez ainsi du premier coup, je ne vous l'amènerai plus, prenez-y garde ! Raoul, mon enfant, continua-t-il en s'adressant au chevalier d'un ton paternel, j'espère que vous ne croyez pas un mot de cela. Puis, se penchant à l'oreille de madame Denis : —Tel que vous le voyez, ajouta-t-il, il aurait pu rester à Souvigny et y tenir la première place après le seigneur : il a trois bonnes mille livres de rente en biens fonds!

— C'est justement ce que je compte donner à chacune de mes filles, répondit madame Denis en haussant la voix de façon à être entendue du chevalier, et en lui lançant un regard de côté pour voir quel effet produirait sur lui l'annonce d'une telle magnificence.

Malheureusement pour l'établissement futur de mesdemoiselles Denis, le chevalier pensait en ce moment à tout autre chose qu'à réunir les trois mille livres de rentes dont cette généreuse mère dotait ses filles aux mille écus annuels dont l'avait gratifié l'abbé Brigaud. Le fausset de mademoiselle Émilie, le contralto de mademoiselle Athénaïs, la pauvreté de l'accompagnement de toutes deux, l'avaient ramené par ses souvenirs à la voix si pure et si flexible, et à l'exécution si distinguée et si savante de sa voisine. Il en était résulté que, grâce à cette puissance de réaction singulière qu'une grande préoccupation nous donne contre les objets extérieurs, le chevalier était parvenu à échapper au charivari qui s'exécutait dans la chambre voisine, et, se réfugiant en lui-même, y suivait une douce mélodie qui serpentait dans sa mémoire et qui, tout absente qu'elle était, parvenait à le garantir, comme une armure enchantée, des sons aigus et criards qui venaient s'émousser autour de lui.

— Voyez comme il écoute! disait madame Denis à Brigaud. A la bonne heure! il y a plaisir à faire des frais pour un jeune homme comme celui-là! Aussi je laverai la tête à monsieur Fremond!

— Qu'est-ce que c'est que monsieur Fremond? demanda l'abbé en se versant à boire.

— C'est le locataire du troisième, un mauvais petit rentier à douze cents livres, dont le carlin m'a déjà valu des désagrémens avec toute la maison, et qui est venu se plaindre que monsieur Raoul l'empêchait de dormir, lui et son chien!

— Ma chère madame Denis, dit l'abbé Brigaud, il ne faut pas vous brouiller pour cela avec monsieur Fremond. Deux heures du matin sont une heure indue, et si mon pupille veut absolument veiller, qu'il fasse de la musique dans la journée et qu'il dessine le soir.

— Comment! monsieur Raoul dessine aussi? s'écria madame Denis, tout émerveillée de ce surcroît de talent.

— S'il dessine? Comme Mignard!

— Oh! mon cher abbé, dit madame Denis en joignant les mains, si nous pouvions obtenir une chose...

— Laquelle? demanda l'abbé.

— Si nous pouvions obtenir qu'il fît le portrait de notre Athénaïs!

Le chevalier se réveilla en sursaut de sa préoccupation, comme un voyageur endormi sur l'herbe qui, pendant son sommeil, sent se glisser près de lui un serpent, et qui comprend instinctivement qu'un grand danger le menace.

— L'abbé! s'écria-t-il d'un air effaré, et en fixant sur le pauvre Brigaud des yeux furibonds; l'abbé, pas de bêtises!

— Oh! mon Dieu! qu'a donc votre pupille? demanda madame Denis tout effrayée.

Heureusement, au moment où l'abbé, assez embarrassé de répondre à la question de madame Denis, cherchait un honnête faux-fuyant pour lui faire prendre le change sur l'exclamation du chevalier, la porte s'ouvrit, les deux demoiselles Denis entrèrent en rougissant, et, s'écartant à droite et à gauche, firent chacune une révérence de menuet.

— Eh bien! mesdemoiselles, dit madame Denis en affectant un air sévère, qu'est-ce que cela? Qui vous a donné la permission de quitter votre chambre?

— Maman, répondit une voix que le chevalier, à ses notes grêles, crut reconnaître pour celle de mademoiselle Émilie, nous vous demandons bien pardon si nous avons fait une faute, et nous sommes prêtes à rentrer chez nous.

— Mais, maman, dit une autre voix qu'à ses tons graves, le chevalier jugea devoir appartenir à mademoiselle Athénaïs, nous avions cru qu'il était convenu que nous entrerions au dessert.

— Allons, venez, mesdemoiselles, puisque vous voilà. Il serait ridicule maintenant que vous vous en allassiez. D'ailleurs, ajouta madame Denis en faisant asseoir Athénaïs entre elle et Brigaud, et Émilie entre elle et le chevalier, des jeunes personnes sont toujours bien, n'est-ce pas, l'abbé, toutefois qu'elles sont sous l'aile de leur mère?

Et madame Denis présenta à ses filles une assiette de bonbons, dans laquelle elles prirent du bout des doigts et avec une modestie qui faisait honneur à la bonne éducation qu'elles avaient reçue, mademoiselle Émilie une praline et mademoiselle Athénaïs un diablotin.

Le chevalier, pendant le discours et l'action de madame Denis, avait eu le temps d'examiner ses filles. Mademoiselle Émilie était une grande et sèche personne de vingt-deux à vingt-trois ans, qui, disait-on, jouissait d'une ressemblance parfaite avec feu M. Denis son père, avantage qui ne suffisait pas, à ce qu'il paraît, pour lui mériter dans le cœur maternel une part d'affection égale à celle que madame Denis ressentait pour ses deux autres enfans. Aussi, la pauvre Emilie, toujours craignant de faire mal et d'être grondée, était-elle restée d'une gaucherie native, que les leçons réitérées de son maître de danse n'avaient pu faire disparaître. Quant à mademoiselle Athénaïs, c'était, tout à l'opposé de sa sœur, une petite boulotte, rouge et rondelette, qui, grâce à ses seize ou dix-sept ans, avait ce que l'on appelle vulgairement la beauté du diable. Celle-là ne ressemblait ni à monsieur ni à madame Denis, singularité qui avait fort exercé les mauvaises langues de la rue Saint-Martin avant que madame Denis vendît son fonds de draps et vînt habiter la maison qu'elle et son mari avaient achetée, des bénéfices de la communauté, rue du Temps-Perdu.

Malgré cette absence d'homogénéité avec ses parens, mademoiselle Athénaïs n'en était pas moins la favorite déclarée de madame sa mère, ce qui lui donnait toute l'assurance qui manquait à la pauvre Emilie. En bonne personne qu'elle était, Athénaïs profitait toujours de cette faveur, il faut le dire à sa louange, pour excuser les prétendues fautes de sa sœur aînée. Au reste, le chevalier, qui, en sa qualité de dessinateur, était physionomiste, crut remarquer, du premier coup d'œil, entre le visage de mademoiselle Athénaïs et celui de l'abbé Brigaud, certaines lignes analogues qui, jointes à une singulière ressemblance dans la taille, auraient pu, à la rigueur, guider les curieux à la recherche de la paternité, si cette recherche n'était point sagement interdite par nos lois.

Les deux sœurs, quoiqu'il fût à peine onze heures du matin, étaient habillées comme pour aller à un bal, et portaient à leur cou, à leurs bras et à leurs oreilles, tout ce qu'elles possédaient de bijoux.

Cette apparition, si conforme à l'idée que d'Harmental s'était faite d'avance des filles de son hôtesse, fut pour lui une nouvelle source de réflexions. Puisque les demoiselles Denis étaient si bien ce qu'elles devaient être, c'est-à-dire en si parfaite harmonie avec leur état et leur éducation, pourquoi Bathilde, qui paraissait d'une condition à peine égale à la leur, était-elle visiblement aussi distinguée qu'elles étaient vulgaires? D'où venait, entre jeunes filles de la même classe et du même âge, cette immense différence physique et morale? Il fallait qu'il y eût là-dessous quelque secret étrange, qu'un jour ou l'autre le chevalier connaîtrait sans doute.

Un second appel, que le pied de l'abbé Brigaud adressa au pied de d'Harmental, lui fit comprendre que ses réflexions pouvaient être parfaitement justes, mais que le moment qu'il avait choisi pour s'y livrer était souverainement déplacé. En effet, madame Denis avait pris un air de dignité si significatif, que d'Harmental jugea qu'il n'y avait pas un instant à perdre s'il voulait effacer, dans l'esprit de son hôtesse, la mauvaise impression que sa distraction avait produite.

— Madame, lui dit-il aussitôt de l'air le plus gracieux qu'il put prendre, ce que j'ai l'honneur de voir de votre famille me donne un bien vif désir de la connaître tout entière. Est-ce que monsieur votre fils n'est point quelque part dans la maison, et n'aurai-je pas le plaisir de lui être présenté?

— Monsieur, répondit madame Denis, à qui une si aimable interpellation avait rendu toute sa grâce, mon fils est chez maître Joulu, son procureur, et, à moins que ses courses l'amènent dans le quartier, il est peu probable qu'il ait ce matin l'honneur de faire votre connaissance.

— Parbleu! mon cher pupille, dit l'abbé Brigaud en étendant la main du côté de la porte, vous êtes comme feu Aladin, et il suffit, à ce qu'il paraît, que vous exprimiez un désir pour que ce désir soit accompli.

En effet, au moment même, on entendit retentir dans l'escalier la chanson de monsieur de Marlborough, qui, à cette époque, avait tout le charme de la nouveauté, et la porte s'étant ouverte sans aucune annonce préalable, on vit paraître sur le seuil un gros garçon à face réjouie, qui avait beaucoup des airs de mademoiselle Athenaïs.

— Bon, bon, bon! dit le nouvel arrivant en croisant ses bras, et en considérant l'intérieur habituel de sa famille augmenté de l'abbé Brigaud et du chevalier d'Harmental. Pas gênée, la mère Denis! Elle envoie Boniface chez son procureur avec un morceau de pain et de fromage; elle lui dit: Va, mon ami, prends garde aux indigestions; et en son absence, elle donne noces et festins! Heureusement que ce pauvre Boniface a bon nez. Il repasse par la rue Montmartre, il a pris le vent, et il a dit: Qu'est-ce que ça sent donc là-bas, rue du Temps-Perdu, n° 5? Alors il est venu, et le voilà! Place pour un!

Et joignant l'action au récit, Boniface traîna une chaise de la porte à la table, et s'assit entre l'abbé Brigaud et le chevalier.

— Monsieur Boniface, dit madame Denis en essayant de prendre un air sévère, ne voyez-vous pas bien qu'il y a ici des étrangers?

— Des étrangers? dit Boniface en prenant un plat sur la table et en le mettant devant lui. Et où sont-ils ces étrangers? Est-ce vous, papa Brigaud? est-ce monsieur Raoul? Eh bien! il n'est pas un étranger, lui, c'est un locataire.

Et, s'emparant d'un de ces couverts qu'on met sur la

table pour servir, il se mit à officier de manière à rassurer sur le temps perdu ceux qui avaient pris les devants.

— Pardieu! madame Denis, dit le chevalier, je vois avec plaisir que je suis beaucoup plus avancé que je ne le croyais, car je ne savais pas avoir l'honneur d'être connu de monsieur Boniface.

— Ça serait drôle, si je ne vous connaissais pas, dit le clerc de procureur, la bouche pleine; c'est vous qu'avez ma chambre.

— Comment! madame Denis, dit d'Harmental, vous me laissez ignorer que j'ai l'honneur de succéder dans mon logement à l'héritier présomptif de votre maison? Je ne m'étonne plus si j'ai trouvé une chambre si galamment arrangée. On reconnaît là les soins d'une mère.

— Oui, grand bien vous fasse! Mais, si j'ai un conseil d'ami à vous donner, c'est de ne pas trop regarder par la fenêtre.

— Pourquoi cela? demanda d'Harmental.

— Pourquoi? Parce que vous avez certaine voisine en face de vous...

— Mademoiselle Bathilde? dit le chevalier emporté par son premier mouvement.

— Ah! vous la connaissez déjà? reprit Boniface. Bon, bon, bon, alors ça ira bien.

— Voulez-vous vous taire, monsieur! s'écria madame Denis.

— Tiens! reprit Boniface, il faut bien prévenir les locataires, quand il y a dans les maisons des cas rédhibitoires. Vous n'êtes pas chez le procureur, vous, ma mère, vous ne savez pas cela.

— Cet enfant est plein d'esprit, dit l'abbé Brigaud, de ce

ton goguenard grâce auquel on ne savait jamais s'il raillait ou s'il parlait sérieusement.

— Mais, reprit madame Denis, que voulez-vous qu'il y ait de commun entre monsieur Raoul et mademoiselle Bathilde?

— Ce qu'il y aura de commun? C'est que, dans huit jours, il en sera amoureux comme un fou, ou bien il ne serait pas un homme, et que ce n'est pas la peine d'aimer une coquette.

— Une coquette? dit d'Harmental.

— Oui, une coquette; une coquette, reprit Boniface; je l'ai dit, je ne m'en dédis pas. Une coquette, qui fait la bégueule avec les jeunes gens, et qui demeure avec un vieux. Sans compter sa gueuse de Mirza, qui mangeait tous mes bonbons, et qui, chaque fois qu'elle me rencontre maintenant, vient me mordre les mollets.

— Sortez, mesdemoiselles, s'écria madame Denis en se levant et en faisant lever ses filles. Sortez ! des oreilles aussi pures que les vôtres ne doivent pas entendre de pareilles légèretés.

Et elle poussa mademoiselle Athénaïs et mademoiselle Emilie vers la porte de leur chambre, où elle entra avec elles.

Quant à d'Harmental, il se sentit pris d'une envie féroce de casser la tête à monsieur Boniface d'un coup de bouteille. Cependant, comprenant le ridicule de sa situation, il fit un effort sur lui-même.

— Mais, dit-il, je croyais que ce bon bourgeois que j'ai vu sur sa terrasse, car c'est de lui sans doute que vous voulez parler, monsieur Boniface...

— De lui-même, le vieux coquin. Hein? qu'est-ce qui dirait ça de lui?

— Était son père, continua d'Harmental.

— Son père ? Est-ce qu'elle a un père, mademoiselle Bathilde ? Elle n'a pas de père !

— Ou du moins son oncle.

— Ah ! son oncle ! à la mode de Bretagne, peut-être, mais pas autrement.

— Monsieur, dit majestueusement madame Denis en sortant de la chambre de ses filles, qu'elle avait consignées sans doute au plus profond de leur appartement, je vous avais prié, une fois pour toutes, de ne jamais dire de paroles légères devant mesdemoiselles vos sœurs.

— Ah ! bien oui ! dit Boniface, continuant d'aller à travers choux, mesdemoiselles mes sœurs ! Est-ce que vous croyez qu'à leur âge elles ne puissent pas entendre ce que je dis-là, surtout Emilie, qui a vingt-trois ans ?

— Emilie est innocente comme l'enfant qui vient de naître, monsieur ! dit madame Denis en reprenant sa place entre Brigaud et d'Harmental.

— Innocente ! Oui, comptez là-dessus, mère Denis, et buvez de l'eau ! J'ai trouvé un joli roman dans la chambre de notre innocente, allez, pour un temps de carême. Je vous le montrerai, papa Brigaud, à vous qui êtes son confesseur. Nous verrons un peu si c'est vous qui lui avez permis de faire ses pâques là-dedans.

— Tais-toi, méchant espiègle ! dit l'abbé ; tu vois bien le chagrin que tu fais à ta mère !

En effet, madame Denis, suffoquée de honte de ce qu'une scène qui portait une pareille atteinte à la réputation de ses filles se fût passée devant un jeune homme sur lequel, avec cette lointaine prévoyance des mères, elle avait déjà peut-être jeté son dévolu, était près de se trouver mal.

Il n'y a rien à quoi les hommes croient moins qu'aux évanouissemens des femmes, et cependant il n'y a rien à quoi ils se laissent prendre plus facilement. Au reste, qu'il y crût ou qu'il n'y crût pas, d'Harmental était trop poli pour ne pas donner, en pareille circonstance, une marque d'intérêt à son hôtesse. Il s'élança vers elle les bras tendus. Il en résulta que madame Denis ne vit pas plus tôt un point d'appui qu'elle se laissa aller du côté où on le lui offrait, et que, penchant la tête en arrière, elle s'évanouit dans les bras du chevalier.

— L'abbé, dit d'Harmental, pendant que monsieur Boniface profitait de la circonstance pour fourrer dans ses poches tous les bonbons qui restaient sur la table, l'abbé, avancez donc un fauteuil !

L'abbé avança un fauteuil avec la lenteur tranquille d'un homme familier avec de pareils accidens, et qui, d'avance, est rassuré sur leurs suites. On y assit madame Denis, et d'Harmental lui fit respirer des sels, tandis que l'abbé Brigaud lui frappait doucement dans le creux des mains; mais malgré ces soins empressés, madame Denis ne paraissait nullement disposée à revenir à elle, quand tout à coup, au moment où l'on s'y attendait le moins, elle se dressa sur ses pieds, comme relevée par un ressort, et en jetant un grand cri. D'Harmental crut qu'une attaque de nerfs succédait à la faiblesse; il fut vraiment effrayé, tant il y avait un accent de vérité et de saisissement dans le cri qu'avait poussé la pauvre femme.

— Ce n'est rien, ce n'est rien ! dit Boniface. Je viens seulement de lui couler l'eau qui restait dans la carafe dans le dos. C'est cela qui l'a réveillée. Vous voyez bien qu'elle ne savait plus comment faire pour revenir. Eh bien ! quoi ? continua l'impitoyable garnement en voyant que madame

Denis le regardait avec des yeux terribles; c'est moi. Est-ce que tu ne me reconnais plus, mère Denis, c'est ton petit Boniface qui t'aime tant?

— Madame, dit d'Harmental, fort embarrassé de la situation, je suis vraiment désolé de tout ce qui vient de se passer.

— Oh! monsieur, s'écria madame Denis en fondant en larmes, je suis bien malheureuse!

— Allons, ne pleure pas, mère Denis! Tu es déjà assez mouillée, dit Boniface. Vas plutôt changer de chemise; il n'y a rien de mauvais pour la santé comme d'avoir une chemise qui colle sur le dos.

— Cet enfant est plein de sens, dit Brigaud, et je crois que vous feriez bien de suivre son conseil, madame Denis.

— Si j'osais joindre mes instances à celles de l'abbé, reprit d'Harmental, je vous prierais, madame, de ne pas vous gêner pour nous. D'ailleurs le moment était venu de nous retirer, et nous allons prendre congé de vous.

— Et vous aussi, l'abbé? dit madame Denis en jetant un regard de détresse sur Brigaud.

— Moi, dit Brigaud, qui ne se souciait pas à ce qu'il paraît du rôle de consolateur, je suis attendu à l'hôtel Colbert, et il faut absolument que je vous quitte.

— Adieu donc, messieurs, dit madame Denis en faisant une révérence à laquelle le liquide, versé par en haut, et qui commençait à couler par en bas, ôtait beaucoup de sa majesté.

— Adieu, la mère, dit Boniface en allant jeter avec l'assurance d'un enfant gâté ses deux bras autour du cou de madame Denis. Vous n'avez rien à faire dire à maître Joulu?

— Adieu, mauvais sujet! répondit la pauvre femme en embrassant son fils, moitié souriante déjà et moitié fâchée encore, mais cédant à cette attraction à laquelle une mère ne peut résister. Adieu, et soyez sage!

— Comme une image, mère Denis, mais à la condition que tu nous feras un petit plat de douceurs pour le dîner, hein?

Et le troisième clerc de maître Joulu revint en gambadant rejoindre l'abbé Brigaud et d'Harmental, qui étaient déjà sur le palier.

— Eh bien, eh bien, petit drôle! dit l'abbé en portant vivement la main à la poche de sa veste, qu'as-tu à faire par là?

— Ne faites pas attention, papa Brigaud; je regarde seulement s'il ne reste pas dans votre gousset un petit écu pour votre ami Boniface.

— Tiens, dit l'abbé, en voilà un gros; laisse-nous tranquilles, et va-t'en.

— Papa Brigaud, dit Boniface dans l'effusion de sa reconnaissance, vous avez un cœur de cardinal, et si le roi ne vous fait qu'archevêque, eh bien, parole d'honneur! vous serez volé de moitié. Adieu, monsieur Raoul, continua-t-il en s'adressant au chevalier avec la même familiarité que s'il le connaissait depuis dix ans. Je vous le répète, prenez garde à mademoiselle Bathilde si vous voulez garder votre cœur, et jetez-moi une bonne boulette à Mirza si vous tenez à vos mollets!

Et, se pendant à la corde d'une main et à la rampe de l'autre, il descendit d'un seul élan les douze marches qui formaient le premier étage, et se trouva à la porte de la rue sans avoir touché une seule marche de l'escalier.

Brigaud descendit d'un pas plus tranquille derrière son ami Boniface, après avoir pris pour le soir, à huit heures, rendez-vous avec le chevalier. Quant à d'Harmental, il remonta tout pensif dans sa mansarde.

XIV.

LE RUBAN PONCEAU.

Ce qui occupait l'esprit du chevalier, ce n'était ni le dénouement du drame où il avait choisi un rôle si important, et qui semblait s'approcher, ni la précaution admirable qu'avait prise l'abbé Brigaud de le loger dans une maison où il avait l'habitude, depuis dix ans, de venir à peu près tous les jours; si bien que ses visites, devinssent-elles plus fréquentes encore, ne pouvaient être remarquées. Ce n'était ni la diction majestueuse de madame Denis, ni le soprano de mademoiselle Émilie, ni le contralto de mademoiselle Athénaïs, ni les espiégleries de M. Boniface : c'était tout bonnement la pauvre Bathilde qu'il venait d'entendre traiter si lestement chez son hôtesse.

Mais notre lecteur se tromperait fort s'il croyait que la brutale accusation de monsieur Boniface eût porté atteinte le moins du monde aux sentimens encore confus et inexpliqués que le chevalier ressentait pour la jeune fille. Le premier mouvement avait bien été une impression pénible, un sentiment de dégoût; mais, en y réfléchissant, il ne lui avait fallu que quelques secondes pour comprendre qu'une pareille alliance était impossible. Le hasard peut, à la rigueur, faire naître une fille charmante d'un père sans distinction ; la nécessité peut réunir une femme jeune et élégante à un mari vieux et vulgaire ; mais il n'y a que l'amour ou l'intérêt qui fasse de ces liaisons en dehors de la société, comme on en supposait une entre la jeune fille du quatrième et le bourgeois de la terrasse. Or, entre ces deux êtres si opposés en toutes choses, il ne pouvait exister d'amour ; et quant à l'intérêt, la chose était encore moins probable, car si leur situation ne descendait pas jusqu'à la misère, elle ne s'élevait certes pas au-dessus de la médiocrité ; et non point même de cette médiocrité dorée dont parle Horace, et qui donne une maison de campagne à Tibur ou à Montmorency, qui résulte d'une pension de trente mille sesterces sur la cassette d'Auguste ou d'une inscription de six mille francs sur le grand-livre ; mais de cette pauvre et chétive médiocrité qui ne permet de vivre qu'au jour le jour, et que l'on n'empêche de descendre à une pauvreté réelle que par un travail incessant, nocturne et acharné.

La seule moralité qui fût ressortie de tout ceci était donc pour d'Harmental la certitude que Bathilde n'était ni la fille, ni la femme, ni la maîtresse de ce terrible voisin, dont la vue avait suffi jusque-là pour produire une si étrange réaction sur l'amour naissant du chevalier. Donc, si elle n'était ni l'une ni l'autre de ces trois choses, il y avait un mystère sur la naissance de Bathilde, et s'il y avait un mystère sur cette naissance, Bathilde n'était pas ce qu'elle paraissait être. Dès lors tout s'expliquait : cette beauté aristocratique, cette grâce charmante, cette éducation achevée, cessaient d'être une énigme sans mot. Bathilde était au-dessus de la position qu'elle était momentanément forcée d'occuper; il y avait eu dans la destinée de cette jeune fille de ces bouleversemens de fortune qui sont pour les individus ce que les tremblemens de terre sont pour les villes : quelque chose s'était écroulé dans sa vie qui l'avait forcée de descendre jusqu'à la sphère inférieure où elle végétait, et elle était comme ces anges déchus qui sont obligés de vivre quelque temps de la vie des hommes, mais qui n'attendent que le jour où Dieu leur rendra leurs ailes pour remonter au ciel.

Le résultat de tout ceci était que le chevalier pouvait, sans perdre de sa considération à ses propres yeux, devenir amoureux de Bathilde. Lorsque le cœur est aux prises avec l'orgueil, il a des ressources admirables pour tromper son hautain et grondeur ennemi. Du moment où Bathilde avait un nom, elle était classée et ne pouvait pas sortir de ce cercle de Popilius que la famille avait tracé autour d'elle ; mais dès lors qu'elle n'avait ni nom ni famille, dès lors que de la nuit qui l'entourait elle pouvait sortir resplendissante de lumière, rien n'empêchait plus que l'imagination de l'homme qui l'aimait ne l'élevât dans son espérance à une hauteur à laquelle elle n'eût pas même osé atteindre du regard.

En conséquence, loin de suivre l'avis que lui avait si amicalement donné monsieur Boniface, la première chose que fit d'Harmental en rentrant chez lui fut d'aller droit à sa fenêtre, et de voir en quel état était celle de sa voisine : la fenêtre de sa voisine était toute grande ouverte.

Si l'on eut dit huit jours auparavant au chevalier qu'une chose aussi simple qu'une fenêtre ouverte ferait jamais battre son cœur, il eût certes joyeusement ri d'une pareille supposition. Cependant il en était ainsi, car, après avoir appuyé un instant sa main sur sa poitrine, comme un homme qui respire enfin après une longue oppression, il s'accouda de l'autre au mur pour regarder par un coin, afin de voir la jeune fille sans être vu d'elle, car il craignait qu'en l'apercevant elle ne s'effarouchât, comme la veille, de cette persistante attention dont elle était l'objet, et qu'elle pouvait attribuer à la seule curiosité.

Au bout d'un instant, d'Harmental s'aperçut que la chambre devait être solitaire, car l'active et légère jeune fille eût certes déjà passé et repassé dix fois devant ses yeux si elle n'eût été absente. D'Harmental ouvrit alors sa fenêtre à son tour, et tout le confirma dans sa supposition; il était même facile de voir que la main symétrique et rangeuse de la vieille ménagère venait de passer par la chambre, car le clavecin était hermétiquement fermé; la musique, ordinairement éparse, était réunie en un seul morceau surmonté de trois ou quatre volumes, qui, superposés selon qu'ils diminuaient de grandeur, formaient la tête de la pyramide, et un magnifique morceau de guipure, soigneusement posé par le milieu sur le dos d'une chaise, pendait parallèlement des deux côtés du dossier. Du reste, cette supposition fut bientôt changée en certitude, car, au bruit qu'il fit en ouvrant sa fenêtre, d'Harmental vit poindre la tête fine de la levrette, qui, l'oreille toujours au guet, et digne de l'honneur que lui avait fait sa maîtresse en la constituant gardienne de la maison, s'était réveillée, et regardait en se dressant sur son coussin quel était l'importun qui venait ainsi troubler son sommeil.

Grâce à l'indiscrète basse-taille du bonhomme de la terrasse et à la rancune prolongée de monsieur Boniface, le chevalier savait déjà deux choses fort importantes à savoir : c'est que sa voisine se nommait Bathilde, douce et euphonique appellation, parfaitement appropriée à une jeune fille belle, gracieuse et élégante, et que la levrette s'appelait Mirza, nom qui lui paraissait tenir un rang non moins distingué dans l'aristocratie de sa race canine.

Or, comme rien n'est à dédaigner quand on veut se rendre maître d'une forteresse, et que la plus infime intelligence dans la place est souvent plus efficace pour amener sa reddition que les plus terribles machines de guerre, d'Harmental résolut de commencer par se mettre en relation avec la levrette, et de l'inflexion la plus douce et la plus caressante qu'il pût donner à sa voix, il appela : — Mirza !

Mirza, qui s'était indolemment couchée sur son coussin, releva vivement la tête avec une expression d'étonnement parfaitement indiquée; en effet, il devait paraître assez étrange à la fine et intelligente petite bête qu'un homme qui lui était aussi parfaitement inconnu que le chevalier se permit de l'appeler à brûle-pourpoint par son nom de baptême ; aussi se contenta-t-elle de fixer sur lui des yeux inquiets, qui, dans le demi-teinte où elle était placée, brillaient comme deux escarboucles, et de pousser, en piétinant des pattes de devant, un petit murmure sourd qui pouvait passer pour un grognement.

D'Harmental se rappela que le marquis d'Uxelle avait apprivoisé l'épagneul de mademoiselle Choin, lequel était une bête bien autrement acariâtre que toutes les levrettes du monde, avec des têtes de lapin rôties, et qu'il était résulté pour lui de cette délicate attention le bâton de maréchal de France ; il ne désespéra donc point d'adoucir, par une séduction du même genre, la grondeuse réception que mademoiselle Mirza avait faite à ses avances, et il se dirigea vers son sucrier en chantant entre ses dents :

Des chiens admirez la puissance :
A la cour leur crédit est bon ;
Et jamais maréchal de France
N'a mieux mérité son bâton.

Puis il revint à la fenêtre armé de deux morceaux de sucre assez gros pour être divisés à l'infini.

Le chevalier ne s'était pas trompé : au premier morceau de sucre qui tomba près d'elle, Mirza allongea nonchalamment le cou ; puis, s'étant, à l'aide de l'odorat, rendu compte de la nature de l'appât qui lui était offert, elle étendit la patte vers lui, l'amena à la proximité de sa gueule, le prit du bout des dents, le fit passer des incisives aux molaires, et commença de le broyer avec cet air langoureux tout particulier à la race à laquelle elle avait l'honneur d'appartenir. Cette opération finie, elle passa sur ses lèvres une petite langue rose qui indiquait que, malgré son indifférence apparente, laquelle tenait sans doute à l'excellente éducation qu'elle avait reçue, elle n'était point insensible à la gracieuse surprise que lui avait ménagée son voisin. Aussi, au lieu de se recoucher sur son coussin comme elle l'avait fait la première fois, elle resta assise, bâillant avec une langueur pleine de morbidessa, mais remuant la queue en signe qu'elle était prête à se réveiller tout à fait, pour peu que l'on voulût payer son réveil de deux ou trois galanteries pareilles à celle qu'on venait de lui faire.

D'Harmental, qui était habitué aux façons de faire de tous les king's-Charles-dogs des plus jolies femmes de l'époque, comprit à merveille les dispositions bienveillantes que mademoiselle Mirza exprimait à son égard, et ne voulant pas leur donner le temps de se refroidir, il jeta un second morceau de sucre, mais seulement avec le soin cette fois qu'il tombât assez loin d'elle pour qu'elle fût obligée de quitter son coussin pour l'aller chercher. C'était une épreuve qui devait le fixer sur celui des deux péchés mortels, la paresse ou la gourmandise, auquel celle dont il voulait faire sa complice avait le cœur le plus enclin. Mirza resta un instant incertaine, mais la gourmandise l'emporta, et elle s'en alla au fond de la chambre chercher le morceau de sucre qui avait roulé sous le clavecin : en ce moment un troisième morceau tomba près de la fenêtre, et Mirza, toujours subissant les lois de l'attraction, marcha du second au troisième comme elle avait marché du premier au second; mais là s'arrêta la libéralité du chevalier; il croyait avoir assez donné déjà pour que l'on commençât à lui rendre quelque chose, et alors il se contenta d'appeler une seconde fois, mais cependant d'un ton plus impératif que la première : Mirza! et il lui montra les autres morceaux qui étaient dans le creux de sa main.

Mirza, cette fois, au lieu de regarder le chevalier avec inquiétude ou dédain, se leva sur ses pattes de derrière, posa ses pattes de devant sur le rebord de la fenêtre, et commença à lui faire les mêmes mines qu'elle eût faites à une ancienne connaissance : c'était fini, Mirza était apprivoisée.

Le chevalier remarqua qu'il lui avait fallu juste le même temps pour arriver à ce résultat qu'il eût mis à séduire une femme de chambre avec de l'or ou une duchesse avec des diamans.

Alors ce fut à lui à son tour de faire le dédaigneux avec Mirza, et de lui parler pour l'habituer à sa voix. Cependant, craignant de la part de son interlocuteur, qui soutenait de son mieux le dialogue par de petites plaintes sourdes et de petits grognemens câlins, un retour de fierté, il lui jeta un quatrième morceau de sucre sur lequel elle s'élança avec une d'autant plus grande activité qu'on le lui avait fait attendre davantage, et sans être appelée cette fois, elle revint d'elle-même prendre sa place à la fenêtre.

Le triomphe du chevalier était complet.

Si complet que Mirza, qui la veille avait donné des signes d'intelligence si supérieure lorsqu'elle avait indiqué, en regardant dans la rue le retour de Bathilde, et en courant vers la porte son ascension dans l'escalier, n'indiqua cette fois ni l'un ni l'autre, si bien que sa maîtresse, entrant tout à coup, la surprit au beau milieu des agaceries qu'à son tour elle faisait à son voisin. Il est juste de dire cependant qu'au bruit que fit la porte en s'ouvrant, Mirza, si préoccupée qu'elle fût, se retourna, et, reconnaissant Bathilde, ne fit qu'un bond jusqu'à elle, lui prodiguant ses caresses les plus tendres; mais une fois cette espèce de devoir accompli, ajoutons, à la honte de l'espèce, que Mirza se hâta de revenir à sa fenêtre. Cette action inaccoutumée de la part de sa levrette guida naturellement les yeux de Bathilde vers la cause qui la déterminait. Ses yeux rencontrèrent ceux du chevalier. Bathilde rougit, le chevalier salua, et Bathilde, sans trop savoir ce qu'elle faisait, rendit le salut qu'elle venait de recevoir.

Le premier mouvement de Bathilde fut alors d'aller à la fenêtre et de la fermer. Mais un sentiment instinctif la retint : elle comprit que c'était donner de l'importance à une chose qui n'en avait aucune, et que se mettre en défense c'était avouer qu'elle se croyait attaquée. En conséquence, elle traversa sans affectation sa chambre et disparut dans la partie où ne pouvaient plonger les regards de son voisin. Puis, au bout de quelques instans, lorsqu'elle se hasarda à revenir, elle vit que c'était lui qui avait fermé la sienne. Bathilde comprit ce qu'il y avait de discrétion dans cette action de d'Harmental, et elle lui en sut gré.

En effet, le chevalier venait de faire un coup de maître : dans la situation peu avancée où il en était avec sa voisine, les deux fenêtres, proches comme elles étaient l'une de l'autre, ne pouvaient pas rester ouvertes à la fois ; or, si c'était la fenêtre du chevalier qui restait ouverte, c'était celle de sa voisine qui nécessairement se fermait, et avec quelle herméticité se fermait cette malheureuse fenêtre ! le chevalier en savait quelque chose : pas moyen d'apercevoir même le bout du nez de Mirza derrière les rideaux qui la calfeutraient ; tandis que, si au contraire c'était la fenêtre de d'Harmental qui était close, il devenait possible que ce fût celle de sa voisine qui restât ouverte, et alors il la voyait aller, venir, travailler, ce qui était une grande distraction, qu'on y songe bien, pour un pauvre diable condamné à la réclusion la plus absolue ; d'ailleurs, il avait fait un pas immense près de Bathilde ; il l'avait saluée, et Bathilde lui avait rendu son salut. Donc ils n'étaient plus étrangers tout à fait l'un à l'autre, il y avait entre eux commencement de connaissance ; mais pour que cette connaissance suivît une marche progressive, à moins de circonstances particulières, il ne fallait rien brusquer ; risquer une parole après le salut, c'était risquer de se perdre ; mieux fallait faire croire à Bathilde que le seul hasard avait tout fait. Bathilde ne le crut pas, mais sans inconvénient elle pouvait avoir l'air de le croire. Il en résulta que Bathilde laissa sa fenêtre ouverte, et voyant celle de son voisin fermée, vint s'asseoir près de la sienne un livre à la main.

Quant à Mirza, elle sauta sur le tabouret qui était aux

pieds de sa maîtresse et qui lui servait de siége. Mais au lieu d'allonger, comme elle avait l'habitude de le faire, sa tête sur les genoux arrondis de la jeune fille, elle la posa sur le bord anguleux de la fenêtre, tant elle était préoccupée de ce généreux inconnu qui maniait ainsi le sucre à pleines mains.

Le chevalier s'assit au milieu de la chambre, prit ses pastels, et grâce à un petit coin de son rideau adroitement relevé, il dessina le délicieux tableau qu'il avait sous les yeux.

Malheureusement, c'était l'époque des courtes journées; aussi, vers les trois heures, le peu de lumière que les nuages et la pluie laissaient descendre du ciel sur la terre commença de baisser, et Bathilde ferma sa fenêtre; néanmoins, si peu de temps qu'eût eu le chevalier, toute la tête de la jeune fille était déjà achevée et d'une ressemblance parfaite, car on sait combien le pastel est propre à reproduire ces types fins et délicats qu'alourdit toujours un peu la peinture : c'étaient les cheveux ondoyans de la jeune fille, c'était sa peau fine et transparente, c'était la courbe onduleuse de son beau cou de cygne, c'était enfin toute la hauteur où l'art peut atteindre, quand il a devant lui de ces inimitables modèles qui font le désespoir des artistes.

A la nuit close, l'abbé Brigaud arriva. Le chevalier et lui s'enveloppèrent dans leurs manteaux et s'acheminèrent vers le Palais-Royal ; il s'agissait comme on se le rappelle d'examiner le terrain.

La maison qu'était venue habiter madame de Sabran, depuis que son mari avait été nommé maître d'hôtel du régent, était situé au n° 22, entre l'hôtel de la Roche-Guyon et le passage appelé autrefois passage du Palais-Royal, parce que ce passage était le seul qui communiquât de la rue des Bons-Enfans à la rue de Valois. Ce passage, qui a changé de nom depuis cette époque, et qui s'appelle aujourd'hui passage du Lycée, se fermait en même temps que les autres grilles du jardin, c'est-à-dire à onze heures précises du soir; il en résultait qu'une fois entrés dans une maison de la rue des Bons-Enfans, si cette maison n'avait pas une seconde sortie sur la rue de Valois ceux qui avaient besoin passé onze heures, de revenir de cette maison au Palais-Royal, étaient forcés de faire le grand tour, soit par la rue Neuve-des-Petits-Champs, soit par la cour des Fontaines.

Or, il en était ainsi de la maison de madame de Sabran : c'était un délicieux petit hôtel bâti vers la fin de l'autre siècle, c'est-à-dire vingt ou vingt-cinq années auparavant, par je ne sais quel traitant, qui avait voulu singer les grands seigneurs et avoir comme eux sa petite maison. Elle se composait donc en tout d'un rez-de-chaussée et d'un premier étage surmonté d'une galerie de pierre sur laquelle s'ouvraient des mansardes de domestiques, et terminé par un toit de tuiles bas et légèrement incliné ; au-dessous des fenêtres du premier étage régnait un large balcon formant une saillie de trois ou quatre pieds et s'étendant d'un bout à l'autre de la maison; seulement des ornemens en fer pareils au balcon et qui s'élevaient jusqu'à la terrasse séparaient les deux fenêtres de chaque coin des trois fenêtres du milieu, comme cela arrive souvent dans les maisons où l'on veut interrompre les communications extérieures ; au reste, les deux façades étaient exactement pareilles ; seulement comme la rue de Valois est plus basse de huit ou dix pieds que celle des Bons-Enfans, les fenêtres et la porte du rez-de-chaussée s'ouvraient de ce côté sur une terrasse dont on avait fait un petit jardin qui, au printemps se garnissait de charmantes fleurs, mais qui ne communiquait point autrement avec la rue qu'il dominait : la seule entrée et la seule sortie de l'hôtel donnait donc, ainsi que nous l'avons dit, dans la rue des Bons-Enfans.

C'était tout ce que pouvaient désirer de mieux nos conspirateurs. En effet, une fois le régent entré chez madame de Sabran, pourvu qu'il y vînt à pied, ce qui était possible, et qu'il en sortît passé onze heures, ce qui était probable, il était pris comme dans une souricière, puisqu'il fallait absolument qu'il sortît par où il était entré, et que rien n'était plus facile que de faire un coup de main, comme celui qui était prémédité, dans la rue des Bons-Enfans, l'une des plus désertes et des plus sombres des environs du Palais-Royal.

De plus, comme à cette époque, ainsi qu'aujourd'hui, cette rue était entourée de maisons fort suspectes et fréquentées en général par une assez mauvaise compagnie, il y avait cent à parier contre un que l'on ne ferait pas grande attention à des cris, trop fréquens dans cette rue pour que l'on s'en inquiétât, et que si le guet arrivait, ce serait, selon l'habitude de cette estimable milice, assez tard et assez lentement pour qu'avant son intervention tout fût déjà fini.

L'inspection du terrain finie, les dispositions stratégiques arrêtées, et le numéro de la maison pris, d'Harmental et l'abbé Brigaud se séparèrent, l'abbé pour aller à l'arsenal rendre compte à madame du Maine des bonnes dispositions où était toujours le chevalier et d'Harmental pour rentrer dans sa mansarde rue du Temps-Perdu.

Comme la veille, la chambre de Bathilde était éclairée; seulement cette fois la jeune fille ne dessinait pas, mais était occupée d'un travail d'aiguille; à une heure du matin seulement la lumière s'éteignit. Quant au bonhomme de la terrasse, il était déjà depuis longtemps remonté chez lui lorsque d'Harmental était rentré.

Le chevalier dormit mal. On ne se trouve pas entre un amour qui commence et une conspiration qui s'achève sans éprouver certaines sensations inconnues jusqu'alors et peu favorables au sommeil ; cependant, vers le matin, la fatigue l'emporta, et il ne se réveilla qu'en se sentant secouer assez fortement le bras. Sans doute le chevalier faisait dans ce moment quelque mauvais rêve, dont cette secousse lui sembla la suite, car, à moitié endormi encore, il porta la main à des pistolets qui étaient sur sa table de nuit.

— Eh ! eh ! s'écria l'abbé. Un instant, jeune homme ; peste ! comme vous y allez. Ouvrez les yeux tout grands ; bien, c'est cela, me reconnaissez-vous ?

— Ah ! ah ! dit d'Harmental en riant, c'est vous, l'abbé. Ma foi ! vous avez bien fait de m'arrêter en chemin ; vous tombez mal : je rêvais qu'on venait m'arrêter.

— Bon signe, reprit l'abbé Brigaud, bon signe ; vous savez que tout rêve est une contre-vérité : tout ira bien.

— Est-ce qu'il y a quelque chose de nouveau ? demanda d'Harmental.

— Et si quelque chose existait, comment l'accueilleriez-vous ?

— Ma foi ! j'en serais enchanté, dit d'Harmental. Quand on a entrepris une pareille chose, le plus tôt qu'on peut en finir est le mieux.

— Eh bien ! alors, dit Brigaud en tirant un papier de sa poche et en le présentant au chevalier, lisez et glorifiez le nom du Seigneur, car vous êtes servi à souhait.

D'Harmental prit le papier, le déplia avec le même calme que s'il se fût agi de la chose la plus insignifiante, et lut à demi-voix ce qui suit :

Rapport du 27 mars, 2 heures du matin.

« Cette nuit, à dix heures, monsieur le régent a reçu un courrier de Londres qui lui annonce pour demain 28 l'arrivée de l'abbé Dubois. Comme, par hasard, monsieur le régent soupait chez Madame, la dépêche a pu lui être remise malgré l'heure avancée. Quelques instans auparavant, mademoiselle de Chartres avait demandé à son père la permission d'aller faire ses dévotions à l'abbaye de Chelles, et il avait été convenu que le régent l'y conduirait ; mais, au reçu de la lettre, cette détermination a été changée, et monsieur le régent a fait écrire au conseil de se réunir aujourd'hui à midi.

» A trois heures, M. le régent ira saluer Sa Majesté aux Tuileries ; il lui a fait demander un entretien en tête-à-tête, car il commence à s'impatienter de l'entêtement de M. le maréchal de Villeroy, qui prétend toujours devoir être présent lors des entrevues de M. le régent et de Sa Majesté. Le bruit court sourdement que, si cet entêtement continue, les choses pourront bien mal tourner pour le maréchal.

» A six heures, M. le régent, le chevalier de Simiane et le chevalier de Ravanne vont souper chez madame de Sabran. »

— Ah ! ah ! fit d'Harmental.

Et il relut les deux dernières lignes en pesant sur chacun des mots.

— Eh bien ! que pensez-vous de ce petit paragraphe ? dit l'abbé.

Le chevalier sauta en bas de son lit, passa sa robe de chambre, tira du tiroir de sa commode un ruban ponceau, prit sur son secrétaire un marteau et un clou, et ayant ouvert sa fenêtre, non sans jeter à la dérobée un coup d'œil sur celle de sa voisine, il cloua le ruban contre le mur extérieur.

— Voici ma réponse, dit le chevalier.

— Que diable cela veut-il dire ?

— Cela veut dire, reprit d'Harmental, que vous pouvez aller annoncer à madame la duchesse du Maine que j'espère accomplir ce soir la promesse que je lui ai faite. Et maintenant allez-vous-en, mon cher abbé, et ne revenez que dans deux heures, car j'attends quelqu'un qu'il est mieux que vous ne rencontriez pas ici.

L'abbé, qui était la prudence même, ne se fit pas répéter l'avis deux fois ; il prit son chapeau, serra la main du chevalier, et sortit en toute hâte.

Vingt minutes après, le capitaine Roquefinette entra.

XV.

LA RUE DES BONS-ENFANS.

Le soir du même jour, qui était un dimanche, vers les huit heures à peu près, au moment où un groupe assez considérable d'hommes et de femmes, réunis autour d'un chanteur de rues, qui faisait merveille en jouant à la fois des cymbales avec ses genoux et du tambour de basque avec ses mains, fermait presque hermétiquement l'entrée de la rue de Valois, un mousquetaire et deux chevau-légers descendirent par l'escalier de derrière du Palais-Royal et firent quelques pas pour s'avancer vers le passage du Lycée, qui, ainsi que chacun sait, donnait dans cette rue; mais voyant la foule qui leur barrait presque le chemin, les trois militaires s'arrêtèrent et parurent tenir conseil : le résultat de leur délibération fut sans doute qu'il fallait prendre une autre route que celle qui avait été décidée d'abord; car le mousquetaire, donnant le premier l'exemple d'une nouvelle manœuvre, enfila la cour des Fontaines, tourna le coin de la rue des Bons-Enfans, et tout en marchant d'un pas rapide, quoiqu'il fût d'une corpulence assez forte, il arriva au numéro 22, qui s'ouvrit comme par enchantement à son approche, et se referma sur lui et ses deux compagnons.

Au moment où ils avaient pris le parti de faire ce petit détour, un jeune homme vêtu d'un habit de couleur muraille, enveloppé d'un manteau de la même nuance que son habit, et coiffé d'un chapeau à larges bords, enfoncé sur ses yeux, quitta le groupe qui environnait le musicien, en chantant lui-même sur l'air des Pendus : — Vingt-quatre ! vingt-quatre ! vingt-quatre ! — et s'avançant rapidement vers le passage du Lycée, il arriva à son extrémité opposée assez à temps pour voir entrer dans la maison que nous avons dite les trois illustres vagabonds.

Alors il jeta un regard autour de lui, et à la lueur d'une des trois lanternes qui, grâce à la munificence de l'édilité, éclairaient ou plutôt devaient éclairer la rue dans toute sa longueur, il aperçut un de ces bons gros charbonniers au visage couleur de suie, si bien stéréotypés par Greuze, qui se reposait devant une des bornes de l'hôtel de la Roche Guyon, sur laquelle il avait déposé son sac. Un instant il parut hésiter à s'approcher de cet homme; mais le charbonnier, à son tour, ayant chanté sur l'air des Pendus le même refrain qu'avait chanté l'homme au manteau, celui-ci ne parut plus éprouver aucune hésitation, et marcha droit à lui.

— Eh bien! capitaine, dit l'homme au manteau, vous les avez vus?

— Comme je vous vois, colonel : un mousquetaire et deux chevau-légers, mais je n'ai pu les reconnaître; seulement, comme le mousquetaire se cachait le visage avec son mouchoir, je présume que c'est le régent.

— C'est cela même, et les deux chevau-légers sont Simiane et Ravanne.

— Ah! ah! mon écolier, fit le capitaine; j'aurai plaisir à le retrouver. C'est un bon enfant.

— En tout cas, capitaine, faites attention qu'il ne vous reconnaisse pas.

— Me reconnaître, moi! il faudrait être le diable en personne pour me reconnaître accoutré comme me voilà. C'est bien plutôt vous, chevalier, qui devriez un peu méditer vos propres paroles. Vous avez un malheureux air de grand seigneur qui ne va pas le moins du monde avec votre habit; mais il ne s'agit pas de cela : maintenant les voilà dans la souricière, il s'agit de ne pas les en laisser sortir. Nos gens sont-ils prévenus?

— Ma foi! vos gens, capitaine, vous savez que je ne les connais pas plus qu'ils ne me connaissent. J'ai quitté le groupe en chantant le refrain qui est notre mot d'ordre. M'ont-ils entendu? m'ont-ils compris? je n'en sais rien.

— Soyez tranquille, colonel, ce sont des gaillards qui entendent à demi-voix, et qui comprennent à demi-mot

En effet, aussitôt que l'homme au manteau s'était éloigné

du groupe, une fluctuation étrange, qu'il n'avait pas pu prévoir, s'était opérée dans cette foule, qui semblait composée seulement de passans désœuvrés : bien que la chanson ne fût pas terminée ni la quête commencée encore, le chapelet s'égrena. Bon nombre d'hommes sortirent du cercle isolément ou deux par deux, et se retournant les uns vers les autres avec un geste imperceptible de la main, ceux-ci par le haut de la rue de Valois, ceux-là par la cour des Fontaines, les derniers par le Palais-Royal même, commencèrent à envelopper la rue des Bons-Enfans, qui semblait être le centre du rendez-vous qu'ils s'étaient donné.

Il résulta de cette manœuvre, dont le but est facile à comprendre, qu'il ne resta devant le chanteur que dix ou douze femmes, quelques enfans et un bon bourgeois d'une quarantaine d'années, qui, voyant que la quête allait commencer, quitta la place à son tour, avec un air de profond dédain pour toutes ces chansons nouvelles, et, en mâchonnant entre ses dents une vieille chanson pastorale qu'il paraissait mettre fort au-dessus des gaudrioles que le mauvais goût du temps avait mises à la mode. Il sembla bien au bon bourgeois que plusieurs hommes près desquels il passait lui faisaient certains signes ; mais comme il n'appartenait à aucune société secrète ni à aucune loge maçonnique, il continua son chemin en chantonnant toujours son refrain favori :

Laissez-moi aller,
Laissez-moi jouer,
Laissez-moi aller jouer sous la coudrette.

Et après avoir suivi la rue Saint-Honoré jusqu'à la barrière des Deux-Sergens, il tourna le coin de la rue du Coq et disparut.

Au même instant à peu près, l'homme au manteau, qui s'était éloigné le premier du groupe d'auditeurs en chantant : — Vingt-quatre ! vingt-quatre ! vingt-quatre ! — reparut au bas de l'escalier du passage du Palais-Royal, et s'approchant du chanteur :

— Mon ami, lui dit-il, ma femme est malade, et ta musique l'empêche de dormir ; si tu n'as pas de motif particulier de rester ici, va-t-en sur la place du Palais-Royal, voici un petit écu pour t'indemniser de ton déplacement.

— Merci, monseigneur, répondit le chanteur, mesurant la position sociale de l'inconnu à la générosité dont il venait de faire preuve, je m'en vais à l'instant. Vous n'avez pas de commissions pour la rue Mouffetard ?

— Non.

— C'est que je les aurais faites par-dessus le marché.

Et l'homme s'en alla de son côté ; et, comme il était à la fois le centre et la cause du rassemblement, tout ce qui en restait disparut avec lui.

En ce moment, neuf heures sonnèrent à l'horloge du Palais-Royal. Le jeune homme au manteau tira alors de son gousset une montre dont la garniture en diamans contrastait avec son costume simple ; et, comme sa montre avançait de dix minutes, il la remit exactement à l'heure, puis il tourna à son tour par la cour des Fontaines, et s'enfonça dans la rue des Bons-Enfans.

En arrivant en face du n° 24, il retrouva le charbonnier.

— Et le chanteur ? demanda celui-ci.

— Il est parti.

— Bon !

— Et la chaise de poste ? demanda à son tour l'homme au manteau.

— Elle attend au coin de la rue Baillif.

— On a eu soin d'envelopper les roues et les pieds des chevaux avec des chiffons?

— Oui.

— Très bien! Alors, attendons, dit l'homme au manteau.

— Attendons, répondit le charbonnier.

Et tout rentra dans le silence.

Une heure s'écoula, pendant laquelle quelques passans attardés traversèrent, à des intervalles toujours plus éloignés, la rue, qui finit enfin par devenir à peu près déserte. De leur côté, le peu de fenêtres éclairées que l'on voyait briller encore s'éteignirent les unes après les autres, et l'obscurité, n'ayant plus à lutter que contre les deux lanternes, dont l'une était en face la chapelle de Saint-Clair et l'autre au coin de la rue Baillif, finit par envahir le domaine que, depuis longtemps déjà, elle réclamait.

Une heure s'écoula encore : on entendit passer le guet dans la rue de Valois ; derrière le guet, le gardien du passage vint fermer la porte.

— Bien ! murmura l'homme au manteau ; maintenant nous sommes sûrs de n'être pas gênés.

— Maintenant, répondit le charbonnier, pourvu qu'il sorte avant le jour.

— S'il était seul, il serait à craindre qu'il y restât. Mais il n'est pas probable que madame de Sabran les retienne tous les trois.

— Hum ! elle peut prêter sa chambre à l'un et laisser dormir les deux autres sous la table.

— Peste ! vous avez raison, capitaine, et je n'y avais pas pensé. Au reste, toutes vos précautions sont bien prises?

— Toutes.

— Vos hommes croient qu'il s'agit tout bonnement d'une gageure?

— Ils font semblant de le croire, au moins ; on ne peut pas leur en demander davantage.

— Ainsi, c'est bien entendu, capitaine : vous et vos gens êtes ivres, vous me poussez, je tombe entre le régent et celui des deux à qui il donne le bras, je les sépare, vous vous emparez de lui, vous le bâillonnez, et à un coup de sifflet la voiture arrive, tandis qu'on contient Simiane et Ravanne le pistolet sur la gorge.

— Mais, demanda le charbonnier d'une voix plus basse, s'il se nomme ?

— S'il se nomme ? répondit l'homme au manteau. Puis il ajouta d'une voix plus basse encore que n'avait fait son interlocuteur :

— En conspiration il n'y a pas de demi-mesure ; s'il se nomme vous le tuerez.

— Peste ! dit le charbonnier, tâchons qu'il ne se nomme pas.

Et comme l'homme au manteau ne répondit point, tout rentra dans le silence.

Un quart d'heure s'écoula encore sans qu'il arrivât rien de nouveau.

Alors une lumière, qui venait du fond de l'appartement, illumina les trois fenêtres du milieu.

— Ah ! ah ! voilà du nouveau ! dirent ensemble l'homme au manteau et le charbonnier.

En ce moment, on entendit le pas d'un homme qui venait du côté de la rue Saint-Honoré, et qui s'apprêtait à longer la rue dans toute sa longueur ; le charbonnier mâcha entre ses dents un blasphème à faire fendre le ciel.

Cependant l'homme venait toujours ; mais, soit que l'obscurité seule suffît pour l'effrayer, soit qu'il eût vu dans cette obscurité se mouvoir quelque chose de suspect, il était évident qu'il éprouvait une certaine émotion. En effet, dès la hauteur de l'hôtel Saint-Clair, employant cette vieille ruse des poltrons qui veulent faire croire qu'ils n'ont pas peur, il se mit à chanter ; mais, à mesure qu'il avançait, sa voix devenait plus tremblante ; et, quoique l'innocence de sa chanson prouvât la sérénité de son cœur, en arrivant en face du passage, sa crainte était si visible qu'il commença à tousser, ce qui, comme on sait, dans la gamme de la terreur, indique une gradation de crainte d'un degré au-dessus du chant. Cependant, voyant que rien ne bougeait autour de lui, il se rassura un peu, et d'une voix qu'il avait mise plus en harmonie avec sa situation présente qu'avec le sens des paroles, il reprit :

Laissez-moi aller,
Laissez-moi...

Mais là il s'arrêta tout court, non-seulement dans sa chanson, mais encore dans sa marche, car ayant aperçu à la lueur des fenêtres du salon deux hommes debout dans l'enfoncement d'une porte cochère, il sentit que la voix et les jambes lui manquaient à la fois, et il s'arrêta tout court, immobile et muet. Malheureusement, en ce moment même une ombre s'approcha de la fenêtre ; le charbonnier vit qu'un cri pouvait tout perdre, et il fit un mouvement pour s'élancer vers le passant ; l'homme au manteau le retint.

— Capitaine, lui dit-il, ne faites pas de mal à cet homme. — Puis s'approchant de lui. — Passez, mon ami, lui dit-il, mais passez promptement et ne regardez pas en arrière.

Le chanteur ne se le fit pas dire à deux fois, et gagna du

pied aussi vite que le lui permettaient ses petites jambes et le tremblement qui s'était emparé de tout son corps, si bien qu'au bout de quelques secondes il était disparu à l'angle du jardin de l'hôtel de Toulouse.

— Il était temps, murmura le charbonnier, voici la fenêtre qui s'ouvre.

Les deux hommes se plongèrent le plus qu'ils purent dans l'ombre.

En effet, la fenêtre venait de s'ouvrir, et un des deux chevau-légers s'était avancé sur le balcon.

— Eh bien! dit de l'intérieur de l'appartement une voix que le charbonnier et l'homme au manteau reconnurent pour celle du régent; eh bien! Simiane, quel temps fait-il?

— Mais, répondit Simiane, je crois qu'il neige.

— Comment! tu crois qu'il neige?

— Ou qu'il pleut; je n'en sais rien, continua Simiane.

— Comment, double brute, dit Ravanne, tu ne peux pas distinguer ce qui tombe? et il vint à son tour sur le balcon.

— Après cela, dit Simiane, je ne suis pas bien sûr qu'il tombe quelque chose.

— Il est ivre mort, dit le régent.

— Moi, dit Simiane blessé dans son amour-propre de buveur, moi ivre mort! Arrivez ici, monseigneur. Venez, venez.

Quoique l'invitation fût faite d'une manière assez étrange, le régent ne laissa pas que de rejoindre en riant ses deux compagnons. Au reste, à sa démarche, il était facile de voir que lui-même était plus qu'échauffé.

— Ah! ivre mort, reprit Simiane en tendant la main au prince, ivre mort! Eh bien! touchez là; je vous parie cent louis que, tout régent de France que vous êtes, vous ne faites pas ce que je fais.

— Vous entendez, monseigneur, dit de l'intérieur de l'appartement une voix de femme, c'est une provocation.

— Et comme telle je l'accepte. Va pour cent louis.

— Je suis de moitié avec celui des deux qui voudra, dit Ravanne.

— Parle avec la marquise, dit Simiane ; je ne veux personne dans mon enjeu.

— Ni moi non plus, dit le régent.

— Marquise, cria Ravanne, cinquante louis contre un baiser.

— Demandez à Philippe s'il permet que je tienne.

— Tenez, dit le régent, tenez ; c'est un marché d'or qu'on vous propose là, marquise, et vous ne pouvez que gagner. Eh bien ! y es-tu, Simiane ?

— J'y suis. Vous me suivrez ?

— Partout. Que vas-tu faire ?

— Regardez.

— Où diable vas-tu ?

— Je rentre au Palais-Royal.

— Par où ?

— Par les toits.

Et Simiane, empoignant cette espèce d'éventail de fer que nous avons indiqué comme séparant les fenêtres du salon des fenêtres de la chambre à coucher, se mit à grimper à la manière de ces singes qui vont au bout d'une corde chercher un sou au troisième étage.

— Monseigneur, s'écria madame de Sabran, s'élançant sur le balcon et saisissant le prince par le bras, j'espère bien que vous ne le suivrez pas.

— Je ne le suivrai pas ? dit le régent en se débarrassant de la marquise ; savez-vous que j'ai pour principe que tout ce qu'un autre essaiera, moi, je puis le faire ? Qu'il monte à la lune, et le diable m'emporte! si je n'arrive pas pour frapper à la porte en même temps que lui. As-tu parié pour moi, Ravanne.

— Oui, mon prince, répondit le jeune homme en riant de tout son cœur.

— Eh bien! alors, embrasse, tu as gagné.

Et le régent s'élança à son tour aux barreaux de fer, grimpant derrière Simiane, qui, agile, long et mince comme il était, fut en un instant sur la terrasse.

— Mais j'espère que vous restez, vous au moins, Ravanne? dit la marquise.

— Le temps de ramasser votre enjeu, répondit le jeune homme en appliquant un baiser sur les belles joues fraîches de madame de Sabran ; et maintenant, continua-t-il, adieu, madame la marquise, je suis page de monseigneur, vous comprenez qu'il faut que je le suive.

Et Ravanne s'élança à son tour par le chemin hasardeux qu'avaient déjà pris ses deux compagnons.

Le charbonnier et l'homme au manteau laissèrent échapper une exclamation d'étonnement qui fut répétée par toute la rue, comme si chaque porte avait son écho.

— Hein! Qu'est-ce que c'est que cela? dit Simiane, qui, arrivé le premier sur la terrasse, était plus libre d'esprit que ceux qui montaient encore.

— Vois-tu, double ivrogne! dit le régent, empoignant d'une main le rebord de la terrasse, c'est le guet, et tu vas nous faire conduire au corps de garde, mais je te promets que je t'y laisse brancher!

A ces paroles, ceux qui étaient dans la rue se turent, espérant que le duc et ses compagnons ne pousseraient pas la plaisanterie plus loin, et qu'ils redescendraient, et finiraient par sortir par le chemin ordinaire.

— Ah! me voilà! dit le régent debout sur la terrasse; en as-tu assez, Simiane?

— Non pas, monseigneur, non pas, répondit Simiane, et se penchant à l'oreille de Ravanne : ce n'est pas le guet, continua-t-il, pas une baïonnette, pas une buffleterie.

— Qu'y a-t-il donc? demanda le régent.

— Rien, répondit Simiane en faisant signe à Ravanne, rien, sinon que je continue mon ascension, et que cette fois, monseigneur, je vous invite à me suivre.

Et à ces mots, tendant la main au régent, il commença d'escalader le toit, le tirant après lui, tandis que Ravanne poussait à l'arrière-garde.

A cette vue, comme il n'y avait plus de doute sur les intentions des fugitifs, le charbonnier poussa une malédiction et l'homme au manteau un cri de rage. En ce moment Simiane embrassait la cheminée.

— Eh! eh! dit le régent en se mettant à califourchon sur le toit, et en regardant dans la rue, où, au milieu de la lumière projetée par les fenêtres du salon restées ouvertes, on voyait s'agiter huit ou dix hommes, qu'est-ce que c'est que cela? un petit complot? Ah çà! mais on dirait qu'ils veulent escalader la maison. Ils sont furieux. J'ai envie de leur demander ce qu'on peut faire pour leur service.

— Pas de plaisanterie, monseigneur, dit Simiane, et gagnons au pied.

— Tournez par la rue Saint-Honoré, cria l'homme au manteau. En avant! en avant!

— C'est bien à nous qu'ils en veulent, Simiane, dit le régent, vite de l'autre côté. En retraite! en retraite!

— Je ne sais à quoi tient, dit l'homme au manteau, tirant de sa ceinture un pistolet et ajustant le régent, que je ne le fasse dégringoler comme une poupée de tir.

— Mille tonnerres ! dit le charbonnier en lui arrêtant la main, vous allez nous faire écarteler.

— Mais, que faire ?

— Attendre qu'ils dégringolent tout seuls, et qu'ils se cassent le cou; ou la Providence n'est pas juste, ou elle nous ménage cette petite surprise.

— Oh ! quelle idée ! Roquefinette.

— Eh ! colonel, pas de noms propres ! s'il vous plaît.

— Vous avez raison, pardon.

— Il n'y a pas de quoi; voyons l'idée.

— A moi, à moi ! cria l'homme au manteau en s'élançant dans le passage; enfonçons la porte, et nous les prendrons de l'autre côté, quand ils sauteront en bas.

Et ce qui restait de ses compagnons le suivit; les autres, au nombre de cinq ou six, étaient en route pour tourner par la rue Saint-Honoré.

— Allons, allons, monseigneur, pas une minute à perdre, dit Simiane, laissé sur le derrière : Ce n'est pas noble, mais c'est sûr.

— Je crois que je les entends dans le passage, dit le régent; qu'en penses-tu, Ravanne ?

— Je ne pense pas, monseigneur, je me laisse couler.

Et tous trois descendirent d'une rapidité égale sur la pente inclinée du toit et arrivèrent sur la terrasse.

— Par ici, par ici, dit une voix de femme, au moment où Simiane enjambait déjà le parapet de la terrasse, pour descendre le long de son échelle de fer.

— Ah ! c'est vous, marquise ! dit le régent. Ma foi ! vous êtes femme de secours.

— Sautez par ici, et descendez vite.

Les trois fugitifs sautèrent de la terrasse dans la chambre.

— Aimez-vous mieux rester ici ? demanda madame de Sabran.

— Oui, dit Ravanne ; j'irai chercher Canillac et sa garde de nuit.

— Non pas, non pas, dit le régent ; du train dont ils y vont, marquise, ils escaladeraient votre maison, et ils vous traiteraient en ville prise d'assaut. Non, gagnons le Palais-Royal, cela vaut mieux.

Et ils descendirent rapidement l'escalier, Ravanne en tête, et ouvrirent la porte du jardin. Là, ils entendirent les coups désespérés que ceux qui les poursuivaient frappaient contre la grille de fer.

— Frappez, frappez, mes bons amis, dit le régent, courant avec l'insouciance et la légèreté d'un jeune homme vers l'extrémité du jardin. La grille est solide, et elle vous donnera de la besogne.

— Alerte ! monseigneur, cria Simiane, qui, grâce à sa longue taille, avait sauté à terre en se pendant par les bras ; les voilà qui accourent au bout de la rue de Valois. Mettez le pied sur mon épaule, là, bien ; l'autre... maintenant laissez-vous couler dans mes bras. Vous êtes sauvé, vive Dieu !

— L'épée à la main ! l'épée à la main ! Ravanne, et chargeons cette canaille, dit le régent.

— Au nom du ciel ! monseigneur, s'écria Simiane en entraînant le prince, suivez-nous. Mille dieux ! je m'y connais, en bravoure, peut-être ; mais, ce que vous voulez faire, c'est de la folie. A moi, Ravanne, à moi !

Et les deux jeunes gens, prenant le duc chacun par dessous un bras, l'entraînèrent par un de ces passages toujours ouverts au Palais-Royal, au moment même où ceux qui accouraient par la rue de Valois n'étaient qu'à vingt pas d'eux, et où la porte du passage tombait sous les efforts de la seconde troupe; toute la bande réunie vint donc se heurter contre la grille au moment même où les trois seigneurs la refermaient derrière eux.

— Messieurs, dit alors le régent en saluant de la main, car, pour le chapeau, Dieu sait où il était resté! je souhaite, pour votre tête, que tout ceci ne soit qu'une plaisanterie, car vous vous attaquez à plus fort que vous; et gare demain au lieutenant de police! En attendant, bonne nuit.

Et un triple éclat de rire acheva de pétrifier les deux conspirateurs, debout contre la grille, à la tête de leurs compagnons essoufflés.

— Il faut que cet homme ait passé un pacte avec Satan! s'écria d'Harmental.

— Nous avons perdu le pari, mes amis, dit Roquefinette en s'adressant à ses hommes, qui attendaient ses ordres. Mais nous ne vous congédions pas encore : ce n'est que partie remise. Quant à la somme promise, vous en avez déjà touché moitié; demain, où vous savez, pour le reste. Bonsoir. Je serai demain au rendez-vous.

Tous ces gens dispersés, les deux chefs demeurèrent seuls.

— Eh bien! colonel? dit Roquefinette en écartant les jambes et en regardant d'Harmental entre les deux yeux.

— Eh bien! capitaine, répondit le chevalier, j'ai bien envie de vous parler d'une chose.

— De laquelle? demanda Roquefinette.

— C'est de me suivre dans quelque carrefour, de m'y casser la tête d'un coup de pistolet, pour que cette misérable tête soit punie et ne soit pas reconnue.

— Et pourquoi cela?

— Pourquoi cela? parce qu'en pareille matière, lorsque l'on échoue, on n'est qu'un sot. Que vais-je dire à madame du Maine, maintenant?

— Comment, dit Roquefinette, c'est de cette Bibi-Gongon-là que vous vous inquiétez! Ah, bien, pardieu! vous êtes crânement susceptible, colonel. Pourquoi diable son boiteux de mari ne fait-il pas ses affaires lui-même? J'aurais bien voulu la voir, votre bégueule, avec ses deux cardinaux et ses trois ou quatre marquis, qui crèvent de peur dans ce moment-ci, dans un coin de l'Arsenal, tandis que nous restons maîtres du champ de bataille; j'aurais bien voulu voir s'ils auraient grimpé après les murs comme des lézards. Tenez, colonel, écoutez un vieux renard : pour être bon conspirateur, il faut surtout ce que vous avez, du courage, mais il faut encore ce que vous n'avez pas, de la patience. Mordieu! si j'avais une affaire comme cela à mon compte, je vous réponds que je la mènerais à bien, moi; et si vous voulez me la repasser un jour... Nous causerons de cela.

— Mais, à ma place, demanda le colonel, que diriez-vous à madame du Maine?

— Ce que je lui dirais! Je lui dirais : « Ma princesse, il faut que le régent ait été prévenu par sa police, mais il n'est pas sorti, selon que nous le pensions, et nous n'avons vu que ses pendards de roués, qui nous ont donné le change. » Alors le prince de Cellamare vous dira : « Cher d'Harmental, nous n'avons de ressource qu'en vous; » madame la duchesse vous dira : « Tout n'est point perdu, puisque ce brave d'Harmental nous reste. » Le comte de Laval vous donnera une poignée de main, en essayant aussi de vous faire un compliment qu'il n'achèvera pas, vu que, depuis qu'il a eu la mâchoire cassée, il n'a pas la langue facile, surtout pour faire des complimens; monsieur le cardinal de Polignac fera des signes de croix; Alberoni jurera à faire trembler le bon Dieu; de cette façon, vous aurez tout concilié, votre amour-propre sera sauvé; vous retournerez vous cacher dans votre mansarde, d'où je vous conseille de ne pas sortir d'ici à quelques jours, si vous ne voulez pas être pendu; de temps en temps je vous y rends une visite; vous continuez de me faire part des libéralités de l'Espagne, parce qu'il m'importe de vivre agréablement et de soutenir mon moral; puis, à la première occasion, nous rappelons les braves gens que nous venons de renvoyer, et nous prenons notre revanche.

— Oui, certainement, dit d'Harmental, voilà ce qu'un autre ferait; mais moi, que voulez-vous, capitaine, j'ai de sottes idées, je ne sais pas mentir.

— Qui ne sait pas mentir ne sait pas agir, répondit le capitaine; mais qu'est-ce que j'aperçois là-bas? Les baïonnettes du guet! Aimable institution, dit le capitaine, je te reconnais bien là, toujours un quart d'heure trop tard. Mais n'importe, il faut nous séparer. Adieu, colonel. Voici votre chemin, continua le capitaine en montrant le passage du Palais-Royal au chevalier, et moi, voilà le mien, ajouta-t-il en étendant la main dans la direction de la rue Neuve-des-Petits-Champs. Allons, du calme, allez-vous-en à petits pas, pour qu'on ne se doute pas que vous devriez courir à toutes jambes. La main sur la hanche comme cela, et en chantant la mère Gaudichon.

Et tandis que d'Harmental rentrait dans le passage, le capitaine suivit la rue de Valois de la même allure que le guet, sur lequel il avait cent pas d'avance, et en chantant avec une aussi parfaite insouciance que si rien ne s'était passé :

Tenons bien la campagne,
La France ne vaut rien,
Et les doublons d'Espagne
Sont d'un or très chrétien.

Quant au chevalier, il reprit la rue des Bons-Enfans, redevenue aussi tranquille à cette heure qu'elle était bruyante dix minutes auparavant, et, au coin de la rue Baillif, il retrouva la voiture, qui, fidèle à ses instructions, n'avait pas bougé, et qui attendait, portière ouverte, laquais au marchepied et cocher sur le siége.

— A l'Arsenal, dit le chevalier.

— C'est inutile, répondit une voix qui fit tressaillir d'Harmental, je sais comment tout s'est passé, moi, puisque je l'ai vu, et j'en informerai qui de droit ; une visite à cette heure serait dangereuse pour tout le monde.

— Ah ! c'est vous, l'abbé, dit d'Harmental cherchant à reconnaître Brigaud sous la livrée dont il s'était affublé. Eh bien ! vous me rendrez un véritable service en portant la parole à ma place ; diable m'emporte si je savais que dire !

— Tandis que je dirai, moi, dit Brigaud, que vous êtes un brave et loyal gentilhomme, et que s'il y en avait seulement dix comme vous en France, tout serait bientôt fini. Mais nous ne sommes pas ici pour nous faire des complimens. Montez vite ; où faut-il vous mener ?

— C'est inutile, dit d'Harmental, je m'en irai bien à pied.

— Montez, c'est plus sûr.

D'Harmental monta, et Brigaud, tout habillé en valet de pied qu'il était, se plaça sans façon près de lui.

— Au coin de la rue du Gros-Chenet et de la rue de Cléry, dit l'abbé.

Le cocher, impatient d'avoir attendu si long-temps, obéit aussitôt, et, à l'endroit indiqué, la voiture s'arrêta ; le chevalier descendit, s'enfonça dans la rue du Gros-Chenet, et disparut bientôt à l'angle de celle du Temps-Perdu.

Quant à la voiture, elle continua rapidement sa route vers le boulevard, roulant sans le moindre bruit, et pareille à un char fantastique qui n'eût point touché la terre.

XVI.

LE BONHOMME BUVAT.

Maintenant, il faut que nos lecteurs nous permettent de leur faire faire plus ample connaissance avec un des personnages principaux de l'histoire que nous avons entrepris de leur raconter, personnage que nous n'avons encore fait que leur indiquer en passant. Nous voulons parler du bon bourgeois que nous avons vu d'abord quitter le groupe de la rue de Valois et se diriger vers la barrière des Sergens, au moment où l'artiste en plein air allait commencer sa quête, et que, si on se le rappelle, nous avons revu ensuite, dans un moment si inopportun, traverser attardé la rue des Bons-Enfans dans toute sa longueur.

Dieu nous garde de mettre l'intelligence de nos lecteurs en question, à ce point de douter un seul instant qu'ils n'aient reconnu, dans le pauvre diable à qui le chevalier d'Harmental était venu si à propos en aide, le bonhomme de la terrasse de la rue du Temps-Perdu. Mais ce qu'ils ne peuvent savoir, si nous ne leur racontons avec quelque détail, c'est ce qu'était physiquement, moralement et socialement, ce pauvre diable.

Si l'on n'a point oublié le peu de choses que nous avons eu jusqu'à présent l'occasion de dire sur son compte, on doit se rappeler que c'était un homme de quarante à quarante-cinq ans. Or, comme chacun sait, passé quarante ans, le bourgeois de Paris n'a plus d'âge, car de ce moment il oublie totalement le soin de sa personne, dont en général il ne s'est jamais beaucoup occupé, si bien qu'il met ce qu'il trouve et se coiffe comme il peut, négligence dont souffrent singulièrement ses grâces corporelles, surtout quand son physique, comme celui de notre héros, n'est pas de nature à se faire valoir par lui-même. Notre bourgeois était un petit homme de cinq pieds un pouce, gros et court, disposé à pousser à l'obésité à mesure qu'il avancerait en âge, et porteur d'une de ces figures placides où tout, cheveux, sourcils, yeux et peau, semble de la même couleur ; d'une de ces figures, enfin, dont, à dix pas, on ne distingue aucun trait. Aussi, le physionomiste le plus enthousiaste, s'il eût cherché à lire sur ce visage quelque haute et curieuse destinée, se serait certes arrêté dans son examen dès qu'il eût remonté de ses gros yeux bleu faïence à son front déprimé, ou qu'il eût descendu de ses lèvres bonassement entr'ouvertes aux plis rebondis de son double menton. Alors il eût compris qu'il avait sous les yeux une de ces têtes auxquelles toute fermentation est inconnue, dont les passions, bonnes ou mauvaises, ont respecté la fraîcheur, et qui n'ont jamais ballotté dans les parois vides de leur cer-

venu que le refrain banal de quelque chanson avec laquelle les nourrices endorment les enfans.

Ajoutons que la Providence, qui ne fait jamais les choses à demi, avait signé l'original dont nous venons d'offrir la copie à nos lecteurs du nom caractéristique de Jean Buvat. Il est vrai que les personnes qui avaient pu apprécier la profonde nullité d'esprit et les excellentes qualités de cœur de ce brave homme supprimaient d'ordinaire le surnom patronymique qu'il avait reçu sur les fonts baptismaux, et l'appelaient tout simplement le bonhomme Buvat.

Dès sa plus tendre jeunesse, le petit Buvat, qui avait une répugnance marquée pour toute espèce d'étude, manifesta une vocation toute particulière pour la calligraphie. Aussi arrivait-il chaque matin au collége des Oratoriens, où sa mère l'envoyait gratis, avec des thèmes et des versions fourmillant de fautes, mais écrits avec une netteté, une régularité, une propreté, qui faisaient plaisir à voir. Il en résultait que le petit Buvat recevait régulièrement tous les jours le fouet pour la paresse de son esprit, et tous les ans le prix d'écriture pour l'habileté de sa main. A quinze ans, il passa de l'*Epitome sacræ*, qu'il avait recommencé cinq fois, à l'*Epitome Græcæ*; mais dès les premières versions, les professeurs s'aperçurent que le saut qu'ils venaient de faire faire à leur élève était trop fort pour lui, et ils le remirent pour la sixième fois à l'*Epitome sacræ*.

Tout passif qu'il paraissait être à l'extérieur, le jeune Buvat ne manquait pas au fond d'un certain orgueil; il revint le soir tout pleurant chez sa mère, se plaignit à elle de l'injustice qui lui avait été faite, et déclara dans sa douleur une chose qu'il s'était bien gardé d'avouer jusque-là : c'est qu'il y avait à son école des enfans de dix ans plus avancés que lui. Madame veuve Buvat, qui était une commère, et qui voyait partir tous les matins son fils avec des devoirs parfaitement peints, ce qui lui suffisait à elle pour croire qu'il n'y avait rien à y redire, courut le lendemain chanter pouille aux bons pères. Ceux-ci lui répondirent que son fils était un bon enfant, incapable d'une mauvaise pensée vis-à-vis de Dieu et d'une mauvaise action envers ses camarades; mais qu'il était en même temps d'une si formidable bêtise, qu'ils lui conseillaient de développer, en le faisant maître d'écriture, le seul talent dont il parût que la nature, dans son avarice envers lui, eût consenti à le douer.

Ce conseil fut un trait de lumière pour madame Buvat. Elle comprit que de cette façon le produit qu'elle tirerait de son fils serait immédiat : elle revint donc à la maison, et communiqua au jeune Buvat les nouveaux plans d'avenir qu'elle venait de former pour lui. Le jeune Buvat n'y vit qu'un moyen d'échapper à la fustigation et aux férules qu'il recevait tous les jours, et que ne compensait pas dans son esprit la récompense reliée en veau qu'il recevait tous les ans. Il accueillit donc les ouvertures de madame sa mère avec la plus grande joie, lui promit qu'avant six mois il serait le premier maître d'écriture de la capitale, et, le jour même, après avoir, de ses petites économies, acheté un canif à quatre lames, un paquet de plumes d'oie et deux cahiers de papier, il se mit à l'œuvre.

Les bons oratoriens ne s'étaient pas trompés sur la véritable vocation du jeune Buvat : la calligraphie était chez lui un art qui arrivait presque jusqu'au dessin. Au bout de six mois, comme le singe des Mille et une Nuits, il écrivait six sortes d'écritures, et imitait au trait toutes sortes de figures d'hommes, d'arbres et d'animaux. Au bout d'un an, il avait fait de tels progrès, qu'il demeura convaincu qu'il pouvait lancer son prospectus. Il y travailla pendant trois mois, jour et nuit, et pensa perdre la vue ; mais il est juste de dire aussi qu'au bout de ce temps il avait accompli un chef-d'œuvre : ce n'était pas une simple pancarte, c'était un véritable tableau représentant la Création du monde en pleins et en déliés, divisée à peu près comme la Transfiguration de Raphaël. Dans la partie du haut, consacrée à l'Eden, le Père éternel tirait Eve du côté d'Adam endormi, entouré des animaux que la noblesse de leur nature rapproche de l'homme, tels que le lion, le cheval et le chien. Au bas était la mer, dans les profondeurs de laquelle on voyait nager les poissons les plus fantastiques, et qui ballotait à sa surface un superbe vaisseau à trois ponts. Des deux côtés, des arbres chargés d'oiseaux mettaient le ciel qu'ils touchaient de leur sommet en communication avec la terre qu'ils fouillaient de leurs racines, et dans l'intervalle laissé libre par toutes ces belles choses s'élançait dans la ligne la plus parfaitement horizontale, et reproduit en six écritures différentes, l'adverbe *impitoyablement*.

Cette fois, l'artiste ne fut point trompé dans son attente. Le tableau produisit l'effet qu'il devait produire ; huit jours après, le jeune Buvat avait cinq écoliers et deux écolières.

Cette vogue ne fit qu'augmenter, et madame Buvat, après quelques années encore passées dans une aisance supérieure à celle qu'elle avait jamais eue, même du temps de feu son mari, eut la satisfaction de mourir parfaitement rassurée sur l'avenir de monsieur son fils.

Quant à lui, après avoir convenablement pleuré madame sa mère, il poursuivit le cours de sa vie, si quotidiennement réglée qu'il pouvait affirmer chaque soir que son lendemain serait exactement calqué sur la veille. Il arriva ainsi à l'âge de vingt-six ou vingt-sept ans, ayant traversé, dans le calme éternel de son innocente et vertueuse bonhomie, cette époque orageuse de l'existence.

Ce fut vers ce temps que le brave homme trouva l'occasion de faire une action sublime, et qu'il la fit instinctivement, naïvement et bonnement, comme tout ce qu'il faisait. Peut-être un homme d'esprit eût-il passé près d'elle sans la voir, ou eût-il détourné la tête en la voyant.

Il y avait alors au premier étage de la maison n° 6 de la rue des Orties, dont Buvat occupait modestement une mansarde, un jeune ménage qui faisait l'admiration de tout le quartier par l'harmonie charmante avec laquelle vivaient ensemble le mari et la femme. Il est vrai de dire que les deux époux avaient l'air d'être nés l'un pour l'autre. Le mari était un homme de trente-quatre à trente-cinq ans, d'origine méridionale, ayant les cheveux, les yeux et la barbe noirs, le teint basané, et des dents comme des perles. Il se nommait Albert du Rocher, était fils d'un ancien chef cévenol qui avait été forcé de se faire catholique ainsi que toute sa famille, lors des persécutions de monsieur de Bâville, et, moitié par opposition, moitié parce que la jeunesse cherche les jeunes gens, il était entré, après avoir fait ses preuves comme écuyer, chez monsieur le duc de Chartres, lequel, à cette époque justement, reformait sa maison, qui avait fort souffert dans la campagne précédente à la bataille de Steinkerque, où le prince avait fait ses premières armes. Du Rocher avait donc obtenu la place de la Neuville, son prédécesseur, qui avait été tué lors de cette belle charge de la maison du roi, qui, conduite par monsieur le duc de Chartres, avait décidé de la victoire.

L'hiver avait interrompu la campagne ; mais, le printemps arrivé, monsieur de Luxembourg rappela à lui tous ces beaux officiers qui partageaient semestriellement, à cette époque, leur vie entre la guerre et les plaisirs. M. le duc de Chartres, toujours si ardent à tirer une épée que la jalousie de Louis XIV repoussa si souvent au fourreau, fut un des premiers à se rendre à cet appel. Id Rocher le suivit avec toute sa maison militaire.

La grande journée de Nerwinde arriva. M. le duc de Chartres avait comme d'habitude le commandement de la maison; comme d'habitude, il chargea à sa tête, mais si profondément, que, dans ses différentes charges, il resta cinq fois à peu près seul au milieu des ennemis. A la cinquième fois, il n'avait près de lui qu'un jeune homme qu'il connaissait à peine, mais au coup d'œil rapide qu'il échangea avec lui, il reconnut que c'était un de ces cœurs sur lesquels il pouvait compter, et, au lieu de se rendre comme le lui proposait un brigadier ennemi qui l'avait reconnu, il lui cassa la tête d'un coup de pistolet. Au même instant, deux coups de feu partirent, dont l'un enleva le chapeau du prince, et dont l'autre s'amortit sur la poignée de son épée; mais à peine ces deux coups de feu étaient-ils partis, que ceux qui les avaient tirés tombèrent presque simultanément, renversés par le compagnon du prince, l'un d'un coup de sabre, l'autre d'un coup de pistolet. Une décharge générale se fit alors sur ces deux hommes, qui ne furent heureusement, ou plutôt miraculeusement, atteints par aucune balle; seulement le cheval du prince, blessé mortellement à la tête, s'abattit sous lui; le jeune homme qui l'accompagnait sauta aussitôt à bas du sien et le lui offrit. Le prince fit quelques difficultés d'accepter ce service, qui pouvait coûter si cher à celui qui le lui rendait; mais le jeune homme, qui était grand et fort, pensant que ce n'était pas le moment d'échanger des politesses, prit le prince dans ses bras, et, bon gré mal gré, le remit en selle. En ce moment, M. d'Arcy, qui arrivait avec un détachement de chevau-légers, pénétra jusqu'à lui juste au moment où, malgré leur courage, le prince et son compagnon allaient être tués ou pris. Tous deux étaient sans blessures, quoique le prince eût reçu quatre balles dans ses habits. Le duc de Chartres tendit alors la main à son compagnon, et lui demanda comment il s'appelait, car quoique sa figure lui fût connue, il était depuis si peu de temps à son service qu'il ne se rappelait même pas son nom. Le jeune homme lui répondit qu'il s'appelait Albert du Rocher, et qu'il avait remplacé près de lui, comme écuyer, la Neuville, tué à Steinkerque (1). Alors, se retournant vers ceux qui venaient d'arriver : — Messieurs, leur

---

(1) Comme on pourrait croire que nous faisons du roman dans l'histoire, nous demanderons à nos lecteurs la permission de mettre sous leurs yeux le fragment suivant :

« Monsieur le duc de Chartres avoit chargé à la tête de la
» maison du roy : il avoit tout animé par son exemple et sa
» présence et estoit demeuré cinq fois seul au milieu des enne-
» mis. Le sieur du Rocher, l'un de ses escuyers, l'empescha
» d'estre pris, et tua deux hommes auprès de luy, qui avoient
» tiré chacun un coup de pistolet sur ce prince, qui en reçut
» quatre dans ses habits et dans ses armes. Un de ses gentils-
» hommes fut tué auprès de luy. Monsieur le marquis d'Arcy,
» qui avoit perdu monsieur le duc de Chartres dans la mêlée,
» reçut plus tard à ses côtés quatre coups dans ses habits, et
» le prince eut un cheval tué sous lui. »

(Extrait de la Relation de la bataille de Nerwinde, par Dovizé. — J. Vatout, Conspiration de Cellamare.)

dit le prince, c'est vous qui m'avez empêché d'être pris; mais, ajouta-t-il en montrant du Rocher, voilà celui qui m'a empêché d'être tué.

A la fin de la campagne, monsieur le duc de Chartres nomma du Rocher son premier écuyer, et, trois ans après, ayant toujours conservé pour lui l'affection reconnaissante qu'il lui avait vouée, il le maria avec une jeune personne dont il était amoureux et de la dot de laquelle il se chargea. Malheureusement, comme monsieur de Chartres n'était encore qu'un jeune homme à cette époque, la dot ne dut pas être bien forte, mais en échange il se chargea de l'avancement de son protégé.

Cette jeune personne était d'origine anglaise : sa mère avait accompagné Madame Henriette en France, lorsqu'elle était venue épouser Monsieur, et après l'empoisonnement de cette princesse par le chevalier d'Effiat, elle était passée dame d'atours au service de la grande dauphine; mais en 1680, la grande dauphine étant morte, et l'Anglaise, dans sa fierté tout insulaire, n'ayant pas voulu rester près de mademoiselle de Choin, elle s'était retirée dans une petite maison de campagne, qu'elle louait près de Saint-Cloud, pour s'y livrer tout entière à l'éducation de sa petite Clarice, employant à cette éducation la rente viagère qu'elle tenait de la munificence du grand dauphin. Ce fut là que dans les voyages du duc de Chartres à Saint-Cloud, du Rocher fit la connaissance de cette jeune fille, avec laquelle monsieur le duc de Chartres, comme nous l'avons dit, le maria vers 1697.

C'étaient donc ces deux jeunes gens, dont l'union faisait plaisir à voir, qui occupaient le premier étage de la maison n° 6 de la rue des Orties, dont Buvat habitait modestement une mansarde.

Les jeunes époux avaient eu tout d'abord un fils, dont, dès l'âge de quatre ans, l'éducation calligraphique fut confiée à Buvat. Le jeune élève faisait déjà les progrès les plus satisfaisans, lorsqu'il fut tout à coup enlevé par la rougeole. Le désespoir des parens fut grand, comme il est facile de le comprendre ; Buvat le partagea d'autant plus sincèrement que son écolier annonçait les plus heureuses dispositions. Cette sympathie pour leur douleur, de la part d'un étranger, les attacha à lui, et un jour que le bonhomme se plaignait de l'avenir précaire qui attend les artistes, Albert du Rocher lui proposa d'user de son influence pour lui faire obtenir une place à la Bibliothèque. Buvat bondit de joie à l'idée de devenir fonctionnaire public. Le même jour la demande fut écrite de sa plus belle écriture ; le premier écuyer l'apostilla chaudement, et, un mois après, Buvat reçut un brevet d'employé à la bibliothèque royale, section des manuscrits, aux appointemens de neuf cents livres.

A compter de ce jour, Buvat, dans l'orgueil bien naturel que lui inspirait sa nouvelle position sociale, oublia ses écoliers et ses écolières, et s'adonna tout entier à la confection des étiquettes. Neuf cents livres, assurées jusqu'à la fin de sa vie, étaient une véritable fortune, et le digne écrivain, grâce à la munificence royale, commença de couler des jours filés d'or et de soie, promettant toujours à ses bons voisins que, s'ils avaient un autre enfant, ce ne serait pas un autre que lui, Jean Buvat, qui lui montrerait à écrire. De leur côté, les pauvres parens désiraient fort donner ce surcroît d'occupation au digne écrivain. Dieu exauça leur désir. Vers la fin de l'année 1702, Clarice accoucha d'une fille.

Ce fut une très grande joie dans toute la maison. Buvat

ne se sentait pas d'aise : il courait par les escaliers, se battant les cuisses avec les mains, et chantant à tue-tête le refrain de sa chanson favorite : *Laissez-moi aller, laissez-moi jouer*, etc. Ce jour-là, pour la première fois depuis qu'il avait été nommé, c'est-à-dire depuis deux ans, il n'arriva à son bureau qu'à dix heures un quart au lieu de dix heures précises. Un surnuméraire, qui le croyait mort, avait demandé sa place.

La petite Bathilde n'avait pas huit jours que Buval voulait déjà lui faire faire des bâtons, disant qu'il fallait, pour bien apprendre une chose, l'apprendre dans sa jeunesse. On eut toutes les peines du monde à lui faire comprendre qu'il fallait au moins attendre qu'elle eût deux ou trois ans. Il se résigna ; mais, en attendant, il lui prépara des exemples. Au bout de trois ans, Clarice lui tint parole, et Buvat eut la satisfaction de mettre solennellement entre les mains de Bathilde la première plume qu'elle eût touchée.

On était arrivé au commencement de 1707, et le duc de Chartres, devenu duc d'Orléans par la mort de Monsieur, avait enfin obtenu un commandement en Espagne, où il devait conduire des troupes au maréchal de Berwick. Des ordres furent aussitôt donnés à toute sa maison militaire de se tenir prête pour le 5 mars. Comme premier écuyer, Albert devait nécessairement accompagner le prince. Cette nouvelle, qui en tout autre temps l'eût comblé de joie, lui fut presque douloureuse en ce moment, car la santé de Clarice commençait à inspirer de vives inquiétudes, et le médecin avait laissé échapper le mot de phthisie pulmonaire. Soit que Clarice se sentît elle-même gravement attaquée, soit, chose plus naturelle encore, qu'elle craignît tout simplement pour son mari, l'explosion de sa douleur fut si grande, qu'Albert lui-même ne put s'empêcher de pleurer avec elle. La petite Bathilde et Buvat pleurèrent parce qu'ils voyaient pleurer.

Le 5 mai arriva : c'était le jour fixé pour le départ. Malgré sa douleur, Clarice s'était occupée elle-même des équipages de son mari, et avait voulu qu'ils fussent dignes du prince qu'il accompagnait. Aussi, au milieu de ses larmes, un éclair d'orgueilleuse joie illumina son visage, lorsqu'elle vit Albert dans son élégant uniforme et sur son beau cheval de bataille. Quant à Albert, il était plein d'orgueil et de fierté. La pauvre femme sourit tristement à ses rêves d'avenir ; mais, pour ne pas l'attrister dans ce moment suprême, elle renferma son chagrin dans son cœur, et faisant taire les craintes qu'elle avait pour lui, et peut-être aussi celles qu'elle avait pour elle-même, elle fut la première à lui dire de penser non pas à elle, mais à son honneur.

Le duc d'Orléans et son corps d'armée entrèrent en Catalogne dans les premiers jours d'avril, et s'avancèrent aussitôt à marches forcées à travers l'Aragon. En arrivant à Segorbe, le duc apprit que le maréchal de Berwick s'apprêtait à donner une bataille décisive, et, dans le désir qu'il avait d'arriver à temps pour y prendre part, il expédia Albert en courrier, avec mission de dire au maréchal que le duc d'Orléans arrivait à son aide avec dix mille hommes, et de le prier, si cela ne contrariait pas ses dispositions, de l'attendre pour commencer l'action.

Albert partit ; mais, égaré dans les montagnes, perdu par de mauvais guides, il ne précéda l'armée que d'un jour, et arriva au camp du maréchal de Berwick au moment même où il allait engager le combat. Albert se fit indiquer la position qu'occupait en personne le maréchal ; on lui montra à la gauche de l'armée, sur un petit mamelon d'où l'on découvrait toute la plaine, le duc de Berwick au milieu de son état-major. Albert mit son cheval au galop et piqua droit à lui.

Le messager se fit reconnaître au maréchal, et lui exposa la cause de sa mission. Le maréchal, pour toute réponse, lui montra le champ de bataille, et lui dit de retourner vers le prince et de lui dire ce qu'il avait vu. Mais Albert avait respiré l'odeur de la poudre, et ne voulait point s'en aller ainsi. Il demanda la permission de rester, afin de lui donner du moins la nouvelle de la victoire. Le maréchal y consentit. En ce moment, une charge de dragons ayant paru nécessaire au général en chef, il commanda à un de ses aides de camp de porter au colonel l'ordre de charger. Le jeune homme partit au galop, mais à peine avait-il franchi le tiers de la distance qui séparait le mamelon de la position occupée par ce régiment, qu'il eut la tête emportée par un boulet de canon. Il n'était pas encore tombé des étriers, qu'Albert, saisissant cette occasion de prendre part à la bataille, lança son cheval à son tour, transmit l'ordre au colonel, et, au lieu de revenir vers le maréchal, tira son épée et chargea en tête du régiment.

Cette charge fut une des plus brillantes de la journée, et elle s'enfonça si profondément au cœur des impériaux qu'elle commença d'ébranler l'ennemi. Le maréchal, malgré lui, avait suivi des yeux, au milieu de la mêlée, ce jeune officier qu'il pouvait reconnaître à son uniforme. Il le vit arriver jusqu'au drapeau ennemi, engager une lutte corps à corps avec celui qui le portait, puis, au bout d'un instant, quand le régiment fut en fuite, il vit revenir Albert à lui, tenant sa conquête dans ses bras. Arrivé devant le maréchal, il jeta le drapeau à ses pieds, ouvrit la bouche pour parler, mais, au lieu de paroles, ce fut une gorgée de sang qui vint sur ses lèvres. Le maréchal le vit chanceler sur ses arçons, et s'avança pour le soutenir; mais, avant qu'il eût pu lui porter secours, Albert était tombé : une balle lui avait traversé la poitrine.

Le maréchal sauta de son cheval, mais le courageux jeune homme était mort sur le drapeau qu'il venait de conquérir.

XVII.

LE BONHOMME BUVAT.

Le duc d'Orléans arriva le lendemain de la bataille; il regretta Albert comme on regrette un homme de cœur; mais, après tout, il était mort de la mort du brave, il était mort au milieu d'une victoire, il était mort sur le drapeau qu'il avait conquis : que pouvait demander de plus un Français, un soldat, un gentilhomme?

Le duc d'Orléans voulut écrire de sa main à la pauvre veuve. Si quelque chose pouvait consoler une femme de la mort de son mari, ce serait sans doute une pareille lettre. Mais la pauvre Clarice ne vit qu'une chose, c'est qu'elle n'avait plus d'époux et que sa Bathilde n'avait plus de père.

A quatre heures, Buvat rentra de la Bibliothèque; on lui dit que Clarice le demandait : il descendit aussitôt. La pauvre femme ne pleurait pas; elle était atterrée, sans larmes, sans paroles; ses yeux étaient fixes et caves comme ceux d'une folle. Quand Buvat entra, elle ne se tourna pas vers lui, elle ne tourna pas la tête, elle se contenta d'étendre la main de son côté et de lui présenter la lettre.

Buvat regarda à droite et à gauche d'un air tout hébété pour deviner de quoi il était question ; puis, voyant que rien ne pouvait diriger ses conjectures, il reporta ses yeux sur le papier, et lut à haute voix :

« Madame, votre mari est mort pour la France et pour moi. Ni la France ni moi ne pouvons vous rendre votre mari ; mais souvenez-vous que si jamais vous aviez besoin de quelque chose, nous sommes tous deux vos débiteurs.

» Votre affectionné,

» PHILIPPE D'ORLÉANS. »

— Comment ! s'écria Buvat en fixant ses gros yeux sur Clarice, monsieur du Rocher ?... pas possible !

— Papa est mort ? dit en s'approchant de sa mère la petite Bathilde, qui jouait dans un coin avec sa poupée. Maman, est-ce que c'est vrai que papa est mort ?

— Hélas ! hélas ! oui, ma chère enfant, s'écria Clarice, retrouvant tout à la fois les paroles et les larmes, oh ! oui, c'est vrai ! ce n'est que trop vrai ! Oh ! malheureuses que nous sommes !

— Madame, dit Buvat qui n'avait pas dans l'imagination de grandes ressources consolatrices, il ne faut pas vous désoler ainsi ; c'est peut-être une fausse nouvelle.

— Ne voyez-vous pas que la lettre est du duc d'Orléans lui-même ? s'écria la pauvre veuve. Oui, mon enfant, oui, ton père est mort. Pleure, pleure, ma fille ! peut-être qu'en voyant tes larmes Dieu aura pitié de toi.

Et en disant ces paroles, la pauvre femme toussa si douloureusement, que Duvat en sentit sa propre poitrine comme déchirée ; mais son effroi fut bien plus grand encore, lorsqu'il lui vit retirer plein de sang le mouchoir qu'elle avait approché de sa bouche. Alors il comprit que le malheur qui venait de lui arriver n'était peut-être pas le plus grand qui menaçât la petite Bathilde.

L'appartement qu'occupait Clarice était devenu désormais trop grand pour elle ; personne ne s'étonna donc de la voir le quitter pour en prendre un plus petit au second.

Outre la douleur qui, chez Clarice, avait anéanti toutes ses autres facultés, il y a dans tout noble cœur une certaine répugnance à solliciter, même de la patrie, la récompense du sang versé pour elle, surtout quand ce sang est encore chaud, comme l'était celui d'Albert. La pauvre veuve hésita donc à se présenter au ministère de la guerre pour faire valoir ses droits. Il en résulta qu'au bout de trois mois, quand elle put prendre sur elle de faire les premières démarches, la prise de Requena et celle de Sarragosse avaient déjà fait oublier la bataille d'Almanza. Clarice montra la lettre du prince ; le secrétaire du ministre lui répondit qu'avec une pareille lettre elle ne pouvait manquer de tout obtenir, mais qu'il fallait attendre le retour de Son Altesse. Clarice regarda dans une glace son visage maigri, et sourit tristement. — Attendre ! dit-elle ; oui, cela vaudrait mieux, j'en conviens ; mais Dieu sait si j'en aurai le temps.

Il résulta de cet échec que Clarice quitta son logement du second pour prendre deux petites chambres au troisième. La pauvre veuve n'avait d'autre fortune que le traitement de son mari. La petite dot que lui avait donnée le duc avait disparu dans l'achat d'un mobilier et dans les équipages de son mari. Comme le nouveau logement qu'elle prenait était beaucoup plus petit que l'autre, on ne s'étonna point que Clarice vendît le superflu de ses meubles.

On attendait pour la fin de l'automne le retour du duc d'Orléans, et Clarice comptait sur ce retour pour améliorer sa situation; mais, contre toutes les habitudes stratégiques de cette époque, l'armée, au lieu de prendre ses quartiers d'hiver, continua la campagne, et l'on apprit qu'au lieu de se préparer à revenir, le duc d'Orléans se préparait à mettre le siége devant Lérida. Or, en 1647, le grand Condé lui-même avait échoué devant Lérida, et le nouveau siége, en supposant même qu'il eût une bonne issue, promettait de traîner effroyablement en longueur.

Clarice risqua quelques nouvelles démarches : cette fois on avait déjà oublié jusqu'au nom de son mari. Elle eut de nouveau recours à la lettre du prince; cette lettre fit son effet ordinaire, mais on lui répondit qu'après le siége de Lérida, le duc d'Orléans ne pouvait manquer de revenir : force fut donc à la pauvre veuve de prendre encore patience.

Seulement elle quitta ses deux chambres pour prendre une petite mansarde en face de celle de Buvat, et elle vendit ce qui lui restait de meubles, ne gardant qu'une table, quelques chaises, le berceau de la petite Bathilde, et un lit pour elle.

Buvat avait vu sans trop s'en rendre compte tous ces déménagemens successifs, et quoiqu'il n'eût pas l'esprit très subtil, il ne lui avait pas été difficile de comprendre la situation de sa voisine. Buvat, qui était un homme d'ordre, avait devant lui quelques petites économies qu'il avait grande envie de mettre à la disposition de sa voisine ; mais comme, à mesure que la misère de Clarice devenait plus grande, sa fierté grandissait aussi, jamais le pauvre Buvat n'osa lui faire une pareille offre. Et cependant, vingt fois il alla chez elle avec un petit rouleau qui renfermait toute sa fortune, c'est-à-dire cinquante ou soixante louis ; mais chaque fois il sortit de chez Clarice, le rouleau à moitié tiré de sa poche, sans jamais pouvoir prendre sur lui de le tirer tout à fait. Seulement, un jour il arriva que Buvat, en descendant pour aller à son bureau, ayant rencontré le propriétaire qui faisait sa tournée trimestrielle, et ayant deviné que la visite qu'il comptait faire à sa voisine, avec sa scrupuleuse ponctualité, allait, malgré l'exiguïté de la somme, la mettre peut-être dans un grand embarras, il fit entrer le propriétaire chez lui, en disant que, la veille, madame du Rocher lui avait remis l'argent, afin qu'il retirât les deux quittances en même temps. Le propriétaire, qui y trouvait son compte et qui avait craint un retard du côté de sa locataire, ne s'inquiéta point de quelle part lui venait l'argent : il tendit les deux mains, remit les deux quittances et continua sa tournée.

Il faut dire aussi que, dans la naïveté de son âme, Buvat fut tourmenté de cette bonne action comme d'un crime ; il fut trois ou quatre jours sans oser se présenter chez sa voisine, de sorte que, lorsqu'il y revint, il la trouva toute affectée de ce qu'elle croyait un acte d'indifférence de sa part. De son côté, Buvat trouva Clarice si fort changée encore pendant ces quatre jours, qu'il sortit en secouant la tête et en s'essuyant les yeux, et que, pour la première fois peut-être, il se mit au lit sans chanter, pendant les quinze tours qu'il avait l'habitude de faire dans sa chambre avant de se coucher.

Laissez-moi aller,
Laissez-moi jouer, etc.

Ce qui était une preuve de bien triste et bien profonde préoccupation.

Les derniers jours de l'hiver s'écoulèrent et apportèrent en passant la nouvelle de la reddition de Lérida, mais en même temps on apprit que le jeune et infatigable général s'apprêtait à assiéger Tortose. Ce fut le dernier coup porté à la pauvre Clarice. Elle comprit que le printemps allait venir, et avec le printemps une nouvelle campagne qui retiendrait le duc à l'armée. Les forces lui manquèrent, et elle fut obligée de s'aliter.

La position de Clarice était affreuse ; elle ne s'abusait pas sur sa maladie, elle sentait qu'elle était mortelle, et elle n'avait personne au monde à qui recommander son enfant. La pauvre femme craignait la mort, non pas pour elle, mais pour sa fille, qui n'aurait pas même la pierre de la tombe maternelle pour y reposer sa tête. Son mari n'avait que des parens éloignés, dont elle ne pouvait ni ne voulait solliciter la pitié. Quant à sa famille à elle, née en France, où sa mère était morte, elle ne l'avait jamais connue. D'ailleurs, elle comprenait qu'y eût-il quelque espoir de ce côté, elle n'avait plus le temps d'y recourir. La mort venait.

Une nuit, Buvat, qui la veille au soir avait quitté Clarice dévorée par la fièvre, l'entendit gémir si profondément, qu'il sauta à bas de son lit et s'habilla pour aller lui offrir son secours ; mais, arrivé à la porte, il n'osa ni entrer ni frapper. Clarice pleurait à sanglots et priait à haute voix. En ce moment, la petite Bathilde s'éveilla et appela sa mère. Clarice renfonça ses larmes, alla prendre son enfant dans son berceau, et, l'agenouillant sur son lit, elle lui fit répéter tout ce qu'elle savait de prières, et entre chacune d'elles Buvat l'entendait s'écrier d'une voix douloureuse : « O mon Dieu ! mon Dieu ! écoutez mon pauvre enfant ! » Il y avait dans cette scène nocturne d'un enfant à peine hors du berceau et d'une mère à moitié dans la tombe, s'adressant tous deux au Seigneur comme à leur seul et unique soutien, au milieu du silence de la nuit, quelque chose de si profondément triste que le bon Buvat tomba à genoux, et promit solennellement tout bas ce qu'il n'osait offrir tout haut. Il jura que Bathilde pourrait rester orpheline, mais que du moins elle ne serait pas abandonnée. Dieu avait entendu la double prière qui avait monté vers lui, et il l'exauçait.

Le lendemain, Buvat fit, en entrant chez Clarice, ce qu'il n'avait jamais osé faire; il prit Bathilde entre ses bras, appuya sa bonne grosse figure contre le charmant petit visage de l'enfant, et lui dit tout bas : — Sois tranquille, va, pauvre petite innocente, il y a encore de bonnes gens sur la terre. — La petite fille alors lui jeta les bras autour du cou et l'embrassa à son tour. Buvat sentit que des larmes lui venaient aux yeux, et comme il avait entendu répéter maintes fois qu'il ne faut pas pleurer devant les malades de peur de les inquiéter, il tira sa montre et dit de sa plus grosse voix pour en dissimuler l'émotion : — Hum ! hum ! il est dix heures moins un quart; il faut que je m'en aille. Adieu, madame du Rocher.

Sur l'escalier, il rencontra le médecin et lui demanda ce qu'il pensait de la malade. Comme c'était un médecin qui venait par charité, et qu'il ne se croyait pas obligé d'avoir des ménagemens, attendu qu'on ne les lui payait pas, il répondit que dans trois jours elle serait morte.

En rentrant à quatre heures, Buvat trouva la maison en émoi. En descendant de chez Clarice, le médecin avait dit qu'il fallait faire apporter le viatique. On avait donc été prévenir le curé, et le curé était venu, avait monté l'escalier, précédé du sacristain et de sa sonnette, et sans préparation aucune, il était entré dans la chambre de la malade. Clarice l'avait reçu comme on reçoit le Seigneur, c'est-à-dire les mains jointes et les yeux au ciel, mais l'impression produite sur elle n'en avait pas moins été terrible. Buvat entendit des chants, et se douta de ce qui était arrivé : il monta vivement, et trouva le haut de l'escalier et la porte de la chambre encombrés de toutes les commères du quartier, qui avaient, comme c'était l'habitude à cette époque, suivi le saint-sacrement. Autour du lit où était étendue la mourante, déjà si pâle et si roidie que, sans les deux grosses larmes qui coulaient de ses yeux, on eût pu la prendre pour une statue de marbre couchée sur un tombeau, les prêtres chantaient les prières des agonisants, et, dans un coin de la chambre, la petite Bathilde, qu'on avait séparée de sa mère, afin que la malade ne fût point distraite pendant l'accomplissement de son dernier acte de religion, était blottie, n'osant ni crier ni pleurer, tout effrayée de voir tant de monde qu'elle ne connaissait point, et d'entendre tant de bruit auquel elle ne comprenait rien. Aussi, dès qu'elle aperçut Buvat, l'enfant courut à lui, comme à la seule personne qu'elle connût au milieu de cette funèbre assemblée. Buvat la prit dans ses bras et alla s'agenouiller avec elle près du lit de la mourante. En ce moment Clarice abaissa ses yeux du ciel sur la terre. Sans doute elle venait d'adresser au ciel son éternelle prière d'envoyer un protecteur à sa fille. Elle vit Bathilde dans les bras du seul ami qu'elle se connût au monde. Avec ce regard perçant des mourants, elle plongea jusqu'au fond de ce cœur pur et dévoué, et elle y lut en ce moment tout ce qu'il n'avait pas osé lui dire ; car elle se souleva sur son séant, lui tendit la main en jetant un cri de reconnaissance et de joie, que les anges seuls comprirent, et, comme si elle avait épuisé les dernières forces de sa vie dans cet élan maternel, elle retomba évanouie sur son lit.

La cérémonie religieuse étant terminée, les prêtres se retirèrent d'abord ; les dévotes les suivirent, les indifférens et les curieux sortirent les derniers. De ce nombre étaient plusieurs femmes. Buvat leur demanda si quelqu'une d'entre elles n'aurait point parmi ses connaissances une bonne garde-malade : une d'elles se présenta aussitôt, assura, au milieu du chorus de ses compagnes, qu'elle avait toutes les vertus requises pour exercer cet honorable état, mais que, justement à cause de cette réunion de qualités, elle avait l'habitude de se faire payer huit jours d'avance, attendu qu'elle était fort courue dans le quartier. Buvat s'informa du prix qu'elle mettait à ces huit jours; elle répondit que pour tout autre ce serait seize livres; mais qu'attendu que la pauvre dame ne paraissait pas très fortunée, elle se contenterait de douze. Buvat, qui avait justement touché son mois le jour même, tira deux écus de sa poche et les lui donna sans marchander. Elle lui eût demandé le double qu'il l'eût donné également ; aussi cette générosité inattendue provoqua-t-elle force suppositions dont quelques-unes n'étaient pas au plus grand honneur de la mourante ; tant il est vrai qu'une bonne action est une chose si rare, qu'il faut toujours, lorsqu'elle se produit aux yeux des hommes, que les hommes humiliés lui cherchent une cause impure ou intéressée !

Clarice était toujours évanouie. La garde entra aussitôt

en flanelles, on lui faisant, à défaut de sels, respirer du vinaigre. Duval se retira. Quant à la petite Bathilde, on lui avait dit que sa mère dormait. La pauvre enfant ne connaissait pas encore la différence qu'il y avait entre le sommeil et la mort, et elle s'était remise à jouer dans un coin avec sa poupée.

Au bout d'une heure, Duval revint demander des nouvelles de Clarice : la malade était sortie de son évanouissement, mais quoiqu'elle eût les yeux ouverts, elle ne parlait plus ; cependant elle pouvait reconnaître encore, car, dès qu'elle l'aperçut elle joignit les mains et se mit à prier ; puis elle parut chercher quelque chose sous son traversin. Mais l'effort qu'il fallait qu'elle fît était sans doute trop grand pour sa faiblesse, car elle poussa un gémissement et retomba de nouveau sans mouvement sur son oreiller. La garde secoua la tête, et s'approchant de la malade : — Il est bien, votre oreiller, ma petite mère, lui dit-elle, il ne faut pas le déranger. Puis, se retournant vers Duval : — Ah! les malades, ajouta-t-elle en haussant les épaules, ne m'en parlez pas ! ça se figure toujours que ça a quelque chose qui les gêne. C'est la mort, quoi ! c'est la mort ! mais ils ne le savent pas.

Clarice poussa un profond soupir, mais elle resta immobile. La garde s'approcha d'elle, et avec la barbe d'une plume elle lui frotta les lèvres d'un cordial de son invention, qu'elle était allée chercher chez le pharmacien. Duval ne put supporter ce spectacle ; il recommanda la mère et l'enfant à la garde, et sortit.

Le lendemain matin la malade était plus mal encore ; car, quoiqu'elle eût les yeux ouverts, elle ne paraissait reconnaître personne autre que sa fille, qu'on avait couchée près d'elle sur le lit, et dont elle avait pris la petite main qu'elle ne vouloit plus lâcher. De son côté l'enfant, comme si elle sentait que c'était la dernière étreinte maternelle, restait immobile et muette. Quand elle aperçut son bon ami, elle lui dit seulement :

— Elle dort, maman, elle dort.

Il sembla alors à Buvat que Clarice faisait un mouvement, comme si elle entendait encore et reconnaissait la voix de sa fille; mais ce pouvait être aussi bien un frisson nerveux. Il demanda à la garde si la malade avait besoin de quelque chose. La garde secoua la tête en disant :

— Pourquoi faire? ça serait de l'argent jeté à l'eau : ces gueux d'apothicaires en gagnent bien assez comme cela!

Buvat aurait bien voulu rester près de Clarice, car il voyait qu'elle ne devait plus avoir que bien peu de temps à vivre; mais il n'aurait jamais eu l'idée, à moins d'être mourant lui-même, qu'il pût manquer un seul jour d'aller à son bureau. Il y arriva donc comme d'habitude, mais si triste et si accablé, que le roi ne gagna pas grand'chose à sa présence. On remarqua même avec étonnement, ce jour-là, que Buvat n'attendit pas que quatre heures fussent sonnées pour dénouer les cordons des fausses manches bleues qu'il passait en arrivant pour garantir son habit, et qu'au premier coup de l'horloge, il se leva, prit son chapeau et sortit. Le surnuméraire qui avait déjà demandé sa place le regarda s'en aller; puis, quand il eut refermé la porte :

— Eh bien! à la bonne heure! dit-il assez haut pour être entendu du chef, en voilà un qui se la passe douce!

Les pressentimens de Buvat furent confirmés : en arrivant à la maison, il demanda à la portière comment allait Clarice.

— Ah ! Dieu merci ! répondit-elle, la pauvre femme est bien heureuse : elle ne souffre plus.

— Elle est morte ! s'écria Duvat avec ce frisson que produit toujours sur celui qui l'entend ce mot terrible.

— Il y a trois quarts d'heure à peu près, répondit la portière ; et elle se remit à remmailler son bas en reprenant sur un air bien gai une petite chanson qu'elle avait interrompue pour répondre à Duvat.

Duvat monta les marches de l'escalier lentement, une à une, s'arrêtant à chaque étage pour s'essuyer le front ; puis, en arrivant sur le palier où étaient sa chambre et celle de Clarice, il fut obligé de s'appuyer au mur, car il sentait que les jambes lui manquaient. Il y a dans la vue d'un cadavre quelque chose de terrible et de solennel, dont l'homme le plus maître de lui-même subit l'impression. Aussi était-il là, muet, immobile, hésitant, lorsqu'il lui sembla entendre la voix de la petite Bathilde qui se lamentait. Il se souvint alors de la pauvre enfant, et cela lui rendit quelque courage. Cependant, arrivé à la porte, il s'arrêta encore, mais alors il entendit plus distinctement les gémissemens de la petite fille.

— Maman ! criait l'enfant de sa petite voix entrecoupée par les larmes ; maman, réveille-toi donc ! maman ! pourquoi as-tu froid comme cela ?

Puis l'enfant venait à la porte, et frappant avec sa petite main :

— Bon ami, disait-elle, bon ami, viens ! je suis toute seule, j'ai peur !

Duvat ne comprenait pas qu'on n'eût pas emporté l'enfant quelque part, aussitôt que sa mère était morte, et la pitié profonde que lui inspira la pauvre petite l'emportant sur le sentiment pénible qui l'avait arrêté un instant, il porta la main à la serrure pour ouvrir la porte. La porte était fermée. En ce moment il entendit la portière qui l'appelait ; il courut à l'escalier et lui demanda où était la clef.

— Eh bien ! c'est justement cela, répondit la portière ; regardez donc, que je suis bête ! j'ai oublié de vous la donner en passant, moi !

Buvat descendit aussi vite qu'il put le faire.

— Et pourquoi cette clef se trouve-t-elle ici ? demanda-t-il.

— C'est le propriétaire qui l'y a déposée, après avoir fait enlever les meubles, répondit la portière.

— Comment ! enlever les meubles ! s'écria Buvat.

— Eh ! sans doute qu'il a fait enlever les meubles ! Elle n'était pas riche, votre voisine, monsieur Buvat, et il y a gros à parier qu'elle doit de tous les côtés. Tiens ! il n'a pas voulu de chicanes, le propriétaire ! Le terme avant tout ! c'est trop juste. D'ailleurs elle n'a plus besoin de meubles, la pauvre chère femme !

— Mais la garde, qu'est-elle devenue ?

— Quand elle a vu sa malade morte, elle s'en est allée. Son affaire était finie ; elle viendra l'ensevelir pour un écu, si vous voulez. C'est ordinairement les portières qui ont ce petit bénéfice-là ; mais moi, je ne puis pas : je suis trop sensible.

Buvat comprit en frissonnant tout ce qui s'était passé. Il monta aussi rapidement cette fois qu'il était monté lentement la première. La main lui tremblait tellement, qu'il ne pouvait trouver la serrure. Enfin la clef tourna et la porte s'ouvrit.

Clarice était étendue à terre sur la paillasse de son lit, au milieu de la chambre toute démeublée. Un mauvais drap avait été jeté sur elle et avait dû la cacher tout entière, mais la petite Bathilde l'avait rabattu pour chercher le visage de sa mère, qu'elle embrassait au moment où Buvat entrait.

— Ah! bon ami, bon ami, s'écria l'enfant, réveille donc ma petite maman, qui veut toujours dormir; réveille-la, je t'en prie.

Et l'enfant courait à Duvat, qui regardait de la porte ce triste spectacle.

Buvat conduisit Bathilde près du cadavre.

— Embrasse une dernière fois ta mère, pauvre enfant, lui dit-il.

L'enfant obéit.

— Et maintenant, continua-t-il, laisse-la dormir. Un jour, le bon Dieu la réveillera.

Et il prit l'enfant dans ses bras et l'emporta chez lui. L'enfant se laissa faire sans résistance, comme si elle eût compris sa faiblesse et son isolement.

Alors il la coucha dans son propre lit, car on avait enlevé jusqu'au berceau de l'enfant, et quand il la vit endormie, il sortit pour aller faire la déclaration mortuaire au commissaire du quartier, et prévenir l'administration des pompes funèbres.

Lorsqu'il revint, la portière lui remit un papier que la garde avait trouvé dans la main de Clarice en l'ensevelissant.

Buvat l'ouvrit et reconnut la lettre du duc d'Orléans.

C'était le seul héritage que la pauvre mère avait laissé à sa fille.

XVIII.

L'HÉRITAGE.

En allant faire sa déclaration au commissaire du quartier, et ses arrangemens avec les pompes funèbres, Buvat s'était encore occupé de chercher une femme qui pût prendre soin de la petite Bathilde, fonctions dont il ne pouvait se charger lui-même, d'abord parce qu'il était dans la parfaite ignorance des fonctions d'une gouvernante, et ensuite parce que, allant à son bureau pendant six heures de la journée, il était impossible que l'enfant demeurât seule en son absence. Heureusement il avait sous la main ce qu'il lui fallait : c'était une bonne femme de trente-cinq à trente-huit ans à peu près, qui était restée au service de feue madame Buvat pendant les trois dernières années de sa vie, et dont, pendant ces trois ans, il avait pu apprécier les bonnes qualités. Il fut convenu avec Nanette, c'était le nom de la bonne femme, qu'elle logerait dans la maison, ferait la cuisine, prendrait soin de la petite Bathilde, et aurait pour gages cinquante livres par an et sa nourriture.

Cette nouvelle disposition devait changer toutes les habitudes de Buvat, en lui faisant un ménage, à lui, qui avait toujours vécu en garçon, et mangé en pension bourgeoise ; il ne pouvait donc garder sa mansarde, devenue trop étroite pour le surcroît d'existences attachées désormais à la sienne; et dès le lendemain matin il se mit en quête d'un autre logement. Il en trouva un rue Pagevin, car il tenait fort à ne pas s'éloigner de la bibliothèque du roi, afin, quelque temps qu'il fît, d'y arriver sans trop de désagrément; c'était un appartement composé de deux chambres, d'un cabinet et d'une cuisine; il l'arrêta séance tenante, donna le denier à Dieu, s'en alla rue Saint-Antoine acheter les meubles qui lui manquaient pour garnir la chambre de Bathilde et celle de Nanette, et le soir même, à son retour du bureau, le déménagement fut opéré.

Le lendemain, qui était un dimanche, l'enterrement de Clarice eut lieu, si bien que Buvat n'eut pas même besoin, pour rendre les derniers devoirs à sa voisine, de demander un congé d'un jour à son chef. Pendant une semaine ou deux, la petite Bathilde demanda à chaque instant sa maman Clarice, mais son bon ami Buvat lui ayant apporté, pour la consoler, force jolis joujoux, elle commença à parler moins souvent de sa mère, et comme on lui avait dit qu'elle était partie pour rejoindre son papa, elle finit par demander seulement de temps en temps quand ils reviendraient tous les deux. Enfin le voile qui sépare nos premières années du reste de notre vie s'épaissit peu à peu, et Bathilde les oublia jusqu'au jour où la jeune fille, sachant enfin ce que c'était que d'être orpheline, devait les retrouver l'un et l'autre dans ses souvenirs d'enfant.

Buvat avait donné la plus belle des deux chambres à Bathilde; il avait gardé l'autre pour lui, et avait relégué Nanette dans le cabinet. Cette Nanette était une bonne femme, qui faisait passablement la cuisine, tricotait d'une manière remarquable, et filait comme la sainte Vierge. Mais, malgré ces divers talens, Buvat comprit que Nanette et lui étaient loin de suffire à l'éducation d'une jeune fille, et que, quand Bathilde aurait un magnifique point d'écriture, connaîtrait ses cinq règles, aurait appris à coudre et à filer, elle ne saurait juste que la moitié de ce qu'elle devait savoir, car Buvat avait envisagé l'obligation dont il s'était chargé dans toute son étendue ; c'était une de ces saintes organisations qui ne pensent qu'avec le cœur, et il avait compris que tout en devenant la pupille de Buvat, Bathilde n'en serait pas moins la fille d'Albert et de Clarice. Il résolut donc de lui donner une éducation conforme, non pas à sa situation présente, mais au nom qu'elle portait.

Et, pour prendre cette résolution, Buvat avait fait un raisonnement bien simple : c'est qu'il devait sa place à Albert, et que par conséquent le revenu de cette place appartenait à Bathilde. Voici comment il divisait ses neuf cents livres d'appointemens annuels :

Quatre cent cinquante livres pour les maîtres de musique, de dessin et de danse ;

Quatre cent cinquante livres pour la dot de Bathilde.

Or, en supposant que Bathilde, qui avait quatre ans, se mariât quatorze ans plus tard, c'est-à-dire à dix-huit ans, l'intérêt et le capital réunis se monteraient, le jour de son mariage, à quelque chose comme neuf ou dix mille livres. Ce n'était pas grand'chose, Buvat le savait bien, et il en était fort peiné, mais il avait eu beau se creuser l'esprit, il n'avait pas trouvé moyen de faire mieux.

Quant à la nourriture commune, au paiement du loyer, à l'entretien de Bathilde, à son entretien à lui et aux gages de Nanette, il y ferait face en se remettant à donner des leçons d'écriture, et en faisant des copies. A cet effet, il se lèverait à cinq heures du matin et se coucherait à dix heures du soir. Ce serait tout bénéfice, car, grâce à ce nouvel arrangement, il allongerait sa vie de quatre ou cinq heures tous les jours.

Dieu bénit d'abord ces saintes résolutions : ni les leçons ni les copies ne manquèrent à Buvat, et comme deux années s'écoulèrent avant que Bathilde eût terminé l'éducation première dont il s'était chargé lui-même, il put ajouter neuf cents livres à son petit trésor et placer neuf cents livres sur la tête de Bathilde.

A six ans, Bathilde eut donc ce qu'ont rarement à cet âge les filles des plus nobles et des plus riches maisons, c'est-à-dire maître de danse, maître de musique et maître de dessin.

Au reste, c'était tout plaisir que de faire des sacrifices pour cette charmante enfant, car elle paraissait avoir reçu de Dieu une de ces heureuses organisations dont l'aptitude fait croire à un monde antérieur, tant ceux qui en sont doués semblent, non pas apprendre une chose nouvelle, mais se souvenir d'une chose oubliée. Quant à sa jeune beauté, qui donnait de si magnifiques espérances, elle tenait tout ce qu'elle avait promis.

Aussi Buvat était-il bien heureux toute la semaine quand après chaque leçon il recevait les complimens des maîtres, et bien fier lorsque le dimanche, après avoir passé l'habit saumon, la culotte de velours noir et les bas chinés, il prenait par la main sa petite Bathilde et s'en allait faire avec elle sa promenade hebdomadaire. C'était ordinairement vers le chemin des Porcherons qu'il se dirigeait. C'était là le rendez-vous des joueurs de boules, et Buvat avait été autrefois un grand amateur de ce jeu. En cessant d'être acteur, il était devenu juge. A chaque contestation qui s'élevait, c'était à lui qu'on en appelait, et c'était une justice à lui rendre, il avait le coup d'œil si exact, qu'à la première vue il indiquait, sans jamais se tromper, la boule la plus proche du cochonnet. Aussi ses jugemens étaient-ils sans appel, et respectés et suivis ni plus ni moins que ceux que saint Louis rendait à Vincennes.

Mais encore, il faut le dire à sa louange, sa prédilection pour cette promenade n'était pas née d'un sentiment égoïste : cette promenade conduisait en même temps aux marais de la Grange-Batelière, dont les eaux sombres et moirées attiraient un grand nombre de ces demoiselles aux ailes de gaze et aux corsages d'or, qu'ont tant de plaisir à poursuivre les enfans. Un des grands amusemens de la petite Bathilde était de courir, son réseau vert à la main, ses beaux cheveux blonds flottant au vent, après les papillons et les demoiselles. Il en résultait bien, à cause de la disposition du terrain, quelques petits accidens à sa robe blanche, mais pourvu que Bathilde s'amusât, Buvat passait avec une grande philosophie par-dessus une tache ou un accroc : c'était l'affaire de Nanette. La bonne femme grondait fort au retour, mais Buvat lui fermait la bouche en haussant les épaules et en disant : — Bah ! il faut que vieillesse muse et que jeunesse s'amuse ! Et comme Nanette avait un grand respect pour les proverbes qu'elle pratiquait elle-même dans l'occasion, elle se rendait ordinairement à la moralité de celui-là.

Il arrivait aussi quelquefois, mais ce n'était que les jours de grande fête, que Buvat consentait, à la requête de la petite Bathilde, qui voulait voir de près les moulins à vent, à pousser jusqu'à Montmartre. Alors on partait de meilleure heure ; Nanette emportait un dîner destiné à être mangé sur l'esplanade de l'Abbaye. On se lançait bravement dans le faubourg, on traversait le pont des Porcherons, on laissait à droite le cimetière Saint-Eustache et la chapelle de Notre-Dame-de-Lorette, on franchissait la barrière, et l'on gravissait le chemin de Montmartre, lancé comme un ruban entre les prés verts et les briolets.

Ce jour-là on ne rentrait qu'à huit heures du soir; mais aussi, depuis la croix des Porcherons, la petite Bathilde dormait dans les bras de Buvat.

Les choses allèrent ainsi jusqu'en l'an de grâce 1712, époque à laquelle le grand roi se trouva si gêné dans ses affaires, qu'il ne vit moyen de se tirer d'embarras qu'en cessant de payer ses employés. Buvat fut averti de cette mesure administrative par le caissier, qui lui annonça un beau matin, comme il se présentait pour toucher son mois, qu'il n'y avait pas d'argent à la caisse. Buvat regarda le caissier d'un air tout ébahi : il ne lui était jamais venu à l'idée que le roi pût manquer d'argent. Il ne s'inquiéta donc pas autrement de cette réponse, convaincu qu'un accident fortuit avait seul interrompu le payement, et il s'en revint à son bureau, en chantonnant sa chanson favorite :

> Laissez-moi aller,
> Laissez-moi jouer. etc.

— Pardieu ! lui dit le surnuméraire, qui, après sept ans d'attente était enfin passé employé le premier du mois précédent, il faut que vous ayez le cœur bien gai pour chanter encore quand on ne nous paye plus.

— Comment ? dit Buvat, que voulez-vous dire ?

— Je veux dire que vous ne venez peut-être pas de la caisse ?

— Si fait, j'en viens.

— Et on vous a payé ?

— Non, on m'a dit qu'il n'y avait pas d'argent.

— Et que pensez-vous de cela ?

— Dame ! je pense, dit Buvat, je pense qu'on nous payera les deux mois ensemble.

— Ah ! oui, comme je chante ! les deux mois ensemble ! Dis donc, Ducoudray, reprit l'employé en se tournant vers son voisin, il croit qu'on nous payera les deux mois ensemble ! Il est bon enfant, le père Buvat !

— C'est ce que nous verrons l'autre mois, répondit le second employé.

— Oui, dit Buvat, répétant ces paroles qui lui parurent de la plus grande justesse, c'est ce que nous verrons l'autre mois.

— Et si l'on ne vous paye pas l'autre mois, ni ceux qui suivront, qu'est-ce que vous ferez, père Buvat ?

— Ce que je ferai ? dit Buvat, étonné qu'on pût mettre en doute sa résolution à venir, eh bien ! mais c'est tout simple : je viendrai tout de même.

— Comment ! si l'on ne vous paye plus, dit l'employé, vous viendrez toujours ?

— Monsieur, dit Buvat, le roi m'a payé pendant dix ans rubis sur l'ongle. Il a donc bien, au bout de dix ans, s'il est gêné, le droit de me demander un peu de crédit.

— Vil flatteur ! dit l'employé.

Le mois s'écoula, le jour du payement revint ; Buvat se présenta à la caisse avec la parfaite confiance qu'on allait lui payer son arriéré ; mais, à son grand étonnement, on lui annonça comme la dernière fois que la caisse était vide. Buvat demanda quand elle se remplirait ; le caissier lui répondit qu'il était bien curieux. Buvat se confondit en excuses et revint à son bureau, mais cette fois sans chanter.

Le même jour, l'employé donna sa démission. Or, comme

Il devenait difficile de remplacer un employé qui se retirait parce qu'on ne payait plus, et qu'il fallait que la besogne se fît tout de même, le chef chargea Duval, outre son propre travail, de celui du démissionnaire. Duval le reçut sans murmurer, et comme, à tout prendre, ses étiquettes lui laissaient assez de temps de reste, au bout du mois la besogne se trouva au courant.

On ne paya pas plus le troisième mois que les deux premiers. C'était une véritable banqueroute.

Mais, comme on l'a vu, Duval ne marchandait jamais avec ses devoirs. Ce qu'il avait promis de faire dans son premier mouvement, il le fit avec réflexion. Seulement il attaqua son petit trésor, qui se composait juste de deux années de ses appointemens.

Cependant Bathilde grandissait : c'était maintenant une jeune fille de treize à quatorze ans, dont la beauté devenait tous les jours plus remarquable, et qui commençait à comprendre toute la difficulté de sa position. Aussi, depuis six mois ou un an, sous prétexte qu'elle préférait rester à dessiner ou à jouer du clavecin, les promenades aux Porcherons. les courses dans les marais de la Grange-Batelière et les ascensions à Montmartre étaient interrompues. Duval ne comprenait rien à ces goûts sédentaires qui étaient venus tout à coup à la jeune fille, et comme, après avoir essayé deux ou trois fois de se promener sans elle, il s'était aperçu que ce n'était pas la promenade en elle-même qu'il aimait, il résolut, attendu qu'il faut que le bourgeois de Paris, enfermé toute la semaine, ait de l'air au moins le dimanche, il avait résolu, dis-je, de chercher un petit logement avec un jardin ; mais les logemens avec jardin étaient devenus trop chers pour l'état des finances du pauvre Duval, de sorte qu'ayant trouvé dans ses courses le petit logement de la rue du Temps-Perdu, il avait eu incontinent cette lumineuse idée de remplacer le jardin par une terrasse; il avait même réfléchi bientôt que l'air en serait meilleur, et il était revenu faire part de sa trouvaille à Bathilde, en lui disant que le seul inconvénient qu'il vît à leur futur appartement, qui du reste leur convenait sous tous les rapports, c'est que leurs deux chambres seraient séparées, et qu'elle serait obligée d'habiter le quatrième étage avec Nanette, tandis qu'il logerait au cinquième. Ce qui paraissait un inconvénient à Buvat parut au contraire une qualité à Bathilde. Depuis quelque temps elle comprenait, avec cet instinct de pudeur naturel à la femme, qu'il était inconvenant que sa chambre fût de plain-pied et séparée par une seule porte de la chambre d'un homme jeune encore, et qui n'était ni son père ni son mari. Elle assura donc Buvat que, d'après tout ce qu'il lui disait de ce logement, elle croyait qu'il en trouverait difficilement un autre qui fût aussi bien à sa convenance; elle l'invita à l'arrêter le plus tôt possible. Buvat enchanté donna le même jour le congé à son ancien logement et le denier à Dieu à son nouveau; puis, au prochain demi-terme, il déménagea. C'était la troisième fois depuis vingt ans, et toujours dans des circonstances péremptoires. Comme on le voit, Buvat n'était point d'humeur changeante.

Et Bathilde avait raison de se replier ainsi sur elle-même, car, depuis que son mantelet noir dessinait d'admirables épaules, depuis que sous sa mitaine s'allongeaient les plus jolis doigts du monde, depuis que, de la Bathilde d'autrefois, elle n'avait gardé que son pied d'enfant, tout le monde remarquait que Buvat était jeune encore; que cinq ou six fois, comme on le savait un homme d'ordre et qu'on le voyait régulièrement aller tous les mois chez son notaire,

Il avait trouvé l'occasion de faire un mariage convenable sans profiter de cette occasion; enfin, que le tuteur et la pupille demeuraient sous la même clef; si bien que les commères, qui baisaient la trace des pas du bonhomme quand Bathilde n'avait que six ans, commençaient à crier à l'immoralité de Buvat, maintenant que Bathilde en avait quinze.

Pauvre Buvat! Si jamais cœur fut innocent et pur, c'est celui de cette chambre qui attenait à celle de Bathilde, de cette chambre qui abrita dix ans sa bonne grosse tête jouffue et rose, à laquelle jamais une mauvaise pensée n'était venue, même en songe.

Mais, en arrivant rue du Temps-Perdu, ce fut bien pis encore: Buvat et Bathilde étaient venus, on se le rappelle, de la rue des Orties à la rue Pagevin; de sorte que, là où l'on avait su son admirable conduite à l'égard de la pauvre enfant, ce souvenir l'avait encore protégé contre la calomnie; mais il y avait déjà si longtemps que cette belle action avait été faite, que, même rue Pagevin, on commençait à l'oublier. Il était donc bien difficile que les bruits qui avaient commencé à se répandre ne les suivissent pas dans un quartier nouveau où ils étaient tout à fait inconnus, et où leur inscription sous deux noms différens devait dans tous les cas éveiller les soupçons, en excluant toute idée de proche parenté.

Restait la supposition qui, attribuant à Buvat une jeunesse orageuse, aurait vu dans Bathilde le résultat d'une ancienne passion que l'Eglise eût oublié de consacrer; mais cette supposition tombait au premier examen. Bathilde était grande et élancée, Buvat était gros et court; Bathilde avait les yeux noirs et ardens, Buvat avait les yeux bleu-faïence et sans la moindre expression; Bathilde avait la peau blanche et mate, Buvat avait le visage du rose le plus vif; enfin, toute la personne de Bathilde respirait l'élégance et la distinction, tandis que le pauvre bonhomme Buvat était des pieds à la tête un type de vulgaire bonhomie. Il en résulta que les femmes commencèrent à regarder Bathilde avec dédain, et que les hommes appelèrent Buvat un heureux drôle.

Il est juste de dire au reste que madame Denis fut une des dernières à accréditer tous ces bruits. Nous dirons plus tard à quelle occasion elle commença d'y donner créance.

Cependant les prévisions de l'employé démissionnaire s'étaient réalisées. Il y avait déjà dix-huit mois que Buvat n'avait touché un sou d'appointemens sans que le brave homme, malgré ce long oubli, se fût relâché un instant de sa ponctualité ordinaire. Il y a plus, depuis qu'on ne payait plus, il avait une peur terrible que l'envie ne prît au ministre de faire des économies en supprimant le tiers des employés, et Buvat, quoique sa place lui prît par jour six heures de son temps qu'il eût pu employer d'une manière plus lucrative, eût regardé comme un malheur irréparable la perte de cette place. Aussi, redoublait-il de zèle à mesure qu'il perdait l'espoir du retour de ses appointemens. Il en résulta qu'on se garda bien de mettre dehors un homme qui travaillait d'autant plus qu'on le payait moins.

L'ignorance complète de l'époque où cette situation précaire cesserait, jointe à la diminution de son petit trésor qui menaçait de s'épuiser bientôt, rembrunissait néanmoins le front de Buvat, au point que Bathilde commença de se douter qu'il se passait quelque chose qu'elle ignorait. Avec le tact qui caractérise les femmes, elle comprit que toute question à Buvat sur un secret qu'il ne lui avait pas confié de lui-même serait inutile. Ce fut donc à Nanette qu'elle s'adressa. Nanette se fit quelque peu prier, mais comme tout dans la maison ressentait l'influence de Bathilde, elle finit par lui avouer la situation des affaires; Bathilde apprit alors seulement tout ce qu'elle devait à la délicatesse désintéressée de Buvat; elle sut que pour lui conserver intacts des appointemens destinés à payer ses maîtres d'agrément et à lui amasser une dot, Buvat travaillait le matin depuis cinq heures jusqu'à huit heures, et le soir, depuis neuf heures jusqu'à minuit, et que ce qui le rendait triste, c'était que, malgré ce travail acharné, comme on ne lui payait plus ses appointemens, quand ses petites économies seraient épuisées, il se verrait forcé d'avouer à Bathilde qu'il leur fallait retrancher toute dépense qui n'était pas rigoureusement nécessaire. Le premier mouvement de Bathilde, en apprenant ce saint dévouement, avait été de tomber aux pieds de Buvat quand il rentrerait, et de lui baiser les mains; mais bientôt elle comprit que le seul moyen d'arriver à son but était de paraître tout ignorer, et dans le baiser filial qu'elle déposa sur le front de Buvat lorsqu'il rentra de son bureau, le bonhomme ne put deviner tout ce qu'il y avait de reconnaissance et de vénération.

XIX

BATHILDE.

Mais le lendemain, Bathilde dit en riant à Buvat qu'elle croyait que ses maîtres n'avaient plus rien à lui apprendre.

qu'elle en savait autant qu'eux, et que les conserver plus longtemps serait de l'argent perdu. Comme Buvat ne trouvait rien d'aussi beau que les dessins de Bathilde; comme, lorsque Bathilde chantait, il se sentait enlever au troisième ciel, il n'eut pas de peine à croire sa pupille, d'autant moins que les maîtres, avec une bonne foi assez rare, avouèrent que leur élève en savait assez pour aller désormais toute seule. C'est que tel était le sentiment qu'inspirait Bathilde, qu'il épurait tout ce qui s'approchait d'elle.

On comprend que cette double déclaration fit grand plaisir à Buvat; mais ce n'était pas assez pour Bathilde que d'épargner sur la dépense; elle résolut encore d'ajouter au gain. Quoiqu'elle eût fait des progrès à peu près pareils dans la musique et dans le dessin, elle comprit que le dessin seul pouvait lui être une ressource, tandis que la musique ne lui serait jamais qu'un délassement. Elle réserva donc toute son application pour le dessin, et comme elle y était vraiment d'une force supérieure, elle arriva bientôt à faire de délicieux pastels. Enfin, un jour, elle voulut connaître la valeur de ses œuvres, et pria Buvat, en allant à son bureau, de montrer au marchand de couleurs chez qui elle achetait son papier et ses crayons, et qui demeurait au coin de la rue de Cléry et de la rue du Gros-Chenet, deux têtes d'enfant qu'elle avait faites de fantaisie, et de lui demander ensuite ce qu'il les estimait. Buvat se chargea de la commission sans y entendre le moins du monde malice, et s'en acquitta avec sa naïveté ordinaire. Le marchand, habitué à de pareilles propositions, tourna et retourna d'un air dédaigneux les têtes entre ses mains, et, tout en les critiquant fort, dit qu'il ne pourrait offrir que quinze livres de chaque. Buvat, blessé non pas du prix offert, mais de la manière peu respectueuse dont l'industriel avait parlé du talent de Bathilde, les lui tira assez brusquement des mains, en lui disant qu'il le remerciait.

Le marchand, croyant alors que le bonhomme ne trouvait pas le prix assez élevé, dit qu'en faveur de la connaissance il donnerait des deux têtes jusqu'à quarante livres; mais Buvat, rancuneux en diable quand il s'agissait d'une offense faite à la perfectibilité de sa pupille, lui répondit sèchement que les dessins qu'il lui avait montrés n'étaient point à vendre, et qu'il n'en demandait le prix que pour sa propre satisfaction. Or, comme on le sait, du moment où les dessins ne sont point à vendre, ils augmentent singulièrement de valeur; il en résulta que le marchand finit par en offrir jusqu'à cinquante livres; mais Buvat, peu sensible à cette proposition dont il n'avait pas même l'idée qu'il pût profiter, remit les dessins dans leur carton, sortit de chez le marchand avec toute la fierté d'un homme blessé dans sa dignité, et s'achemina vers son bureau. A son retour, le marchand se trouva comme par hasard sur sa porte, mais Buvat en le voyant prit au large. Cela ne servit à rien, le marchand alla à lui, et, lui mettant les deux mains sur les épaules, lui demanda s'il ne voulait pas lui donner les deux dessins pour le prix qu'il avait dit. Buvat lui répondit une seconde fois, et d'une voix plus aigre encore que la première, que les dessins n'étaient point à vendre.

— C'est fâcheux, reprit le marchand, j'aurais été jusqu'à quatre-vingt livres, et il retourna sur la porte d'un air indifférent, mais tout en suivant Buvat du coin de l'œil. Buvat, de son côté, continua son chemin avec une fierté qui donnait quelque chose de plus grotesque encore à sa tournure, et, sans s'être retourné une seule fois, disparut au coin de la rue du Temps-Perdu.

Bathilde entendit Buvat qui montait tout en battant les barreaux de l'escalier avec sa canne, ce qui produisait un bruit régulier dont il avait l'habitude d'accompagner sa marche ascendante. Elle courut aussitôt au devant de lui jusque sur le palier, car elle était fort inquiète du résultat de la négociation, et lui jetant, avec un reste de ses habitudes enfantines, les bras autour du cou :

— Eh bien ! bon ami, demanda-t-elle, qu'a dit monsieur Papillon ?

C'était le nom du marchand de couleurs.

— Monsieur Papillon, répondit Buvat en s'essuyant le front, monsieur Papillon est un impertinent !

La pauvre Bathilde pâlit.

— Comment cela, bon ami, un impertinent ?

— Oui, un impertinent, qui, au lieu de se mettre à genoux devant tes dessins, s'est permis de les critiquer.

— Oh ! si ce n'est que cela, bon ami, dit Bathilde en riant, il a raison. Songez donc que je ne suis encore qu'une écolière. Mais enfin en a-t-il offert un prix quelconque ?

— Oui, répondit Buvat, il a eu encore cette impertinence.

— Et quel prix ? demanda Bathilde toute tremblante.

— Il en a offert quatre-vingts livres !

— Quatre-vingts livres ! s'écria Bathilde. Oh ! vous vous trompez sans doute, bon ami.

— Il a osé offrir quatre-vingts livres des deux, je le répète, répondit Buvat en appuyant sur chaque syllabe.

— Mais c'est quatre fois ce qu'ils valent, dit la jeune fille en battant des mains de joie.

— C'est possible, reprit Buvat, quoique je n'en croie rien ; mais il n'en est pas moins vrai que monsieur Papillon est un impertinent.

Ce n'était pas l'avis de Bathilde ; aussi pour ne pas entamer une discussion si délicate avec Buvat, changea-t-elle de conversation, en lui annonçant que le dîner était servi, annonce qui avait ordinairement pour résultat de donner immédiatement un autre cours aux idées du bonhomme. Buvat remit, sans observations ultérieures, le carton entre les mains de Bathilde, et entra dans la petite salle à manger en battant ses cuisses avec ses mains et en fredonnant l'inévitable :

Laissez-moi aller,
Laissez-moi jouer, etc.

Il dîna d'aussi bon appétit que si son amour-propre presque paternel était pur de tout échec, et qu'il n'y eût point de monsieur Papillon au monde.

Le soir même, tandis que Buvat était monté dans sa chambre pour faire ses copies, Bathilde remit le carton à Nanette, lui dit de porter à monsieur Papillon les deux têtes qu'il renfermait, et de lui demander les quatre-vingts livres qu'il en avait offertes à Buvat.

Nanette obéit, et Bathilde attendit son retour avec anxiété, car elle ne pouvait croire que Buvat ne se fût point trompé sur le prix. Dix minutes après elle fut entièrement rassurée, car la bonne femme rentra avec les quatre-vingts livres.

Bathilde prit l'argent de ses mains, le regarda un instant les larmes aux yeux, puis, le posant sur la table, elle alla en silence s'agenouiller vers le crucifix qui était au pied de son lit, et auquel chaque soir elle faisait sa prière. Mais cette fois la prière était changée en actions de grâces. Elle allait donc pouvoir rendre au bon Buvat une partie de ce qu'il avait fait pour elle.

Le lendemain, Buvat, en revenant de son bureau, voulut, ne fût-ce que pour narguer monsieur Papillon, repasser encore devant sa porte; mais son étonnement fut grand lorsqu'à travers les carreaux de la boutique il aperçut, dans de magnifiques cadres, les deux têtes d'enfant qui le regardaient. En même temps la porte s'ouvrit, et le marchand parut.

— Eh bien ! papa Buvat, lui dit-il, nous avons donc fait nos petites réflexions! nous nous sommes décidés à nous défaire de nos deux têtes, qui n'étaient pas à vendre ! Ah ! trédame ! je ne vous croyais pas si roué, voisin ! Vous m'avez tiré quatre-vingts bonnes livres de la poche, avec tout cela ! Mais c'est égal, dites à mademoiselle Bathilde, que comme c'est une bonne et sainte fille, par considération pour elle, si elle veut m'en donner deux comme cela tous les mois, et s'engager d'un an à n'en point faire pour d'autres, je les lui prendrai au même prix.

Buvat demeura atterré; il grommela une réponse que le marchand ne put entendre, et prit la rue du Gros-Chenet, en choisissant les pavés où il posait le bout de sa canne, ce qui était encore chez lui une grande marque de préoccupation. Puis il remonta ses cinq étages sans battre les barres de l'escalier, ce qui fit qu'il ouvrit la chambre de Bathilde sans que Bathilde l'eût entendu. La jeune fille dessinait; elle avait déjà commencé une autre tête.

En apercevant son bon ami debout sur la porte et avec un air tout soucieux, Bathilde posa sur la table carton et pastels, et courut à lui en demandant ce qui était arrivé; mais Buvat, sans répondre, essuya deux grosses larmes, et avec un accent de sensibilité indéfinissable :

— Ainsi, dit-il, la fille de mes bienfaiteurs, l'enfant de Clarice Gray et d'Albert du Rocher travaille pour vivre !

— Mais, petit père, répondit Bathilde, moitié pleurant, moitié riant, je ne travaille pas, je m'amuse.

Le mot *petit père* était dans les grandes occasions substitué par Bathilde au mot *bon ami*, et il avait d'ordinaire pour résultat de calmer les plus grandes peines du bonhomme, mais cette fois la ruse échoua.

— Je ne suis ni votre *petit père*, ni votre *bon ami*, murmura Buvat en secouant la tête, et en regardant la jeune fille avec une bonhomie admirable; je suis tout simplement le pauvre Buvat, que le roi ne paie plus, et qui ne gagne point assez avec son écriture pour continuer de vous donner l'éducation qui convient à une demoiselle comme vous.

Et il laissa tomber ses bras avec un tel découragement, que sa canne lui échappa des mains.

— Oh! mais, vous voulez donc à votre tour me faire mourir de chagrin? s'écria Bathilde en éclatant en sanglots, tant la douleur de Buvat se peignait sur son visage.

— Moi, te faire mourir de chagrin, mon enfant! s'écria Buvat, avec un accent de profonde tendresse. Qu'est-ce que j'ai donc dit? Qu'est-ce que j'ai donc fait?

Et Buvat joignit les mains, et fut prêt à tomber à genoux devant elle.

— A la bonne heure! dit Bathilde, voilà comme je vous aime, petit père; c'est quand vous tutoyez votre fille; mais quand vous ne me tutoyez pas, il me semble que vous êtes fâché contre moi, et alors je pleure.

— Mais je ne veux pas que tu pleures, moi! dit Buvat. Eh bien! il ne me manquerait plus que cela, de te voir pleurer!

— Alors, dit Bathilde, je pleurerai toujours si vous ne me laissez pas faire ce que je veux.

Cette menace de Bathilde, toute puérile qu'elle était, fit frissonner Buvat depuis la pointe du pied jusqu'à la racine des cheveux ; car depuis le jour où l'enfant pleurait sa mère, pas une larme n'était tombée des yeux de la jeune fille.

— Eh bien ! dit Buvat, fais donc comme tu veux, et ce que tu veux ; mais promets-moi que le jour où le roi me payera mon arriéré...

— C'est bon, c'est bon, petit père ! dit Bathilde en interrompant Buvat ; nous verrons tout cela plus tard; mais, en attendant, vous êtes cause que le dîner refroidit.

Et la jeune fille, prenant le bonhomme sous le bras, passa avec lui dans la salle à manger, où, par ses plaisanteries et sa gaîté, elle eut bientôt effacé sur la bonne grosse figure de Buvat jusqu'à la dernière trace de tristesse.

Qu'eût-ce donc été si le pauvre Buvat eût tout su ?

En effet, Bathilde avait songé que pour qu'elle continuât de bien placer ses dessins, il n'en fallait pas trop faire ; et, comme on l'a vu, sa prévision était juste, puisque le marchand de couleurs avait dit à Buvat qu'il en prendrait deux par mois, mais à la condition que Bathilde ne travaillerait pas pour d'autres que pour lui. Or, ces deux dessins, Bathilde pouvait les faire en huit ou dix jours : il lui restait donc par mois quinze jours au moins qu'elle ne se croyait plus le droit de perdre ; si bien que, comme elle avait fait autant de progrès dans son éducation de femme de ménage que dans celle de femme du monde, elle avait chargé le matin même Nanette de chercher, sans dire pour qui, parmi les connaissances, quelque ouvrage d'aiguille, difficile et par conséquent bien payé, auquel elle pourrait se livrer en l'absence de Buvat, et dont la rétribution viendrait encore ajouter au bien-être de la maison.

Nanette, qui ne savait qu'obéir à sa jeune maîtresse, s'était donc mise en quête le jour même, et n'avait pas eu besoin d'aller bien loin pour trouver ce qu'elle cherchait. C'était le temps des dentelles et des accrocs ; les grandes dames payaient la guipure cinquante louis l'aune, et couraient ensuite négligemment par les bosquets avec des robes plus transparentes encore que celles que Juvénal appelait de l'air tissu. Il en résultait, comme on le comprend bien, force déchirures, qu'il fallait cacher aux regards des mères ou des maris ; de sorte qu'à cette époque, il y avait peut-être plus encore à gagner à raccommoder les dentelles qu'à les vendre. Dès son coup d'essai en ce genre, Bathilde fit des miracles ; son aiguille semblait être celle d'une fée. Aussi Nanette reçut-elle force complimens sur la Pénélope inconnue qui refaisait ainsi le jour l'ouvrage que l'on défaisait la nuit.

Grâce à cette laborieuse résolution de Bathilde, résolution dont une partie resta ignorée de tout le monde et même de Buvat, l'aisance prête à manquer dans le ménage y rentra par une double source. Buvat, plus tranquille désormais, et voyant bien que, sans que Bathilde se fût positivement prononcée à ce sujet, il lui fallait cependant renoncer à ses promenades du dimanche, qu'il ne trouvait si charmantes que parce qu'il les faisait avec elle, résolut donc de tirer parti de cette fameuse terrasse qui avait été d'un poids si fort dans le choix de son logement. Pendant huit jours, chaque matin et chaque soir, il passa une heure à prendre ses mesures, sans que personne, même Bathilde, eût l'idée de ce qu'il voulait faire. Enfin, il s'arrêta à un jet d'eau, à une grotte et à un berceau.

Il faut avoir vu le bourgeois de Paris aux prises avec une de ces idées fantastiques comme il en était venu une à

Buvat le jour où il avait résolu d'avoir un parc sur sa terrasse, pour comprendre tout ce que la patience humaine peut exécuter de choses qui, au premier abord, paraissent impossibles. Le jet d'eau ne fut presque rien. Comme nous l'avons dit, les gouttières, de huit pieds plus élevées que la terrasse, donnaient toutes facilités pour l'exécution. Le berceau même fut peu de chose : quelques lattes peintes en vert, clouées en losange et tapissées de jasmin et de chèvre-feuille, en firent les frais. Mais ce fut la grotte qui devait être véritablement le chef-d'œuvre de ces nouveaux jardins de Sémiramis.

En effet, le dimanche, dès la pointe du jour, Buvat partait pour le bois de Vincennes; et, arrivé là, il se mettait en quête de ces pierres hétéroclites, aux formes torturées, dont les unes représentent naturellement des têtes de singe, les autres des lapins accroupis, celles-ci des champignons, celles-là des clochers de cathédrale ; puis, lorsqu'il en avait réuni un assez grand nombre, il les faisait mettre dans une brouette, et, moyennant une livre tournois, qu'il consacrait hebdomadairement à cette dépense, il les faisait amener au cinquième étage de la rue du Temps-Perdu. Cette première collection dura trois mois à compléter.

Puis, Buvat passa des monolithes aux végétaux. Toute racine ayant l'imprudence de sortir de terre, sous la forme d'un serpent ou sous l'apparence d'une tortue, devint la propriété de Buvat, qui, une petite serpe à la main, se promenait les yeux fixés sur le sol, avec autant d'attention qu'un homme qui aurait cherché un trésor, et qui, dès qu'il apercevait une forme ligneuse à sa convenance, se précipitait la face contre terre avec l'acharnement d'un tigre qui fond sur sa proie. A force de frapper, de hacher, de tirer, il finissait par l'arracher du sol. Cette recherche obstinée, à laquelle les gardes de Vincennes et de Saint-Cloud essayèrent plus d'une fois de mettre empêchement, mais sans pouvoir y réussir, tant Duvat, par sa persévérance, déjouait leur activité, dura trois autres mois, au bout desquels il vit enfin, à sa grande satisfaction, tous ses matériaux réunis.

Alors commença l'œuvre architecturale. La plus grosse comme la plus petite pierre qui devait servir à l'édification de la Babel moderne fut tournée et retournée d'abord sur toutes ses faces, afin qu'elle s'offrît à la vue par son côté le plus avantageux; puis posée, puis assurée, puis cimentée de façon que chaque saillie extérieure présentât la capricieuse imitation d'une tête d'homme, d'un corps d'animal, d'une plante, d'une fleur ou d'un fruit. Bientôt ce fut un amas chimérique des apparences les plus opposées, auxquelles vinrent se joindre, en serpentant, en rampant, en grimpant, toutes ces racines aux formes ophidiennes ou batraciennes, que Duvat avait surprises en flagrant délit de ressemblance avec un reptile quelconque. Enfin, la voûte s'arrondit et servit de repaire à une hydre magnifique, la pièce la plus précieuse de la collection, et aux sept têtes de laquelle Buvat eut l'heureuse idée d'ajouter, pour leur donner un air encore plus formidable, des yeux d'émail et des dards de drap écarlate. Il en résulta que lorsque la chose eut atteint toute sa perfection, ce n'était plus qu'avec une certaine hésitation que Buvat approchait de la terrible caverne, et que, dans les premiers temps, pour rien au monde, il ne se serait promené la nuit, tout seul, sur la terrasse.

XX.

DEMANDE EN MARIAGE.

L'œuvre babylonienne de Buvat avait duré douze mois. Pendant ces douze mois, Bathilde avait passé de sa quinzième à sa seizième année, de sorte que la gracieuse jeune fille était devenue une femme charmante. C'était pendant cette période que son voisin Boniface Denis l'avait remarquée, et avait tant fait que sa mère, qui n'avait rien à lui refuser, après avoir été prendre des informations préalables à une bonne source, c'est-à-dire à la rue Pagevin, avait commencé, sous un prétexte de voisinage, par se présenter chez Buvat et chez sa pupille, et avait fini par les inviter tous deux à venir passer chez elle les soirées du dimanche. L'invitation avait été faite de si bonne grâce, qu'il n'y avait pas eu moyen de refuser, quelque répugnance que Bathilde éprouvât à sortir de sa solitude. D'ailleurs Buvat était enchanté qu'une occasion de distraction se présentât pour Bathilde. Puis, au fond, comme il savait que madame Denis avait deux filles, peut-être n'était-il point fâché de jouir, dans cet orgueil paternel dont ne sont point exemptes les meilleures âmes, du triomphe que sa pupille ne pouvait manquer d'obtenir sur mademoiselle Émilie et sur mademoiselle Athénaïs.

Cependant, les choses ne se passèrent point précisément comme le bonhomme les avait d'avance arrangées dans sa tête. Bathilde vit du premier coup d'œil à qui elle avait affaire, et apprécia la médiocrité de ses rivales; de sorte que, lorsqu'on parla dessin, et qu'on lui fit admirer les têtes, d'après la bosse, de ces demoiselles, elle prétendit n'avoir rien à la maison qu'elle pût montrer, tandis que Buvat savait parfaitement qu'il y avait dans ses cartons une tête d'enfant Jésus et une tête de saint Jean, charmantes toutes deux. Ce ne fut pas tout! Lorsqu'on la pria de chanter, après que mesdemoiselles Denis se furent fait entendre, elle prit une simple petite romance en deux couplets qui dura cinq minutes, au lieu du grand air sur lequel avait compté Buvat, et qui devait durer trois quarts d'heure. Cependant, au grand étonnement de Buvat, cette conduite parut augmenter singulièrement l'amitié de madame Denis pour la jeune fille; car madame Denis, qui avait entendu d'avance faire un grand éloge des talens de Bathilde, malgré son orgueil maternel, n'étoit point sans quelque inquiétude sur le résultat d'une lutte artistique entre les jeunes personnes. Bathilde fut donc comblée de caresses par la bonne femme, qui, lorsqu'elle fut partie, affirma à tout le monde que c'était une personne pleine de talens et de modestie, et qu'on n'avait rien dit de trop dans les éloges que l'on avait faits sur son compte. Une mercière retirée ayant même alors voulu élever la voix pour rappeler la position étrange de la pupille vis-à-vis du bonhomme qui lui servait de tuteur, madame Denis imposa silence à cette mauvaise langue, en disant qu'elle connaissait à fond cette histoire, et qu'il n'y avait pas le moindre détail qui ne fût à l'honneur de ses deux voisins. C'était un léger mensonge que se permettait madame Denis en se prétendant si bien renseignée, mais sans doute Dieu le lui pardonna en faveur de l'intention.

Quant à Boniface, du moment où il ne pouvait pas jouer au cheval fondu ou faire la roue, il était nul, de toute nullité. Il avait donc été ce soir-là d'une stupidité si supérieure, que Bathilde, n'attachant aucune importance à un pareil être, ne l'avait pas même remarqué.

Mais il n'en avait pas été ainsi de Boniface. Le pauvre garçon, qui n'était qu'amoureux en voyant Bathilde de loin, était devenu fou en la voyant de près. Il résulta de cette recrudescence de sentiment que Boniface ne quitta plus sa fenêtre, ce qui força tout naturellement Bathilde à fermer la sienne; car, on se le rappelle, M. Boniface habitait alors la chambre occupée depuis par le chevalier d'Harmental.

Cette conduite de Bathilde, dans laquelle il était impossible de voir autre chose qu'une suprême modestie, ne pouvait qu'augmenter la passion de son voisin. Aussi fit-il de telles instances auprès de sa mère, que celle-ci remonta de la rue Pagevin à la rue des Orties, et là apprit par les questions qu'elle fit à une vieille portière devenue à peu près aveugle et tout à fait sourde, quelque chose de cette scène mortuaire que nous avons racontée, et dans laquelle Buvat avait joué un si beau rôle. La bonne femme avait oublié les noms des principaux personnages; elle se rappelait seulement que le père était un bel officier qui avait été tué en Espagne, et la mère une charmante jeune femme qui était morte de douleur et de misère. Ce qui l'avait surtout frappée, et ce qui lui laissait des souvenirs si vifs, c'est que cette catastrophe était arrivée l'année même de la mort de son carlin.

De son côté, Boniface s'était mis en quête, et il avait appris par monsieur Joulu, son procureur, lequel était ami de monsieur Ladurrau, notaire de Buvat, que, chaque année, depuis dix ans, on plaçait cinq cents francs au nom de Bathilde, lesquels cinq cents francs annuels, réunis aux intérêts, formaient un petit capital de sept ou huit mille francs. Sept ou huit mille francs de capital étaient bien peu de chose pour Boniface, qui, de l'aveu de sa mère, pouvait compter sur trois mille livres de rentes; mais enfin ce capital, si chétif qu'il fût, prouvait au moins que si Bathilde était loin d'avoir une fortune, elle n'était pas non plus tout à fait dans la misère.

En conséquence, au bout d'un mois, pendant lequel madame Denis vit que l'amour de Boniface allait toujours croissant, et où l'estime qu'elle avait de son côté pour Bathilde, qui vint encore à deux de ses soirées, ne subit aucune altération, elle se décida à faire la demande en règle. Donc, une après-dînée que Buvat revenait de son bureau à son heure ordinaire, madame Denis l'attendit sur sa porte, et, comme il allait rentrer chez lui, elle lui fit comprendre d'un signe de la main et d'un clignotement de l'œil qu'elle avait quelque chose à lui dire. Buvat comprit parfaitement la provocation, mit galamment le chapeau à la main et suivit madame Denis, qui le conduisit dans la chambre la plus reculée de sa maison, ferma les portes pour n'être surprise par personne, fit asseoir Buvat, et, lorsqu'il fut assis, lui fit majestueusement la demande de la main de Bathilde pour Boniface.

Buvat demeura tout étourdi de la proposition. Il ne lui était jamais venu à l'esprit que Bathilde pût se marier. La vie sans Bathilde lui semblait désormais une chose si impossible pour lui, qu'il changea de couleur à la seule idée d'être abandonné par elle.

Madame Denis était trop bonne observatrice pour ne pas remarquer l'effet étrange que sa demande avait produit sur le système nerveux de Buvat. Elle ne voulut pas même lui laisser ignorer qu'une chose si importante était passée inaperçue ; elle lui offrit un flacon de sels à son usage, et qu'elle laissait toujours sur la cheminée, à la vue de tout le monde, pour se donner l'occasion de répéter deux ou trois fois par semaine qu'elle avait les nerfs d'une extrême irritabilité. Buvat, qui avait perdu la tête, au lieu de respirer purement et simplement ces sels à une distance convenable, déboucha le flacon et se le fourra dans le nez. L'effet du tonique fut rapide : Buvat bondit sur ses pieds comme si l'ange d'Habacuc l'avait enlevé par les cheveux ; son visage passa d'un blanc fade au cramoisi le plus foncé ; il éternua pendant dix minutes à se faire sauter la cervelle ; puis enfin, s'étant calmé peu à peu et étant revenu insensiblement à l'état où il se trouvait au moment où la proposition avait été faite, il répondit qu'il comprenait tout ce qu'une pareille proposition avait d'honorable pour sa pupille, mais que, comme madame Denis le savait sans doute, il n'était que le tuteur de Bathilde, qualité qui lui faisait une obligation de lui transmettre la demande, et en même temps un devoir de la laisser parfaitement libre de l'accepter ou de la refuser. Madame Denis trouva la réplique parfaitement juste, et le reconduisit à la porte de la rue en lui disant qu'en attendant sa réponse elle le priait de la croire sa très humble servante.

Buvat remonta chez lui et trouva Bathilde fort inquiète : il avait retardé d'une demi-heure sur la pendule ce qui ne lui était pas arrivé une seule fois depuis dix ans. L'inquiétude de la jeune fille redoubla quand elle vit l'air triste et préoccupé de Buvat. Aussi voulut-elle connaître tout d'abord ce qui causait la mine allongée de son bon ami. Buvat, qui n'avait pas préparé son discours, essaya de reculer l'explication jusqu'après le dîner, mais Bathilde déclara qu'elle ne se mettrait point à table qu'elle ne sût ce qui était arrivé. Forcé fut donc à Buvat de transmettre, séance tenante, à sa pupille, et sans préparation aucune, la proposition de madame Denis.

Bathilde rougit d'abord comme fait toute jeune fille à qui l'on parle de mariage ; puis, prenant dans les siennes les deux mains de Buvat, qui s'était assis de peur que les jambes lui manquassent, et le regardant en face avec ce doux sourire qui était le soleil du pauvre écrivain :

— Ainsi donc, lui dit-elle, petit père, vous avez assez de votre pauvre fille, et vous voulez vous en débarrasser ?

— Moi ! dit Buvat, moi ! avoir envie de me débarrasser de toi ! Mais c'est moi qui mourrai le jour où tu me quitteras !

— Eh bien ! alors, petit père, répondit Bathilde, pourquoi venez-vous me parler de mariage ?

— Mais, dit Buvat, parce que... parce que... il faudra bien un jour que tu t'établisses, et que tu ne trouveras peut-être pas plus tard un aussi bon parti, quoique, Dieu merci ! ma petite Bathilde mérite un peu mieux qu'un monsieur Boniface.

— Non, petit père, reprit Bathilde, non, je ne mérite pas mieux que monsieur Boniface ; mais...

— Eh bien ! mais ?

— Mais... je ne me marierai jamais.

— Comment ! dit Buvat, tu ne te marieras jamais !

— Pourquoi me marier ? demanda Bathilde. Est-ce que nous ne sommes pas heureux comme nous sommes ?

— Si fait, nous sommes heureux! Sabre de bois! s'écria Buvat, je le crois bien que nous le sommes!

Sabre de bois était un honnête juron dont se servait Buvat dans les grandes occasions, et qui indiquait les inclinations pacifiques du bonhomme.

— Eh bien! continua Bathilde avec son sourire d'ange, si nous sommes heureux, restons comme nous sommes. Vous le savez, petit père, il ne faut pas tenter Dieu.

— Tiens, dit Buvat, embrasse-moi, mon enfant! Ah! c'est comme si tu venais de m'enlever Montmartre de dessus l'estomac!

— Vous ne désirez donc pas ce mariage? demanda Bathilde en posant ses lèvres sur le front du bonhomme.

— Moi! désirer ce mariage! dit Buvat; moi! désirer te voir la femme de ce petit gueux de Boniface! de ce satané chenapan que j'avais pris en grippe, je ne savais pas pourquoi! Je le sais maintenant!

— Si vous ne désirez pas ce mariage, pourquoi m'en parlez-vous?

— Parce que tu sais bien que je ne suis pas ton père, dit Buvat; parce que tu sais bien que je n'ai aucun droit sur toi; parce que tu sais bien que tu es libre.

— Vraiment, je suis libre! dit en riant Bathilde.

— Libre comme l'air.

— Eh bien! si je suis libre, je refuse.

— Diable! tu refuses, dit Buvat; j'en suis bien content, c'est vrai; mais comment vais-je dire cela à madame Denis?

— Comment? Dites-lui que je suis trop jeune, dites-lui que je ne veux pas me marier, dites-lui que je veux rester éternellement avec vous.

— Allons dîner, dit Buvat; il me viendra peut-être une

bonne idée en mangeant la soupe. C'est drôle, l'appétit m'est revenu tout à coup. Tout à l'heure, j'avais l'estomac si serré que j'aurais cru qu'il me serait impossible d'avaler une goutte d'eau. Maintenant, je boirais la Seine.

Buvat mangea comme un ogre et but comme un Suisse ; mais malgré cette infraction à ses habitudes hygiéniques, aucune bonne idée ne lui vint ; de sorte qu'il fut obligé de dire tout bonnement à madame Denis que Bathilde était très honorée de sa recherche, mais qu'elle ne voulait pas se marier.

Cette réponse inattendue cassa bras et jambes à madame Denis ; elle n'avait jamais cru qu'une pauvre petite orpheline comme Bathilde pût refuser un parti aussi brillant que son fils ; elle reçut en conséquence très sèchement le refus de Buvat, et elle répondit que chacun était libre de sa personne, et que si mademoiselle Bathilde voulait rester pour coiffer sainte Catherine, elle en était parfaitement la maîtresse.

Mais quand elle réfléchit à ce refus, que dans son orgueil maternel elle ne pouvait comprendre, les anciennes calomnies qu'elle avait entendu faire autrefois sur la jeune fille et sur son tuteur lui revinrent à l'esprit, et comme elle était alors dans une disposition parfaite pour y croire, elle ne fit plus aucun doute qu'elles ne fussent des vérités avérées. Aussi, lorsqu'elle transmit à Boniface la réponse de sa belle voisine, ajouta-t-elle, pour le consoler de cet échec matrimonial, qu'il était bien heureux que les négociations eussent tourné ainsi, attendu qu'elle avait appris des choses qui, en supposant que Bathilde eût accepté, ne lui eussent pas permis, à elle, de laisser se conclure un pareil mariage.

Il y a plus : madame Denis pensa qu'il n'était point de sa

dignité que son fils, après un refus si humiliant, conservât la chambre qu'il habitait en face de Bathilde ; elle lui en fit préparer, sur le jardin, une beaucoup plus grande et beaucoup plus belle, et elle mit immédiatement en location celle que venait de quitter M. Boniface.

Huit jours après, comme M. Boniface, pour se venger de Bathilde, agaçait Mirza, qui se tenait sur sa porte, n'ayant pas jugé qu'il fît assez beau pour risquer ses pattes blanches dehors, Mirza, à qui l'habitude d'être gâtée avait fait un caractère fort irritable, s'était élancée sur M. Boniface et l'avait cruellement mordu au mollet.

C'est ce qui fait que le pauvre garçon, qui avait le cœur encore assez malade et la jambe assez mal guérie, avait si amicalement conseillé à d'Harmental de prendre garde à la coquetterie de Bathilde et de jeter une boulette à Mirza.

XXI.

JEUNES AMOURS.

La chambre de monsieur Boniface resta vacante pendant trois ou quatre mois, puis un jour Bathilde, qui s'était habituée à en voir la fenêtre fermée, en levant les yeux, trouva la fenêtre ouverte ; à cette fenêtre elle vit une figure inconnue. C'était celle de d'Harmental.

On voyait peu de figures comme celle du chevalier rue du Temps-Perdu. Aussi Bathilde, admirablement placée derrière ses rideaux pour voir sans être vue, y fit-elle aitention malgré elle. En effet il y avait dans les traits de notre héros une distinction et une finesse qui ne pouvaient échapper à l'œil d'une femme aussi distinguée que l'était elle-même Bathilde ; ensuite les habits du chevalier, tout simples qu'ils étaient, trahissaient dans celui qui les portait une élégance parfaite; enfin il avait donné quelques ordres, et ces ordres, prononcés assez haut pour que Bathilde les entendît, avaient été donnés avec cette inflexion de voix dominatrice qui indique dans celui qui la possède une habitude naturelle du commandement.

Quelque chose avait donc dit du premier coup à la jeune fille qu'elle avait sous les yeux un homme fort supérieur sous tous les rapports à celui auquel il succédait dans la possession de la petite chambre, et avec cet instinct si naturel aux gens comme il faut, elle l'avait reconnu tout d'abord pour être de race. Le même jour, le chevalier avait essayé son clavecin. Aux premiers sons de l'instrument, Bathilde avait levé la tête : le chevalier, quoiqu'il ignorât qu'il fût écouté, et peut-être même parce qu'il l'ignorait, s'était laissé aller à des préludes et à des fantaisies qui sentaient leur amateur de première force ; aussi, à ces sons qui semblaient éveiller toutes les cordes musicales de sa propre organisation, Bathilde s'était levée et s'était approchée de la fenêtre pour ne pas perdre une note, car c'était une chose inouïe rue du Temps-Perdu qu'une pareille distraction. C'était alors que d'Harmental avait aperçu contre ses vitres les charmans petits doigts de sa voisine, et les avait fait disparaître en se retournant avec tant de précipitation qu'il n'y avait pas eu de doute pour Bathilde qu'elle n'eût été vue à son tour.

Le lendemain, ce fut Bathilde qui pensa qu'il y avait bien longtemps qu'elle n'avait fait de la musique, et qui se mit à son clavecin ; elle commença en tremblant très fort, quoiqu'elle ignorât parfaitement ce qui pouvait la faire trembler. Mais comme, après tout, elle était excellente musicienne, le tremblement se passa bientôt, et ce fut alors qu'elle exécuta si brillamment ce morceau d'*Armide* qui fut écouté avec tant d'étonnement par le chevalier et l'abbé Brigaud.

Nous avons dit comment, le lendemain matin, le chevalier avait aperçu Buvat, et comment cette connaissance l'avait conduit à apprendre le nom de Bathilde, appelée par son tuteur sur la terrasse pour y jouir de la vue du jet d'eau en pleine activité. L'apparition de la jeune fille avait fait, on s'en souvient, sur le chevalier une impression d'autant plus profonde qu'il était loin de s'attendre, vu le quartier et l'étage, à une semblable vue, et il était encore sous le charme lorsque l'entrée du capitaine Roquefinette, auquel il avait donné rendez-vous, était venue imprimer une nouvelle direction à ses pensées, qui du reste étaient bientôt revenues à Bathilde.

Le lendemain, c'était Bathilde qui, profitant d'un premier rayon de soleil du printemps, était à son tour à la fenêtre : à son tour, elle avait vu les yeux du chevalier fixés ardemment sur elle : elle avait retrouvé cette figure pleine de jeunesse, à laquelle la pensée du projet qu'il avait entrepris donnait une certaine gravité triste ; or, tristesse et jeunesse vont si mal ensemble, que cette anomalie l'avait frappée : ce beau jeune homme avait donc un chagrin, puisqu'il était triste. Quel chagrin pouvait-il avoir ? On le voit, dès le second jour où elle l'avait aperçu, Bathilde avait été conduite tout naturellement à s'occuper du chevalier.

Cela n'avait point empêché Bathilde de fermer sa fenêtre ; mais, de derrière le rideau, elle avait vu la figure triste de d'Harmental se rembrunir encore. Alors elle avait compris instinctivement qu'elle venait de faire de la peine à ce beau jeune homme, et, sans savoir pourquoi elle s'était mise à son clavecin, n'est-ce point qu'elle se doutait que la musique était la plus habile consolatrice des peines du cœur ?

Le soir, d'Harmental à son tour s'était mis à son clavecin, et c'était Bathilde alors qui avait écouté avec toute son âme cette voix mélodieuse qui parlait d'amour au milieu de la nuit. Malheureusement pour le chevalier, qui, ayant vu se dessiner l'ombre de la jeune fille derrière ses rideaux, commençait à se douter qu'il renvoyait de l'autre côté de la rue les impressions éprouvées, il avait été interrompu au plus beau de son concert par son voisin du troisième. Mais cependant le plus fort était fait; il y avait un point de contact entre les deux jeunes gens, et déjà ils se parlaient cette langue du cœur, la plus dangereuse de toutes.

Aussi, le lendemain matin, Bathilde, qui avait rêvé toute la nuit à la musique et quelque peu au musicien, sentant qu'il se passait quelque chose d'étrange et d'inconnu en elle, si attirée qu'elle fût vers sa fenêtre, avait-elle tenu cette fenêtre scrupuleusement fermée. Il en était résulté chez le chevalier ce mouvement d'humeur sous l'impression duquel il était descendu chez madame Denis.

Là, il avait appris une grande nouvelle : c'est que Bathilde n'était ni la fille, ni la femme, ni la nièce de Buvat. Aussi était-il remonté tout joyeux, et, trouvant la fenêtre ouverte, s'était-il mis, malgré les avis charitables de Boniface, en communication immédiate avec Mirza, par le moyen corrupteur des morceaux de sucre. La rentrée inattendue de Bathilde avait interrompu cet exercice ; le chevalier, dans son égoïste délicatesse, avait refermé sa fenêtre ; mais avant que la fenêtre fût refermée, un salut avait été échangé entre les deux jeunes gens. C'était plus que Bathilde n'avait encore accordé à aucun homme, non pas qu'elle n'eût salué de temps en temps quelque connaissance de Buvat, mais c'était la première fois qu'elle rougissait en saluant.

Le lendemain, Bathilde avait vu le chevalier ouvrir sa fenêtre, et, sans qu'elle pût se rendre compte de son action, clouer un ruban ponceau au mur extérieur. Ce qu'elle avait remarqué surtout, c'était l'animation extraordinaire répandue sur la figure du chevalier. En effet, comme on se le rappelle, le ruban ponceau était un signal, et, en arborant ce signal, le chevalier faisait peut-être le premier pas vers l'échafaud. Une demi-heure après avait paru, derrière le chevalier, un personnage inconnu à Bathilde, mais dont l'apparition n'avait rien de rassurant : c'était le capitaine Roquefinette; aussi Bathilde avait-elle remarqué avec une certaine inquiétude qu'aussitôt que l'homme à la longue épée était entré, le chevalier avait vivement refermé sa croisée.

Le chevalier, comme on s'en doute bien, avait eu une longue conférence avec le capitaine, car il lui avait fallu régler tous les préparatifs de l'expédition du soir : la fenêtre du chevalier était donc restée si longtemps fermée que Bathilde, le croyant sorti, avait pensé pouvoir, sans inconvénient, ouvrir la sienne.

Mais à peine était-elle ouverte, que celle de son voisin, qui avait semblé n'attendre que ce moment pour se mettre en contact avec elle, s'ouvrit à son tour. Heureusement pour Bathilde, qui eût été fort embarrassée de cette coïncidence, elle était alors dans la partie de l'appartement où ne pouvaient plonger les regards du chevalier. Elle résolut donc d'y rester tant que les choses demeureraient dans ce même état, et s'établit près de la seconde croisée qui était fermée.

Mais Mirza, qui n'avait point les mêmes scrupules que sa maîtresse, aperçut à peine le chevalier qu'elle courut à la fenêtre et y appuya ses deux pattes de devant en sautant joyeusement sur ses pattes de derrière. Ces agaceries furent récompensées, comme on s'y attend bien, d'un premier, d'un second et d'un troisième morceau de sucre; mais ce troisième morceau de sucre, au grand étonnement de Bathilde, était enveloppé d'un morceau de papier.

Ce morceau de papier inquiéta plus Bathilde que Mirza, car Mirza, que les diablotins et les carrés de sucre de pomme avaient mise au courant de cette plaisanterie, eut bientôt, à l'aide de ses pattes, tiré le morceau de sucre de son enveloppe, et, comme elle faisait beaucoup de cas du contenu et fort peu du contenant, elle mangea le sucre, laissa le papier et courut à la fenêtre, mais il n'y avait plus de chevalier : satisfait sans doute de l'adresse de Mirza, il s'était renfermé chez lui.

Bathilde était fort embarrassée; elle avait vu du premier coup d'œil que ce papier renfermait trois ou quatre lignes d'écriture. Or, évidemment, de quelque amitié subite que son voisin se fût senti pris pour Mirza, ce n'était point à Mirza qu'il écrivait : la lettre était donc pour Bathilde.

Mais que faire de cette lettre? se lever et la déchirer, c'était certainement bien noble et bien digne; mais si aussi, comme à la rigueur la chose était possible, ce papier, qui avait servi d'enveloppe, était écrit depuis longtemps, l'acte de sévérité en question devenait bien ridicule; il indiquait, en outre, qu'on avait pensé que ce pouvait être une lettre, et, si ce n'en était pas une, une pareille pensée était bien étrange : Bathilde résolut donc de laisser les choses dans l'état où elles étaient. Le chevalier ne devait pas la croire chez elle puisqu'elle n'avait point paru ; il ne pouvait donc tirer aucune conséquence de ce que la lettre restait intacte, puisque la lettre restait à terre ; elle continua donc de travailler, ou plutôt de réfléchir, cachée derrière son rideau, comme probablement le chevalier était caché derrière le sien.

Au bout d'une heure d'attente, à peu près, pendant laquelle Bathilde, il faut l'avouer, passa bien trois quarts d'heure les yeux fixés sur la lettre, Nanette entra ; Bathilde, sans changer de place, lui ordonna de fermer la fenêtre. Nanette obéit, mais en revenant elle vit le papier.

— Qu'est-ce que c'est que cela ? demanda la bonne femme en se baissant pour le ramasser.

— Rien, répondit vivement Bathilde, oubliant que Nanette ne savait pas lire, quelque papier qui sera tombé de ma poche... puis, après une pause d'un instant et un effort visible sur elle-même, — et qu'il faut jeter au feu, ajouta-t-elle.

— Mais, cependant, si c'était un papier important, dit Nanette. Voyez au moins ce que c'est, notre demoiselle.

Et Nanette présenta à Bathilde le papier tout ouvert, et du côté de l'écriture.

La tentation était trop forte pour y résister. Bathilde jeta les yeux sur le papier, en affectant autant qu'il était en son pouvoir un air d'indifférence, et lut ce qui suit :

« On vous dit orpheline : je suis sans parens ; nous sommes donc frère et sœur devant Dieu. Ce soir je cours un grand danger ; mais j'espérerais en sortir sain et sauf, si ma sœur Bathilde voulait prier pour son frère Raoul. »

— Tu avais raison, dit Bathilde, d'une voix émue et en prenant le papier des mains de Nanette, ce papier est plus important que je ne croyais, et elle mit la lettre de d'Harmental dans la poche de son tablier.

Cinq minutes après, Nanette, qui était entrée comme elle entrait vingt fois par jour, sans motif, sortit de même qu'elle était entrée, et laissa Bathilde seule.

Bathilde n'avait jeté qu'un coup d'œil sur le papier, et il lui était resté comme un éblouissement. Aussitôt que Nanette eut refermé la porte, elle la rouvrit et le lut une seconde fois.

Il était impossible de dire plus de choses en moins de lignes; d'Harmental eût mis un jour entier à combiner chaque mot de ce billet, qu'il avait écrit d'inspiration, qu'il n'aurait pu le rédiger avec plus d'adresse. En effet, il établissait tout d'abord une parité de position qui devait rassurer l'orpheline sur une supériorité sociale quelconque; il intéressait Bathilde au sort de son voisin, qu'un danger menaçait, danger qui devait paraître d'autant plus grand à la jeune fille qu'il lui demeurait inconnu. Enfin, le mot de frère et sœur, si adroitement glissé à la fin, et pour demander à cette sœur une simple prière pour son frère, excluait de ces premières relations toute idée d'amour.

Aussi, si Bathilde se fût trouvée en face de d'Harmental en ce moment même, au lieu d'être embarrassée et rougissante comme une jeune fille qui vient de recevoir son premier billet d'amour, elle lui eût tendu la main, et lui eût dit en souriant : — Soyez tranquille, je prierai pour vous.

Mais ce qui était resté dans l'esprit de Bathilde, bien autrement dangereux que toutes les déclarations du monde, c'était l'idée de ce péril que courait son voisin. Par une espèce de pressentiment dont elle avait été frappée en lui voyant, d'un visage si différent de sa physionomie ordinaire, clouer à sa fenêtre ce ruban ponceau qu'il avait enlevé aussitôt l'entrée du capitaine, elle était à peu près sûre que ce danger se rattachait à ce nouveau personnage, qu'elle n'avait point aperçu encore. Mais de quelle façon ce danger se rattachait-il à lui ? de quelle nature était ce danger par lui-même ? C'est ce qu'il lui était impossible de comprendre. Son idée s'arrêtait bien à un duel ; mais pour un homme tel que paraissait le chevalier, un duel ne devait pas être un de ces dangers pour lesquels on réclame la prière d'une femme. D'ailleurs, l'heure indiquée n'était point de celles où les duels ont lieu d'habitude. Bathilde se perdait donc dans ses suppositions ; mais, tout en s'y perdant, elle pensait au chevalier, toujours au chevalier, rien qu'au chevalier ; et s'il avait calculé là-dessus, il faut le dire, son calcul était d'une justesse désespérante pour la pauvre Bathilde.

La journée se passa sans que Bathilde vît reparaître Raoul ; soit manœuvre stratégique, soit qu'il fût occupé ailleurs, sa fenêtre resta obstinément fermée. Aussi, lorsque Buvat rentra, selon son habitude, à quatre heures dix minutes, trouva-t-il la jeune fille si fort préoccupée que, quoique sa perspicacité ne fût pas grande en pareille matière, il lui demanda trois ou quatre fois ce qu'elle pouvait avoir : chaque fois Bathilde répondit par un de ces sourires qui faisaient que Buvat, quand elle souriait ainsi, ne pensait plus à rien qu'à la regarder ; il en résulta que, malgré ces interpellations réitérées, Bathilde garda sa préoccupation et son secret.

Après le dîner, le laquais de monsieur de Chaulieu entra : il venait prier Buvat de passer le soir même chez son maître, qui avait force poésies à lui donner à copier; l'abbé de Chaulieu était une des meilleures pratiques de Buvat, chez lequel il venait souvent lui-même, car il avait pris en grande affection Bathilde; le pauvre abbé devenait aveugle, mais cependant pas au point de ne pouvoir reconnaître et apprécier une jolie figure : il est vrai qu'il ne la voyait qu'à travers un nuage. Aussi, l'abbé Chaulieu avait-il dit à Bathilde dans sa galanterie sexagénaire, que la seule chose qui le consolât, c'est que c'était ainsi qu'on voyait les anges.

Buvat n'eut garde de manquer au rendez-vous, et Bathilde remercia au fond du cœur le bon abbé de ce qu'il lui ménageait ainsi, à elle, une soirée de solitude; elle savait que lorsque Buvat allait chez monsieur de Chaulieu, il y faisait ordinairement d'assez longues séances; elle espéra donc que, comme d'habitude, il y resterait tard. Pauvre Buvat! il sortit sans se douter que, pour la première fois, on désirait son absence.

Buvat était flâneur comme tout bourgeois de Paris doit l'être. D'un bout à l'autre du Palais-Royal, il guigna le long des boutiques, s'arrêtant pour la millième fois devant les même objets qui avaient l'habitude d'éveiller son admiration. En sortant de la galerie, il entendit chanter, et il vit un groupe d'hommes et de femmes; il s'y mêla et écouta les chansons. Au moment de la quête, il s'éloigna, non point qu'il eût mauvais cœur, non point qu'il eût l'intention de refuser à l'estimable instrumentiste la rétribution à laquelle il avait droit; mais par une vieille habitude, dont l'usage lui avait démontré l'excellence, il sortait toujours sans argent, de sorte que, par quelque chose qu'il fût tenté, il était sûr de ne pas succomber à la tentation. Or, ce soir-là, il était fort tenté de mettre un sou dans la sébile du musicien, mais comme il n'avait pas ce sou dans sa poche, force lui fut de s'éloigner.

Il s'achemina donc, comme nous l'avons vu, vers la barrière des Sergens, enfila la rue du Coq, traversa le Pont-Neuf, et redescendit le quai Conti jusqu'à la rue Mazarine; c'était rue Mazarine qu'habitait l'abbé de Chaulieu.

L'abbé de Chaulieu reçut Buvat, dont il avait, depuis deux ans qu'il le connaissait, apprécié les excellentes qualités, comme il avait l'habitude de le recevoir, c'est-à-dire qu'après force instances de sa part et force difficultés de la part de Buvat, il parvint à le faire asseoir près de lui devant une table chargée de papiers; il est vrai que Buvat s'assit tellement sur le bord de sa chaise, et établit l'angle de ses jarrets dans une disposition si parfaitement géométrique, qu'il était difficile de reconnaître d'abord s'il était debout ou assis; cependant peu à peu il s'enfonça sur sa chaise, il mit sa canne entre ses jambes, posa son chapeau à terre, et se trouva enfin assis à peu près comme tout le monde.

C'est qu'il ne s'agissait pas ce soir-là de faire une petite séance : il y avait sur la table trente ou quarante pièces de vers différentes, c'est-à-dire près d'un demi-volume de poésies à classer. L'abbé de Chaulieu commença par les appeler les unes après les autres et dans leur ordre, tandis qu'à mesure qu'il les appelait, Buvat leur imposait des numéros; puis, ce premier travail fini, comme le bon abbé ne pouvait plus écrire lui-même, et que c'était son petit laquais qui lui servait de secrétaire, et qui écrivait sous sa dictée, il passa avec Buvat à un autre genre de travail, c'est-à-dire à la correction métrique et orthographique de chaque pièce, que Buvat rétablissait dans toute son intégrité, à mesure que l'abbé la lui récitait par cœur. Or, comme l'abbé de Chaulieu ne s'ennuyait pas, et que Buvat n'avait pas le droit de s'ennuyer, il en résulta que la pendule sonna tout à coup onze heures quand tous les deux pensaient qu'il en était à peine neuf.

On en était justement à la dernière pièce ; Buvat se leva tout effrayé d'être forcé de rentrer chez lui à une pareille heure : c'était la première fois qu'une semblable chose lui arrivait ; il roula le manuscrit, l'attacha avec un ruban rose qui avait probablement servi de ceinture à mademoiselle Delaunay, le mit dans sa poche, prit sa canne, ramassa son chapeau, et quitta l'abbé de Chaulieu, abrégeant autant qu'il pouvait le congé qu'il prenait de lui. Pour comble de malheur, il n'y avait pas le moindre clair de lune, et le temps était couvert. Buvat regretta fort alors de n'avoir pas au moins deux sous dans sa poche pour traverser le bac qui se trouvait à cette époque où se trouve maintenant le pont des Arts ; mais nous avons à cet égard expliqué à nos lecteurs la théorie de Buvat, de sorte qu'il fut forcé de tourner, comme il l'avait fait en venant, par le quai Conti, le pont Neuf, la rue du Coq et la rue Saint-Honoré.

Tout avait bien été jusque-là, et à part la statue de Henri IV, dont Buvat avait oublié l'existence ou la situation, et qui lui fit une grande peur, la Samaritaine, qui, cinquante pas plus loin, se mit tout à coup, sans préparation aucune, à sonner la demie, et dont le bruit inattendu fit frissonner des pieds à la tête le pauvre attardé, Buvat n'avait couru aucun péril réel ; mais en arrivant à la rue des Bons-Enfans, tout changea de face : d'abord l'aspect de cette étroite et longue rue, éclairée dans toute son étendue par la lumière tremblante de deux lanternes seulement, n'était point rassurant ; puis elle avait pris ce soir-là, aux yeux effrayés de Buvat, une physionomie toute particulière. Buvat ne savait vraiment s'il était éveillé ou endormi, s'il faisait un songe ou s'il se trouvait en face de quelque vision fantastique de la sorcellerie flamande : tout lui semblait vivant dans cette rue ; les bornes se dressaient sur son passage, tous les enfoncemens de porte chuchotaient, des hommes traversaient comme des ombres d'un côté à l'autre ; enfin, arrivé à la hauteur du n° 24, il s'était, comme nous l'avons dit, arrêté tout court en face du chevalier et du capitaine. C'est alors que d'Harmental, le reconnaissant, l'avait protégé contre le premier mouvement de Roquefinette, en l'invitant à continuer son chemin aussi vite que possible : Buvat ne s'était point fait répéter l'invitation, il était parti en trottant sous lui, avait gagné la place des Victoires, la rue du Mail, la rue Montmartre, et enfin était arrivé à la maison n° 4 de la rue du Temps-Perdu, où cependant il ne s'était cru en sûreté que lorsqu'il avait vu la porte refermée et verrouillée derrière lui.

Là il s'était arrêté, avait soufflé un instant, tout en allumant à la veilleuse de l'allée sa bougie tortillée en queue de rat, puis il s'était mis à monter les degrés ; mais c'est alors qu'il avait senti dans ses jambes le contre-coup de l'événement, car ses jambes tremblaient tellement que ce ne fut qu'à grand'peine qu'il parvint en haut de l'escalier.

Quant à Bathilde, elle était restée seule, et de plus en plus inquiète à mesure que la soirée s'avançait. Jusqu'à sept heures, elle avait vu de la lumière dans la chambre de son voisin ; mais vers ce moment la lumière avait disparu, et les heures suivantes s'étaient écoulées sans que la chambre s'éclairât de nouveau. Alors le temps s'était divisé pour Bathilde en deux occupations : l'une qui consistait à rester debout à sa fenêtre pour voir si son voisin ne rentrait pas, l'autre à aller s'agenouiller devant le crucifix où elle faisait sa prière de tous les soirs. C'est ainsi qu'elle avait entendu successivement sonner neuf heures et dix heures, onze heures et onze heures et demie ; c'est ainsi qu'elle avait entendu s'éteindre les unes après les autres tous ces bruits de la rue, qui finissent par se fondre dans cette rumeur vague et sourde qui semble la respiration de la ville endormie, et cela, sans que rien vînt lui annoncer que le danger qui menaçait celui qui s'était donné le nom de son frère l'avait atteint ou s'était dissipé. Elle était donc dans sa chambre, sans lumière elle-même, pour que personne ne pût voir qu'elle veillait, agenouillée pour la dixième fois peut-être devant le crucifix, lorsque sa porte s'ouvrit et qu'elle aperçut, à la lueur de sa bougie, Buvat, si pâle et si effaré, qu'elle vit d'abord qu'il lui était arrivé quelque chose, et que se levant toute émue de la crainte qu'elle éprouvait pour un autre, elle s'élança vers lui en lui demandant ce qu'il avait. Mais ce n'était pas une chose facile que de faire parler Buvat dans l'état où il était ; l'ébranlement avait passé de son corps dans son esprit, et sa langue était aussi embarrassée que ses jambes étaient tremblantes.

Cependant, lorsque Buvat se fut assis dans son grand fauteuil, lorsqu'il eut passé son mouchoir sur son front en sueur, lorsqu'il se fut, en tressaillant et en se levant à demi, retourné deux ou trois fois vers la porte, pour voir si les terribles hôtes de la rue des Bons-Enfans ne le poursuivaient pas jusque chez sa pupille, il commença à négayer le récit de son aventure, et à raconter comment il avait été arrêté dans la rue des Bons-Enfans par une bande de voleurs, dont le lieutenant, homme féroce et de près de six pieds de haut, allait le mettre à mort, lorsque le capitaine était arrivé et lui avait sauvé la vie. Bathilde l'écouta avec une attention profonde, d'abord parce qu'elle aimait sincèrement son tuteur, et que l'état où elle le voyait attestait que sérieusement, à tort ou à raison, il avait été frappé d'une grande terreur, ensuite parce que rien de ce qui s'était passé dans cette nuit ne semblait lui devoir être indifférent : si étrange que fût cette idée, la pensée lui vint donc que le beau jeune homme n'était point étranger à la scène dans laquelle le pauvre Buvat venait de jouer un rôle, et elle lui demanda s'il avait eu le temps de voir le jeune capitaine qui était accouru à son aide et lui avait sauvé la vie. Buvat lui répondit qu'il l'avait vu face à face, comme il la voyait elle-même en ce moment, et que la preuve était que c'était un beau jeune homme de vingt-six ou vingt-huit ans, coiffé d'un grand feutre et enveloppé d'un large manteau; de plus, dans le mouvement qu'il avait fait en étendant la main pour le protéger, le manteau s'était ouvert et avait laissé voir, qu'outre son épée, il avait à la ceinture une paire de pistolets.

Ces détails étaient trop précis pour que Buvat pût être accusé d'être visionnaire. Aussi, toute préoccupée que Bathilde était que le danger du chevalier se rattachait à cet événement, elle n'en fut pas moins touchée de celui moins grand sans doute, mais réel cependant, qu'avait couru Buvat, et comme le repos est le remède souverain de toute secousse physique et morale, après avoir offert à Buvat le verre de vin au sucre qu'il se permettait dans les grandes occasions, et qu'il refusa cependant dans celle-ci, elle lui parla de son lit où, depuis deux heures, il aurait dû être. La secousse avait été assez violente pour que Buvat n'éprouvât aucune envie de dormir, et fût même bien convaincu qu'il dormirait assez mal de toute la nuit. Mais il réfléchit qu'en veillant il faisait veiller Bathilde; il la vit, le lendemain, les yeux rouges et le teint pâle, et avec son abnégation éternelle de lui, il répondit à Bathilde qu'elle avait raison, qu'il sentait que le sommeil lui ferait du bien, alluma son bougeoir, l'embrassa au front, et remonta dans sa chambre, non sans s'être arrêté deux ou trois fois sur l'escalier pour écouter s'il n'entendrait pas quelque bruit.

Restée seule, Bathilde suivit les pas de Buvat, qui passait de l'escalier dans sa chambre; puis elle entendit le grincement de la porte, qui se fermait à double tour. Alors, presque aussi tremblante que le pauvre écrivain, elle courut à la fenêtre, oubliant, dans son attente anxieuse, toute chose, même la prière.

Elle demeura ainsi encore une heure à peu près, mais sans que le temps eût conservé pour elle aucune mesure; puis tout à coup elle poussa un cri de joie. A travers les vitres que n'obstruait aucun rideau, elle venait de voir s'ouvrir la porte de son voisin, et d'Harmental paraissait sur le seuil une bougie à la main. Par un miracle de divination, Bathilde ne s'était pas trompée, l'homme au feutre et au manteau qui avait protégé Buvat, c'était bien le jeune homme inconnu, car le jeune homme inconnu avait un large feutre et un grand manteau. Bien plus, à peine fut-il rentré et eut-il refermé sa porte, avec presque autant de soin et de précaution que Buvat avait fait de la sienne, qu'il jeta son manteau sur une chaise; sous ce manteau, il avait un justaucorps de couleur sombre, et à sa ceinture une épée et des pistolets; il n'y avait donc plus de doute, c'était des pieds à la tête le signalement donné par Buvat. Bathilde put d'autant mieux s'en assurer que d'Harmental, sans rien déposer de tout ce formidable attirail, fit deux ou trois tours dans sa chambre, les bras croisés et réfléchissant profondément; puis il tira ses pistolets de sa ceinture, s'assura qu'ils étaient amorcés, et les déposa sur sa table de nuit, dégrafa son épée, la fit sortir à moitié du fourreau où il la repoussa, et la glissa sous son chevet ; puis, secouant la tête comme pour en chasser les idées sombres qui l'obsédaient, il s'approcha de la fenêtre, l'ouvrit et jeta un regard si profond sur celle de la jeune fille, que celle-ci, oubliant qu'elle ne pouvait être vue, fit un pas en arrière en laissant retomber le rideau devant elle, comme si l'obscurité dont elle était enveloppée ne suffisait pas pour la dérober à sa vue.

Elle resta ainsi dix minutes immobile, en silence et la main appuyée sur son cœur, comme pour en comprimer les battemens; puis elle écarta doucement le rideau, mais celui de son voisin était retombé, et elle ne vit plus que son ombre qui passait et repassait avec agitation derrière lui.

XXII.

LE CONSUL DUILIUS.

Le lendemain du jour ou plutôt de la nuit où les événemens que nous venons de raconter avaient eu lieu, le duc d'Orléans, qui était rentré au Palais-Royal sans accident, après avoir dormi toute la nuit comme à son ordinaire, passa dans son cabinet de travail à l'heure habituelle, c'est-à-dire vers les onze heures du matin. Grâce au caractère insoucieux dont la nature l'avait doué, et qu'il devait surtout à son grand courage, à son mépris pour le danger et à son insouciance de la mort, non-seulement il était impossible de remarquer aucun changement dans sa physionomie ordinairement calme et que l'ennui seul avait le privilége d'assombrir, mais encore, selon toute probabilité, il avait déjà, grâce au sommeil, oublié l'événement singulier dont il avait failli être victime.

Le cabinet dans lequel il venait d'entrer avait cela de remarquable que c'était à la fois celui d'un homme politique, d'un savant et d'un artiste. Ainsi, une grande table, couverte d'un tapis vert, chargée de papiers et enrichie d'encriers et de plumes, tenait bien le milieu de l'appartement, mais autour, sur des pupitres, sur des chevalets, sur des supports, étaient un opéra commencé, un dessin à moitié fait, une cornue aux trois quarts pleine. C'est que le régent, avec une mobilité d'esprit étrange, passait en un instant des combinaisons les plus profondes de la politique aux fantaisies les plus capricieuses du dessin, et des calculs les plus abstraits de la chimie aux inspirations les plus joyeuses ou les plus sombres de la musique ; c'est que le régent ne craignait rien tant que l'ennui, cet ennemi qu'il combattait sans cesse, sans jamais parvenir à le vaincre entièrement, et qui, repoussé ou par le travail, ou par l'étude, ou par le plaisir, se tenait toujours en vue, si l'on peut le dire, comme un de ces nuages de l'horizon sur lesquels, dans les plus beaux jours, le pilote ramène malgré lui les yeux. Aussi le régent n'était-il jamais une heure inoccupé, et tenait-il par conséquent à avoir toujours sous la main les distractions les plus opposées.

A peine entré dans son cabinet, où le conseil ne devait s'assembler que deux heures après, il s'était aussitôt acheminé vers un dessin commencé, qui représentait une scène de Daphnis et Chloé, dont il faisait faire les gravures par un des artistes les plus habiles de l'époque, nommé Audran, et s'était remis à l'ouvrage interrompu la surveille pour la fameuse partie de paume qui avait commencé par un coup de raquette et qui avait fini par le souper chez madame de Sabran. Mais à peine avait-il pris le crayon, qu'on vint lui dire que madame Élisabeth-Charlotte, sa mère, avait déjà fait demander deux fois s'il était visible. Le régent, qui avait le plus grand respect pour la princesse palatine, répondit que non-seulement il était visible, mais encore que si Madame était prête à le recevoir, il s'empresserait de passer chez elle. L'huissier sortit pour reporter la réponse du prince, et le prince, qui en était à certaines parties de son dessin, qu'il prisait fort en réalité, se remit à son travail avec toute l'application d'un artiste en verve. Un instant après, la porte se rouvrit; mais au lieu de l'huissier, qui devait venir rendre compte de son ambassade, ce fut Madame elle-même qui parut.

Madame, comme on le sait, femme de Philippe 1er, frère du roi, était venue en France après la mort si étrange et si inattendue de madame Henriette d'Angleterre, pour prendre la place de cette belle et gracieuse princesse, qui n'avait fait que passer, comme une blanche et pâle apparition. La comparaison, difficile à soutenir pour toute nouvelle arrivante, l'avait donc été bien davantage encore pour la pauvre princesse allemande, qui, s'il faut en croire le portrait qu'elle fait d'elle-même, avec ses petits yeux, son nez court et gros, ses lèvres longues et plates, ses joues pendantes et son grand visage, était loin d'être jolie. Malheureusement encore, la princesse palatine n'était point dédommagée des défauts de sa figure par la perfection de sa taille; elle était petite et grosse; elle avait le corps et les jambes courts, et les mains si affreuses, qu'elle avoue elle-même qu'il n'y en avait point de plus vilaines par toute la terre, et que c'est la seule chose de sa pauvre personne à laquelle le roi Louis XIV n'avait jamais pu s'habituer. Mais Louis XIV l'avait choisie non pas pour augmenter le nombre des beautés de sa cour, mais pour étendre ses prétentions au delà du Rhin. C'est que, par le mariage de son frère avec la princesse palatine, Louis XIV, qui s'était déjà donné des chances d'hérédité sur l'Espagne en épousant l'infante Marie-Thérèse, fille du roi Philippe IV, et sur l'Angleterre en mariant en premières noces Philippe Ier à la princesse Henriette, unique sœur de Charles II, acquérait de nouveau des droits éventuels sur la Bavière, et probables sur le Palatinat, en mariant Monsieur en secondes noces à la princesse Elisabeth-Charlotte, dont le frère, d'une santé délicate, pouvait mourir jeune et sans enfans.

Cette prévision s'était trouvée juste; l'électeur était mort sans postérité, et l'on peut voir dans les mémoires et les négociations pour la paix de Riswick comment, le moment arrivé, les plénipotentiaires français firent valoir et réussir ses prétentions.

Aussi Madame, au lieu d'être traitée, à la mort de son mari, comme le portait son contrat de mariage, c'est-à-dire, au lieu d'être forcée d'entrer dans un couvent ou de se retirer dans le vieux château de Montargis, fut-elle, malgré la haine de madame de Maintenon, qu'elle s'était attirée, maintenue par Louis XIV dans tous les titres et honneurs dont elle jouissait du vivant de Monsieur, et cela quoique le roi n'eût jamais oublié le soufflet aristocratique qu'elle avait donné au jeune duc de Chartres en pleine galerie de Versailles, lorsque celui-ci lui avait annoncé son mariage avec mademoiselle de Blois. En effet, la fière palatine, à cheval sur ses trente-deux quartiers paternels et maternels, regardait comme une grande et humiliante mésalliance que son fils épousât une femme que la légitimation royale ne pouvait empêcher d'être le fruit d'un double adultère ; et, dans le premier moment, incapable de maîtriser ses sentimens, elle s'était vengée par cette correction maternelle, un peu exagérée quand c'est un jeune homme de dix-huit ans qui en est l'objet, de l'affront imprimé à ses ancêtres dans la personne de ses descendans. Au reste, comme le jeune duc de Chartres consentait lui-même à ce mariage à contre-cœur, il comprit très bien l'humeur que sa mère avait éprouvée en l'apprenant, quoiqu'il eût préféré sans doute qu'elle la manifestât d'une manière un peu moins tudesque. Il en résulta que lorsque Monsieur mourut et que le duc de Chartres devint duc d'Orléans à son tour, sa mère, qui eût pu craindre que le soufflet de Versailles eût laissé quelque souvenir dans le nouveau maître du Palais-Royal, trouva au contraire en lui un fils plus respectueux que jamais. Ce respect ne fit d'ailleurs que s'augmenter, et, devenu régent, le fils fit à la mère une position égale à celle de sa femme. Il y avait plus : madame de Berry, sa fille bien-aimée, ayant demandé à son père une compagnie de gardes, à laquelle elle prétendait avoir droit, comme femme d'un dauphin de France, le régent ne la lui accorda qu'en donnant l'ordre en même temps qu'une compagnie pareille fît le service chez sa mère.

Madame était donc dans une haute position au château, et si, malgré cette position, elle n'avait aucune influence politique, c'est que le régent avait toujours eu pour principe de ne laisser prendre aux femmes aucune part aux affaires d'État. Peut-être même, ajoutons-le, Philippe II, régent de France, était-il encore plus réservé vis-à-vis de sa mère que vis-à-vis de ses maîtresses, car il savait les goûts épistolaires de celle-ci, et ne voulait pas que ses projets défrayassent la correspondance journalière que sa mère entretenait avec la princesse Wilhelmine-Charlotte de Galles et le duc Antoine-Ulric de Brunswick. En échange et pour la dédommager de cette retenue, il lui laissait le gouvernement intérieur de la maison de ses filles, que, grâce à sa grande paresse, madame la duchesse d'Orléans abandonnait sans difficulté à sa belle-mère. Mais sous ce rapport, la pauvre Palatine, s'il faut en croire les mémoires du temps, n'était point heureuse. Madame de Berry vivait publiquement avec Riom, et mademoiselle de Valois était secrètement la maîtresse de Richelieu, qui, sans que l'on sût de quelle façon et comme s'il eût eu l'anneau enchanté de Gygès, parvenait à s'introduire jusque dans ses appartemens, malgré les gardes qui veillaient aux portes, malgré les espions dont l'entourait le régent, et quoique lui-même se fût plus d'une fois caché jusque dans la chambre de sa fille pour y faire le guet. Quant à mademoiselle de Chartres, dont le caractère jusqu'alors avait pris un développement bien plus masculin que féminin, elle avait semblé, en se faisant pour ainsi dire homme elle-même, oublier que les hommes existassent, lorsque, quelques jours avant celui auquel nous sommes arrivés, se trouvant à l'Opéra et entendant son maître de musique, Cauchereau, beau et spirituel ténor de l'Académie royale, qui dans une scène d'amour filait un son d'une pureté parfaite et d'une expression des plus passionnées, la jeune princesse, emportée sans doute par un sentiment tout artistique, avait étendu les bras et s'était écriée tout haut : Ah! mon cher Cauchereau! Cette exclamation inattendue avait, comme on le pense bien, donné très fort à songer à la duchesse sa mère, qui avait aussitôt fait congédier le beau ténor, et prenant le dessus sur son apathique insouciance, s'était décidée à veiller elle-même désormais sur sa fille, qu'elle tenait très sévèrement depuis lors. Restaient la princesse Louise, qui fut plus tard reine d'Espagne, et mademoiselle Élisabeth, qui devint duchesse de Lorraine ; mais de celles-ci, l'on n'en parlait point, soit qu'elles fussent réellement sages, soit qu'elles sussent mieux contenir que leurs aînées les sentimens de leur cœur, ou les accens de leur passion.

Dès que le prince vit paraître sa mère, il se douta donc qu'il y avait encore quelque chose de nouveau dans le troupeau rebelle dont elle avait pris la direction, et qui lui donnait de si grands soucis ; mais comme aucune inquiétude ne pouvait lui faire oublier le respect qu'en public ou en particulier il témoignait toujours à Madame, il se leva en l'apercevant, alla droit à elle, et après l'avoir saluée, la prit par la main et la conduisit à un fauteuil, tandis que lui-même restait debout.

— Eh bien ! monsieur mon fils, dit Madame avec un accent allemand fortement prononcé, et lorsqu'elle se fut bien carrément assise dans son fauteuil, qu'est-ce que j'apprends encore, et quel événement a donc manqué vous arriver hier soir ?

— Hier soir ? dit le régent rappelant ses souvenirs et en l'interrogeant lui-même.

— Oui, reprit la palatine, hier soir, en sortant de chez madame Sabran !

— Oh ! n'est-ce que cela ? reprit le prince.

— Comment! n'est-ce que cela! Votre ami Simiane va disant partout qu'on a voulu vous enlever, et que vous n'avez échappé qu'en vous sauvant par-dessus les toits ; singulier chemin, vous en conviendrez, pour le régent du royaume, et où je doute que, quelque dévouement qu'ils aient pour vous, vos ministres consentent à aller tenir leur conseil !

— Simiane est un fou, ma mère, répondit le régent, ne pouvant s'empêcher de rire de ce que sa mère le grondait toujours comme s'il était un enfant. Ce n'étaient pas le moins du monde des gens qui me voulaient enlever, mais quelques bons compagnons qui, en sortant des cabarets de la barrière des Sergens, seront venus faire leur tapage rue des Bons-Enfans. Quant au chemin que nous avons suivi, ce n'était pas le moins du monde pour fuir que nous le prenions, mais bien pour gagner un pari que cet ivrogne de Simiane est furieux d'avoir perdu.

— Mon fils! mon fils! dit la palatine en secouant la tête, vous ne voulez jamais croire au danger, et cependant vous savez ce dont vos ennemis sont capables. Ceux qui calomnient l'âme ne se feraient pas grand scrupule, croyez-moi, de tuer le corps; et vous savez ce que la duchesse du Maine a dit : « Que le jour où elle verrait qu'il n'y avait décidément rien à faire de son bâtard de mari, elle vous demanderait une audience, et vous enfoncerait un couteau dans le cœur. »

— Bath ! ma mère, reprit le régent en riant, seriez-vous devenue assez bonne catholique pour ne plus croire à la prédestination? J'y crois, moi, vous le savez. Que voulez-vous donc que je me torture l'esprit pour éviter un danger ou qui n'existe pas, ou qui, s'il existe, à d'avance son résultat écrit sur le livre éternel? Non, ma mère, non, toutes ces précautions exagérées sont bonnes à assombrir la vie, et pas à autre chose. C'est aux tyrans de trembler; mais moi, moi qui suis, à ce que prétend Saint-Simon, l'homme le plus débonnaire qui ait existé depuis Louis le Débonnaire, que voulez-vous donc que j'aie à craindre ?

— Oh! mon Dieu! rien, mon cher fils, dit la palatine en prenant la main du prince, et en le regardant avec toute la tendresse maternelle que pouvaient contenir ses petits yeux; rien, si tout le monde vous connaissait comme moi, et vous savait si parfaitement bon que vous n'avez pas même la force de haïr vos ennemis; mais Henri IV, auquel malheureusement vous ressemblez un peu trop sous certains rapports, était bon aussi, et cependant il n'en a pas moins trouvé un Ravaillac. Hélas! *mein Gott!* continua la princesse, en entremêlant son jargon français d'une exclamation franchement allemande, ce sont les bons rois qu'on assassine; les tyrans prennent leurs précautions, et le poignard n'arrive pas jusqu'à eux. Vous ne devriez jamais sortir sans escorte. C'est vous, et non pas moi, mon fils, qui avez besoin d'un régiment de gardes.

— Ma mère, reprit en riant le régent, voulez-vous que je vous raconte une histoire ?

— Oui, sans doute, dit la princesse palatine, car vous racontez fort élégamment.

— Eh bien! vous saurez donc qu'il y avait à Rome, je ne me rappelle plus vers quelle année de la république, un consul fort brave, mais qui avait ce malheur, commun à Henri IV et à moi, de courir les rues la nuit. Il arriva que ce consul fut envoyé contre les Carthaginois, et qu'ayant inventé une machine de guerre appelée un corbeau, il gagna sur eux la première bataille navale que les Romains eussent remportée, si bien qu'il revint à Rome se faisant d'avance une fête du redoublement de bonnes fortunes que lui vaudrait sans doute son redoublement de réputation. Il ne se trompait pas : toute la population l'attendait hors des portes de la ville, afin de le conduire en triomphe au Capitole, où l'attendait de son côté le sénat.

Or, le sénat, en le voyant paraître, lui annonça qu'il venait, en récompense de sa victoire, de lui décerner un honneur qui devait éminemment flatter son amour-propre : c'est qu'il ne sortirait plus que précédé d'un musicien qui annoncerait à tous, en jouant de la flûte, que celui qui le suivait était le fameux Duilius, vainqueur des Carthaginois. Duilius, comme vous le comprenez bien, ma mère, fut au comble de la joie d'une pareille distinction ; il s'en revint chez lui, la tête haute et précédé de son flûteur, qui jouait tout son répertoire aux grandes acclamations de la multitude, laquelle, de son côté, criait à tue-tête : Vive Duilius ! vive le vainqueur des Carthaginois ! vive le sauveur de Rome ! C'était quelque chose de si enivrant que le pauvre consul faillit en perdre la tête, et deux fois dans la journée il sortit de chez lui, quoiqu'il n'eût rien à faire au monde par la ville, mais seulement pour jouir de la prérogative sénatoriale, et entendre cette musique triomphale et les cris qui l'accompagnaient. Cette occupation le conduisit jusqu'au soir dans un état de jubilation difficile à exprimer ; puis le soir vint. Le vainqueur avait une maîtresse qu'il aimait fort et qu'il lui tardait de revoir, une espèce de madame Sabran, sauf le mari qui s'avisait d'être jaloux, tandis que le nôtre, vous le savez, n'a pas ce ridicule.

Le consul se mit donc au bain, fit sa toilette, se parfuma de son mieux, et, onze heures arrivées à son horloge de sable, sortit sur la pointe du pied pour gagner la rue Suburrane ; mais il avait compté sans son hôte, ou plutôt sans son musicien. A peine eut-il fait quatre pas, que celui-ci, qui était attaché à son service le jour comme la nuit, s'élança de la borne sur laquelle il était assis, et, reconnaissant son consul, se mit à marcher devant lui en soufflant de toutes ses forces dans son instrument, si bien que ceux qui se promenaient encore par les rues se retournaient, que ceux qui étaient rentrés chez eux se mettaient à leur porte, et que ceux qui étaient couchés se levaient et ouvraient leur fenêtre, répétant en chœur : — Ah! ah! voici le consul Duilius qui passe! Vive Duilius! vive le vainqueur des Carthaginois! vive le sauveur de Rome! C'était fort flatteur, mais fort inopportun; aussi le consul voulait-il faire taire son instrumentiste; mais celui-ci déclara qu'il avait les ordres les plus précis du sénat pour ne point garder le silence un seul instant; qu'il avait dix mille sesterces par an pour souffler dans sa tibicine, et qu'il y soufflerait tant qu'il lui resterait une haleine.

Le consul, voyant qu'il était inutile de discuter avec un homme qui avait pour lui une ordonnance du sénat, se mit à courir, espérant échapper à son mélodieux compagnon; mais celui-ci régla son allure sur la sienne avec tant de précision, que tout ce qu'il y put gagner, ce fut d'être suivi de son musicien au lieu d'être précédé par lui. Il eut beau ruser comme un lièvre, prendre un grand parti comme un chevreuil, piquer droit comme un sanglier, le maudit flûteur ne perdit pas une seconde sa piste, de sorte que Rome tout entière, ne comprenant rien à cette course nocturne, mais, sachant seulement que c'était le triomphateur de la veille qui l'exécutait, descendit dans la rue, se mit à ses fenêtres et à ses portes, criant : Vive Duilius! vive le vainqueur des Carthaginois! vive le sauveur de Rome! Le pauvre grand homme avait une dernière espérance, c'est qu'au milieu de tout ce remue-ménage il trouverait la maison de sa maîtresse endormie, et qu'il pourrait se glisser par la porte qu'elle lui avait promis de tenir entr'ouverte. Mais point! La rumeur générale avait gagné la voie Suburrane, et, lorsqu'il arriva devant cette gracieuse et hospitalière maison, à la porte de laquelle il avait si souvent versé des parfums et suspendu des guirlandes, il trouva qu'elle était éveillée comme les autres, et vit à la fenêtre le mari qui, du plus loin qu'il l'aperçut, se mit à crier : — Vive Duilius! vive le vainqueur des Carthaginois! vive le sauveur de Rome! Le héros rentra chez lui désespéré.

Le lendemain, il pensait avoir meilleur marché de son musicien ; mais son espérance fut trompée. Il en fut de même du surlendemain et des jours suivans; de sorte que le consul, voyant qu'il lui était désormais impossible de garder son incognito, repartit pour la Sicile, où, de colère, il battit de nouveau les Carthaginois, mais cette fois si cruellement, que l'on crut que c'en était fini de toutes les guerres puniques passées et à venir, et que Rome entra dans une telle joie, qu'on en fit des réjouissances publiques pareilles à celles que l'on faisait pour l'anniversaire de la ville, et que l'on se proposa de faire au vainqueur un triomphe encore plus magnifique que le premier.

Quant au sénat, il s'assembla, afin de délibérer avant l'arrivée de Duilius sur la nouvelle récompense qui lui serait accordée.

On allait aux voix sur une statue publique, lorsqu'on entendit tout à coup de grands cris de joie et le son d'une tibicine. C'était le consul qui se dérobait au triomphe, grâce à la diligence qu'il avait faite, mais qui n'avait pu se dérober à la reconnaissance publique, grâce à son joueur de flûte. Se doutant qu'on lui préparait quelque chose de nouveau, il venait prendre part à la délibération. Il trouva, en effet, le sénat prêt à voter et la boule à la main. Alors, s'avançant à la tribune :

— Pères conscrits, dit-il, votre intention, n'est-ce pas, est de me voter une récompense qui me soit agréable ?

— Notre intention, répondit le président, est de faire de vous l'homme le plus heureux de la terre.

— Eh bien ! reprit Duilius, voulez-vous me permettre de vous demander la chose que je désire le plus ?

— Dites ! dites ! crièrent les sénateurs d'une seule voix.

— Et vous me l'accorderez ? continua Duilius avec toute la timidité du doute.

— Par Jupiter ! nous vous l'accorderons, répondit le président au nom de toute l'assemblée.

— Eh bien ! dit Duilius, pères conscrits, si vous croyez que j'ai bien mérité de la patrie, ôtez-moi, en récompense de cette seconde victoire, ce maraud de joueur de flûte que vous m'avez donné pour la première.

Le sénat trouva la demande étrange ; mais il était engagé par sa parole, et c'était l'époque où il n'y manquait pas encore. Le joueur de flûte eut en pension viagère la moitié de ses appointemens, vu le bon témoignage qui avait été rendu de lui, et le consul Duilius, enfin débarrassé de son musicien, retrouva incognito et sans bruit la porte de cette petite maison de la rue Suburrane, qu'une victoire lui avait fermée et qu'une victoire lui avait rouverte.

— Eh bien ! demanda la palatine, quel rapport a cette histoire avec la peur que j'ai de vous voir assassiné ?

— Quel rapport, ma mère ? dit en riant le prince ; c'est que si, pour un seul musicien qu'avait le consul Duilius, il lui arriva un pareil désappointement, jugez donc de ce qui m'arriverait à moi avec mon régiment de gardes!

— Ah! Philippe! Philippe! reprit la princesse en riant et en soupirant à la fois, traiterez-vous toujours si légèrement les choses sérieuses?

— Non point, ma mère, dit le régent, et la preuve, c'est que, comme je présume que vous n'êtes pas venue ici dans la seule intention de me faire de la morale sur mes courses nocturnes, et que c'était pour me parler d'affaires, je suis prêt à vous écouter et à vous répondre sérieusement sur le sujet de votre visite.

— Oui, vous avez raison, dit la princesse, j'étais en effet venue pour autre chose; j'étais venue pour vous parler de mademoiselle de Chartres.

— Ah! oui, de votre favorite, ma mère; car, vous avez beau le nier, Louise est votre favorite. Ne serait-ce point parce qu'elle n'aime guère ses oncles que vous n'aimez pas du tout?

— Non, ce n'est point cela, quoique j'avoue qu'il m'est assez agréable de voir qu'elle est de mon avis sur la bonne opinion que j'ai des bâtards; mais c'est qu'à la beauté près qu'elle a et que je n'avais pas, elle est exactement ce que j'étais à son âge, ayant de vrais goûts de garçon, aimant les chiens, les chevaux et les cavalcades, maniant la poudre comme un artilleur, et faisant des fusées comme un artificier. Eh bien! devinez ce qui nous arrive avec elle!

— Elle veut s'engager dans les gardes françaises?

— Non pas, elle veut se faire religieuse!

— Religieuse, Louise! Impossible, ma mère! C'est quelque plaisanterie de ses folles de sœurs.

— Non point, monsieur, reprit la palatine, il n'y a rien de plaisant dans tout cela, je vous jure.

— Et comment diable cette belle rage claustrale lui a-t-elle pris? demanda le régent, commençant à croire à la vérité de ce que lui disait sa mère, habitué qu'il était à vivre dans une époque où les choses les plus extravagantes étaient toujours les plus probables.

— Comment cela lui a pris? continua Madame ; demandez à Dieu ou au diable, car il n'y a que l'un ou l'autre des deux qui le puisse savoir. Avant-hier, elle avait passé la journée avec sa sœur, montant à cheval, tirant au pistolet, riant et se divertissant si fort, que jamais je ne l'avais vue dans une telle gaieté, quand le soir madame d'Orléans me fit prier de passer dans son cabinet. Là, je trouvai mademoiselle de Chartres qui était aux genoux de sa mère et qui la priait tout en larmes de la laisser aller faire ses dévotions à l'abbaye de Chelles. Sa mère se retourna alors de mon côté et me dit :

— Que pensez-vous de cette demande, Madame?

— Je pense, répondis-je, que l'on fait également bien ses dévotions partout, que le lieu n'y fait rien, et que tout dépend de l'épreuve et de la préparation. Mais en entendant mes paroles, mademoiselle de Chartres redoubla de prières, et cela avec tant d'instances que je dis à sa mère : « Voyez, ma fille, c'est à vous de décider. — Dame ! répondit la duchesse, on ne saurait cependant empêcher cette pauvre enfant de faire ses dévotions. — Qu'elle y aille donc, repris-je, et Dieu veuille qu'elle y aille dans cette intention ! — Je vous jure, madame, dit alors mademoiselle de Chartres, que j'y vais bien pour Dieu seul et qu'aucune idée mondaine ne m'y conduit. » Alors elle nous embrassa, et hier matin à sept heures elle est partie.

— Eh bien ! je sais tout cela, puisque c'est moi qui devais l'y conduire, répondit le régent. Il est donc arrivé quelque chose depuis ?

— Il est arrivé, reprit madame, qu'elle a renvoyé hier soir la voiture en chargeant le cocher de nous remettre une lettre adressée à vous, à sa mère et à moi, dans laquelle elle nous déclare que, trouvant dans ce cloître la tranquillité et la paix qu'elle n'espérait pas rencontrer dans le monde, elle n'en veut plus sortir.

— Et que dit sa mère de cette belle résolution ? demanda le régent en prenant la lettre.

— Sa mère ? reprit Madame, sa mère en est fort contente, je crois, si vous voulez que je vous dise mon opinion ; car elle aime les couvens, et elle regarde comme un grand bonheur pour sa fille de se faire religieuse ; mais moi, je dis qu'il n'y a pas de bonheur là où il n'y a pas de vocation.

Le régent lut et relut la lettre comme pour deviner, dans cette simple manifestation du désir exprimé par mademoiselle de Chartres de rester à Chelles, les causes secrètes qui avaient fait naître ce désir ; puis après un instant de méditation aussi profonde que s'il se fût agi du sort d'un empire :

— Il y a là-dessous quelque dépit d'amour, dit-il. Est-ce qu'à votre connaissance, ma mère, Louise aimerait quelqu'un ?

Madame raconta alors au régent l'aventure de l'Opéra, et l'exclamation échappée de la bouche de la princesse dans son enthousiasme pour le beau ténor.

— Diable ! diable ! dit le régent. Et qu'avez-vous fait, la duchesse d'Orléans et vous, dans votre conseil maternel ?

— Nous avons mis Cauchereau à la porte, et interdit

l'Opéra à mademoiselle de Chartres. Nous ne pouvions pas faire moins.

— Eh bien ! reprit le régent, il n'y a pas besoin d'aller chercher plus loin : tout est là ; il faut la guérir au plus tôt de cette fantaisie.

— Et qu'allez-vous faire pour cela, mon fils ?

— J'irai aujourd'hui même à l'abbaye de Chelles, j'interrogerai Louise ; si la chose n'est qu'un caprice, je laisserai au caprice le temps de se passer. Elle a un an pour faire ses vœux ; j'aurai l'air d'adopter sa vocation, et au moment de prendre le voile, c'est elle qui viendra nous prier la première de la tirer de l'embarras où elle se sera mise. Si la chose est grave, au contraire, alors ce sera bien différent.

— Mon Dieu ! mon fils, dit Madame en se levant, songez que le pauvre Cauchereau n'est probablement pour rien là dedans, et qu'il ignore peut-être lui-même la passion qu'il a inspirée.

— Tranquillisez-vous, ma mère, répondit le prince en riant de l'interprétation tragique qu'avec ses idées d'outre-Rhin la palatine avait donnée à ces paroles ; je ne renouvellerai pas la lamentable histoire des amans du Paraclet ; la voix de Cauchereau ne perdra ni ne gagnera une seule note dans toute cette aventure, et l'on ne traite pas une princesse du sang par les mêmes moyens qu'une petite bourgeoise.

— Mais d'un autre côté, dit Madame presque aussi effrayée de l'indulgence réelle du duc qu'elle l'avait été de sa sévérité apparente, pas de faiblesse non plus !

— Ma mère, dit le régent, à la rigueur, si elle doit tromper quelqu'un, j'aimerais mieux encore que ce fût son mari que Dieu.

Et, baisant avec respect la main de sa mère, il conduisit vers la porte la pauvre princesse palatine, toute scandalisée de cette facilité de mœurs, au milieu de laquelle elle mourut sans jamais avoir pu s'y habituer. Puis la princesse étant sortie, le duc d'Orléans alla se rasseoir devant son dessin en chantonnant un air de son opéra de *Panthée*, qu'il avait fait en collaboration avec Lafare.

En traversant l'antichambre, Madame vit venir à elle un petit homme perdu dans de grandes bottes de voyage, et dont la tête était enfouie dans l'immense collet d'une redingote doublée de fourrure. Arrivé à sa portée, il sortit du milieu de son surtout une petite tête au nez pointu, aux yeux railleurs, et à la physionomie tenant à la fois de la fouine et du renard.

— Ah! ah! dit la palatine, c'est toi, l'abbé!

— Moi-même, Votre Altesse, et qui viens de sauver la France, rien que cela!

— Oui, répondit la palatine, j'ai entendu quelque chose d'approchant, et encore qu'on se servait de poisons dans certaines maladies. Tu dois savoir cela, Dubois, toi qui es fils d'un apothicaire.

— Madame, répondit Dubois, avec son insolence ordinaire, peut-être l'ai-je su, mais je l'ai oublié. Comme Votre Altesse le sait, j'ai quitté fort jeune les drogues de monsieur mon père pour faire l'éducation de monsieur votre fils.

— N'importe, n'importe, Dubois, dit la palatine en riant, je suis contente de ton zèle, et s'il se présente une ambassade en Chine ou en Perse, je la demanderai pour toi au régent.

— Et pourquoi pas dans la lune ou dans le soleil? reprit

Dubois; vous seriez encore plus sûre de ne pas m'en voir revenir.

Et saluant cavalièrement Madame, après cette réponse, sans attendre qu'elle le congédiât, comme l'étiquette l'eût ordonné, il tourna sur ses talons et entra sans même se faire annoncer dans le cabinet du régent.

XXIII.

L'ABBÉ DUBOIS.

Tout le monde sait les commencemens de l'abbé Dubois; nous ne nous étendrons donc pas sur la biographie de ses jeunes années, que l'on trouvera dans tous les mémoires du temps, et particulièrement dans ceux de l'implacable Saint-Simon.

Dubois n'a point été calomnié : c'était chose impossible; seulement on a dit de lui tout le mal qu'il méritait, et l'on n'a pas dit tout le bien qu'on pouvait en dire. Il y avait dans ses antécédens et dans ceux d'Alberoni, son rival, une grande similitude; mais, il faut le dire, le génie était pour Dubois, et dans cette longue lutte avec l'Espagne, que la nature de notre sujet nous force d'indiquer seulement, tout l'avantage fut au fils de l'apothicaire contre le fils du jardinier. Dubois précédait Figaro, auquel il a peut-être servi de type; mais, plus heureux que lui, il était passé de l'office au salon et du salon à la salle du trône.

Tous ses avancemens successifs avaient payé non-seulement des services particuliers, mais aussi des services pubiles : c'était un de ces hommes qui, pour nous servir de l'expression de monsieur de Talleyrand, ne parviennent pas, mais qui arrivent.

Sa dernière négociation était son chef-d'œuvre : c'était plus que la ratification du traité d'Utrecht, c'était un traité plus avantageux encore pour la France. L'empereur non-seulement renonçait à tous ses droits sur la couronne d'Espagne, comme Philippe V avait renoncé à tous ses droits sur la couronne de France, mais encore il entrait, avec l'Angleterre et la Hollande, dans la ligue formée à la fois contre l'Espagne au midi, et contre la Suède et la Russie au nord.

La division des cinq ou six grands Etats de l'Europe était établie par ce traité sur une base si juste et si solide, qu'après cent vingt ans de guerres, de révolutions et de bouleversemens, tous ces Etats, moins l'Empire, se retrouvent aujourd'hui à peu près dans la même situation où ils étaient alors.

De son côté, le régent, peu rigoriste de sa nature, aimait cet homme qui avait fait son éducation, et dont il avait fait la fortune. Le régent appréciait dans Dubois les qualités qu'il avait, et n'osait blâmer trop fort quelques vices dont il n'était pas exempt. Cependant, il y avait entre le régent et Dubois un abîme : les vices et les vertus du régent étaient ceux d'un grand seigneur, les qualités et les défauts de Dubois étaient ceux d'un laquais. Aussi le régent avait-il beau lui dire, à chaque faveur nouvelle qu'il lui accordait :

— Dubois, Dubois, fais-y bien attention : ce n'est qu'un habit de livrée que je te mets sur le dos!

Dubois, qui s'inquiétait du don et non point de la manière dont il était fait, lui répondait avec cette grimace de singe et ce brodouillement de cuistre qui n'appartenaient qu'à lui.

— Je suis votre valet, monseigneur; habillez-moi toujours de même.

Au reste, Dubois aimait fort le régent et lui était on ne peut plus dévoué. Il sentait bien que cette main puissante le soutenait seule au-dessus du cloaque dont il était sorti, et dans lequel, haï et méprisé comme il l'était de tous, un signe du maître pouvait le faire retomber. Il veillait donc avec un intérêt tout personnel sur les haines et sur les complots qui pouvaient atteindre le prince, et plus d'une fois, à l'aide d'une contre-police souvent mieux servie que celle du lieutenant général et qui s'étendait, par madame de Tencin, aux plus hauts degrés de l'aristocratie, et par la Fillon, aux plus bas étages de la société, il avait déjoué des conspirations dont messire Voyer d'Argenson n'avait pas même entendu souffler mot.

Aussi le régent, qui appréciait les offices de tous genres que Dubois lui avait rendus et pouvait lui rendre encore, reçut-il l'abbé ambassadeur les bras ouverts. Dès qu'il le vit paraître, il se leva, et au contraire des princes ordinaires qui, pour diminuer la récompense, déprécient les services :

— Dubois, lui dit-il joyeusement, tu es mon meilleur ami, et le traité de la quadruple alliance sera plus profitable au roi Louis XV que toutes les victoires de son aïeul Louis XIV.

— A la bonne heure ! dit Dubois, et vous me rendez justice, vous, monseigneur; mais malheureusement il n'en est pas de même de tout le monde.

— Ah ! ah ! dit le régent, aurais-tu rencontré ma mère ? elle sort d'ici.

— Justement, et elle était presque tentée d'y rentrer pour vous demander, vu la bonne réussite de mon ambassade, de m'en accorder une autre en Chine ou en Perse.

— Que veux-tu? mon pauvre abbé, reprit en riant le prince, ma mère est pleine de préjugés, et elle ne te pardonnera jamais d'avoir fait de son fils un pareil élève. Mais tranquillise-toi, l'abbé, j'ai besoin de toi ici.

— Et comment se porte Sa Majesté? demanda Dubois, avec un sourire plein d'une détestable espérance. Il était bien malingre au moment de mon départ!

— Bien, l'abbé, très bien, répondit gravement le prince. Dieu nous le conservera, je l'espère, pour le bonheur de la France et pour la honte de nos calomniateurs.

— Et monseigneur le voit, comme d'habitude, tous les jours?

— Je l'ai encore vu hier, et lui ai même parlé de toi.

— Bah! et que lui avez-vous dit?

— Je lui ai dit que tu venais d'assurer probablement la tranquillité de son règne.

— Et qu'a répondu le roi?

— Ce qu'il a répondu? Il a répondu, mon cher, qu'il ne croyait pas les abbés si utiles.

— Sa Majesté est pleine d'esprit! Et le vieux Villeroy était là sans doute?

— Comme toujours.

— Il faudra quelque beau matin, avec la permission de Votre Altesse, que j'envoie ce vieux drôle voir à l'autre bout de la France si j'y suis. Il commence à me lasser pour vous, avec son insolence!

— Laisse faire, Dubois, laisse faire; toute chose viendra en son temps.

— Même mon archevêché?

— A propos, qu'est-ce que cette nouvelle folie?

— Nouvelle folie, monseigneur? Sur ma parole! rien n'est plus sérieux.

— Comment! cette lettre du roi d'Angleterre qui me demande un archevêché pour toi...

— Votre Altesse n'en a-t-elle point reconnu le style?

— C'est toi qui l'as dictée, maraud!

— A Néricault Destouches, qui l'a fait signer au roi.

— Et le roi l'a signée comme cela, sans rien dire?

— Si fait! « Comment voulez-vous, a-t-il dit à notre poëte, qu'un prince protestant se mêle de faire un archevêque en France? Le régent lira ma recommandation, en rira et n'en fera rien. — Oui bien, Sire, a répondu Destouches, qui a, ma foi! plus d'esprit qu'il n'en met dans ses pièces, le régent en rira, mais après en avoir ri, il fera ce que lui demandera Votre Majesté. »

— Destouches en a menti!

— Destouches n'a jamais dit si vrai, monseigneur.

— Toi, archevêque! Le roi Georges mériterait qu'en revanche, je lui désignasse quelque maraud de ton espèce pour l'archevêché d'York, lorsqu'il viendra à vaquer.

— Je vous mets au défi de trouver mon pareil. Je ne connais qu'un homme...

— Et quel est-il? Je serais curieux de le connaître, moi.

— Oh! c'est inutile; il est déjà placé, et, comme sa place est bonne, il ne la changerait pas pour tous les archevêchés du monde.

— Insolent!

— A qui donc en avez-vous, monseigneur?

— Un drôle qui veut être archevêque et qui n'a seulement pas fait sa première communion.

— Eh bien! je n'en serai que mieux préparé.

— Mais le sous-diaconat, le diaconat, la prêtrise?

— Bah! nous trouverons bien quelque dépêcheur de messes, quelque frère Jean des Entomeures qui me donnera tout cela en une heure.

— Je te mets au défi de le trouver.

— C'est déjà fait.

— Et quel est celui-là?

— Votre premier aumônier, l'évêque de Nantes, Tressan.

— Le drôle a réponse à tout! Mais ton mariage?

— Mon mariage?

— Oui, madame Dubois!

— Madame Dubois? Je ne connais pas cela!

— Comment, malheureux! L'aurais-tu assassinée?

— Monseigneur oublie qu'il n'y a pas plus de trois jours encore qu'il a ordonnancé le quartier de pension qu'elle touche sur sa cassette.

— Et si elle vient mettre opposition à ton archevêché?

— Je l'en défie! elle n'a pas de preuves.

— Elle peut se faire donner une copie de ton acte de mariage.

— Il n'y a pas de copie sans original.

— Et l'original?

— En voici les restes, dit Dubois en tirant de son portefeuille un petit papier qui contenait une pincée de cendres.

— Comment! misérable! et tu n'as pas peur que je t'envoie aux galères?

— Si le cœur vous en dit, le moment est bon, car j'entends la voix du lieutenant de police dans votre antichambre.

— Qui l'a fait demander?

— Moi.

— Pourquoi faire?

— Pour lui laver la tête.

— A quel sujet ?

— Vous allez le savoir. Ainsi, c'est convenu, me voilà archevêque.

— Et as-tu déjà fait ton choix pour un archevêché

— Oui, je prends Cambrai.

— Peste ! tu n'es pas dégoûté !

— Oh ! mon Dieu ! ce n'est pas pour ce qu'il rapporte, c'est pour l'honneur de succéder à Fénélon.

— Et cela nous vaudra sans doute un nouveau *Télémaque?*

— Oui, si Votre Altesse me trouve une seule Pénélope par tout le royaume.

— A propos de Pénélope, tu sais que madame de Sabran...

— Je sais tout.

— Ah çà ! l'abbé, ta police est donc toujours aussi bien faite ?

— Vous allez en juger.

Dubois étendit la main vers un cordon de sonnette ; la cloche retentit, un huissier parut.

— Faites entrer monsieur le lieutenant général, dit Dubois.

— Mais, dis donc, l'abbé, reprit le régent, il me semble que c'est toi qui ordonnes maintenant ici?

— C'est pour votre bien, monseigneur ; laissez-moi faire.

— Fais donc, dit le régent ; il faut avoir de l'indulgence pour les nouveaux arrivans.

Messire Voyer d'Argenson entra. C'était l'égal de Dubois pour la laideur ; seulement sa laideur, à lui, offrait un type tout opposé : il était gros, grand, lourd, portait une immense perruque, avait de gros sourcils hérissés, et ne manquait jamais d'être pris pour le diable par les enfans qui le voyaient pour la première fois. Du reste, souple, actif, habile, intrigant, et faisant assez consciencieusement son office quand il n'était pas détourné de ses devoirs nocturnes par quelque galante préoccupation.

— Monsieur le lieutenant général, dit Dubois sans même laisser à d'Argenson le temps d'achever son salut, voici monseigneur qui n'a pas de secrets pour moi, et qui vient de vous envoyer chercher pour que vous me disiez sous quel costume il est sorti hier soir, dans quelle maison il a passé la nuit, et ce qui lui est arrivé en sortant de cette maison. Si je n'arrivais pas à l'instant même de Londres, je ne vous ferais pas toutes ces questions; mais vous comprenez que, comme je courais la poste sur la route de Calais, je ne puis rien savoir.

— Mais, répondit d'Argenson, présumant que toutes ces questions cachaient quelque piége, s'est-il donc passé quelque chose d'extraordinaire hier soir? Quant à moi, je dois avouer que je n'ai reçu aucun rapport. En tout cas, je l'espère, il n'est arrivé aucun accident à monseigneur?

— Oh! mon Dieu! non, aucun. Seulement monseigneur, qui était sorti hier à huit heures du soir, en garde française, pour aller souper chez madame de Sabran, a manqué d'être enlevé en sortant de chez elle.

— Enlevé! s'écria d'Argenson en pâlissant, tandis que de son côté le régent poussait une exclamation d'étonnement. Enlevé! et par qui?

— Ah! dit Dubois, voilà ce que nous ignorons et ce que vous devriez savoir, vous, monsieur le lieutenant général, si, au lieu de faire la police cette nuit, vous n'aviez pas été passer votre temps au couvent de la Madeleine de Traisnel.

— Comment, d'Argenson! dit le régent en éclatant de

rire, vous, un grave magistrat, vous donnez de pareils exemples! Ah! soyez tranquille, je vous recevrai bien maintenant si vous venez, comme vous l'avez déjà fait du temps du feu roi, m'apporter au bout de l'année le journal de mes faits et gestes.

— Monseigneur, reprit en balbutiant le lieutenant général, j'espère que Votre Altesse ne croit pas un mot de ce que lui dit monsieur l'abbé Dubois.

— Hé quoi! malheureux, au lieu de vous humilier de votre ignorance, vous me donnez un démenti! Monseigneur, je veux vous conduire au sérail de d'Argenson : une abbesse de vingt-six ans et des novices de quinze ; un boudoir en étoffe des Indes ravissant et des cellules tendues en toile peinte! Oh! monsieur le lieutenant de police fait bien les choses, et un quinze pour cent de la loterie y a passé.

Le régent se tenait les côtes en voyant la figure bouleversée de d'Argenson.

— Mais, reprit le lieutenant de police, en essayant de ramener la conversation sur celui des deux sujets qui, tout en étant le plus humiliant pour lui, était cependant le moins désagréable, il n'y a pas grand mérite à vous, monsieur l'abbé, à connaître les détails d'un événement que monseigneur vous a sans doute raconté.

— Sur mon honneur! d'Argenson, s'écria le régent, je ne lui en ai pas dit une parole.

— Laissez donc, monsieur le lieutenant! Est-ce que c'est monseigneur aussi qui m'a raconté l'histoire de cette novice des hospitalières du faubourg Saint-Marceau que vous avez failli enlever par-dessus les murailles de son couvent? Est-ce que c'est monseigneur qui m'a parlé de cette maison que vous avez fait bâtir, sous un faux nom, mitoyennement avec les murs du couvent de la Madeleine, ce qui fait que vous y pouvez entrer à toute heure, par une porte cachée dans une armoire, et qui donne dans la sacristie de la chapelle du bienheureux saint Marc, votre patron ? Enfin, est-ce encore monseigneur qui m'a dit qu'hier Votre Grandeur avait passé la soirée à se faire gratter la plante des pieds, et à se faire lire, par les épouses du Seigneur, les placets qu'elle avait reçus dans la journée ? Mais non, tout cela, mon cher lieutenant, c'est l'enfance de l'art, et celui qui ne saurait que cela ne serait pas digne, je l'espère bien, de dénouer les cordons de vos souliers.

— Écoutez, monsieur l'abbé, répondit le lieutenant de police en reprenant son ton sérieux; si tout ce que vous m'avez dit sur monseigneur est vrai, la chose est grave, et je suis dans mon tort de ne pas la savoir, quand un autre la sait; mais il n'y a pas de temps perdu : nous connaîtrons les coupables, et nous les punirons comme ils le méritent.

— Mais, dit le régent, il ne faut pas non plus attacher trop d'importance à cela : ce sont sans doute quelques officiers ivres qui croyaient faire une plaisanterie à un de leurs camarades.

— C'est une belle et bonne conspiration, monseigneur, reprit Dubois, et qui part de l'ambassade d'Espagne, en passant par l'Arsenal, pour arriver au Palais-Royal.

— Encore, Dubois !

— Toujours, monseigneur.

— Et vous, d'Argenson, quelle est votre opinion là-dessus ?

— Que vos ennemis sont capables de tout, monseigneur; mais nous déjouerons leurs complots quels qu'ils soient, je vous en donne ma parole !

En ce moment, la porte s'ouvrit, et l'huissier de service annonça Son Altesse monseigneur le duc du Maine, qui venait pour le conseil, et qui, en sa qualité de prince du sang, avait le privilége de ne point attendre. Il s'avança de cet air timide et inquiet qui lui était naturel, jetant un regard oblique sur les trois personnes en face desquelles il se trouvait, comme pour pénétrer de quelle chose on s'occupait au moment de son arrivée. Le régent comprit sa pensée.

— Soyez le bienvenu, mon cousin, lui dit-il. — Tenez, voici deux méchans sujets que vous connaissez, et qui m'assuraient à l'instant même que vous conspiriez contre moi.

Le duc du Maine devint pâle comme la mort, et, sentant les jambes lui manquer, s'appuya sur la canne en forme de béquille qu'il portait habituellement.

— Et j'espère, monseigneur, répondit-il d'une voix à laquelle il essayait vainement de rendre sa fermeté, que vous n'avez pas ajouté foi à une pareille calomnie?

— Oh! mon Dieu, non, répondit négligemment le régent. Mais, que voulez-vous? j'ai affaire à deux entêtés qui prétendent qu'ils vous prendront un jour sur le fait. Je n'en crois rien; mais comme je suis beau joueur, à tout hasard je vous en préviens. Mettez-vous donc en garde contre eux, car ce sont de fins compères, je vous en réponds!

Le duc du Maine desserrait les dents pour répondre quelque excuse banale, lorsque la porte s'ouvrit de nouveau et que l'huissier annonça successivement monsieur le duc de Bourbon, monsieur le prince de Conti, monsieur le duc de Saint-Simon, monsieur le duc de Guiche, capitaine des gardes, monsieur le duc de Noailles, président du conseil des finances, monsieur le duc d'Antin, surintendant des bâtimens, le maréchal d'Uxelles, président des affaires étrangères, l'évêque de Troyes, le marquis de Lavrillière, le marquis d'Effiat, le duc de Laforce, le marquis de Torcy, et les maréchaux de Villeroy, d'Estrées, de Villars et de Bezons.

Comme ces graves personnages étaient convoqués pour examiner le traité de la quadruple alliance, rapporté de Londres par Dubois, et que le traité de la quadruple alliance ne figure que très secondairement dans l'histoire que nous nous sommes engagé à raconter, nos lecteurs trouveront bon que nous quittions le somptueux cabinet du Palais-Royal pour les ramener dans la pauvre mansarde de la rue du Temps-Perdu.

XXIV.

LA CONJURATION SE RENOUE.

D'Harmental, après avoir posé son feutre et son manteau sur une chaise, après avoir posé ses pistolets sur sa table de nuit et glissé son épée sous son chevet, s'était jeté tout habillé sur son lit, et, telle est la puissance d'une vigoureuse organisation, que, plus heureux que Damoclès, il s'était endormi, quoique, comme Damoclès, une épée fût suspendue sur sa tête par un fil.

Lorsqu'il se réveilla, il faisait grand jour, et, comme la veille il avait oublié, dans sa préoccupation, de fermer ses volets, la première chose qu'il vit fut un rayon de soleil qui se jouait joyeusement à travers sa chambre, traçant de la fenêtre à la porte une brillante ligne de lumière dans laquelle voltigeaient mille atomes. D'Harmental crut avoir fait un rêve en se retrouvant calme et tranquille dans sa petite chambre si blanche et si propre, tandis que, selon toute probabilité, il aurait dû être, à la même heure, dans quelque sombre et triste prison. Un instant il douta de la réalité, ramenant toutes ses pensées sur ce qui s'était passé la veille au soir; mais tout était encore là, le ruban ponceau sur la commode, le feutre et le manteau sur la chaise, les pistolets sur la table de nuit, et l'épée sous le chevet; et lui-même, d'Harmental, comme une dernière preuve, dans le cas où toutes les autres se seraient trouvées insuffisantes, se revoyait avec son costume de la veille qu'il n'avait point quitté de peur d'être réveillé en sursaut, au milieu de la nuit, par quelque mauvaise visite.

D'Harmental sauta en bas de son lit; son premier regard fut pour la fenêtre de sa voisine : elle était déjà ouverte, et l'on voyait Bathilde aller et venir dans sa chambre. Le second fut pour sa glace, et sa glace lui dit que la conspiration lui allait à merveille. En effet, son visage était plus pâle que d'habitude, et, par conséquent, plus intéressant; ses yeux un peu fiévreux, et, par conséquent, plus expressifs; de sorte qu'il était évident que lorsqu'il aurait donné un coup à ses cheveux et remplacé sa cravate froissée par une autre cravate, il deviendrait incontestablement pour Bathilde, vu l'avis qu'elle avait reçu la veille, un personnage des plus intéressans. D'Harmental ne se dit pas cela tout haut, il ne se le dit même pas tout bas, mais le mauvais instinct qui pousse nos pauvres âmes à leur perte lui souffla ces pensées à l'esprit, indistinctes, vagues, inachevées, il est vrai, mais assez précises cependant pour qu'il se mît à sa toilette avec l'intention d'assortir sa mise à l'air de son visage, c'est-à-dire qu'un costume entièrement noir succéda à son costume sombre, que ses cheveux froissés furent renoués avec une négligence charmante, et que son gilet s'entr'ouvrit de deux boutons de plus que d'habitude pour faire place à son jabot, qui retomba sur sa poitrine avec un laisser aller plein de coquetterie.

Tout cela s'était fait sans intention et de l'air le plus insouciant et le plus préoccupé du monde, car d'Harmental, tout brave qu'il était, n'oubliait point que d'un moment à l'autre on pouvait venir l'arrêter; mais tout cela s'était fait d'instinct, de sorte que lorsque le chevalier sortit de la petite chambre qui lui servait de cabinet de toilette et jeta un coup d'œil sur sa glace, il se sourit à lui-même avec une mélancolie qui doublait le charme déjà si réel de sa physionomie. Il n'y avait point à se tromper à ce sourire, car il alla aussitôt à sa fenêtre et l'ouvrit.

Peut-être Bathilde avait-elle fait aussi bien des projets pour le moment où elle reverrait son voisin; peut-être avait-elle arrangé une belle défense qui consistait à ne point regarder de son côté ou à fermer sa fenêtre après une simple révérence; mais au bruit de la fenêtre de son voisin qui s'ouvrait, tout fut oublié, elle s'élança à la sienne en s'écriant :

—Ah! vous voilà! Mon Dieu, monsieur, que vous m'avez fait de mal!

Cette exclamation était dix fois plus que n'avait espéré d'Harmental. Aussi, s'il avait de son côté préparé quelques phrases bien posées et bien éloquentes, ce qui était probable, ces phrases s'échappèrent-elles à l'instant de son esprit, et joignant les mains à son tour :

—Bathilde! Bathilde! s'écria-t-il, vous êtes donc aussi bonne que vous êtes belle?

— Pourquoi bonne ? demanda Bathilde. Ne m'avez-vous pas dit que si j'étais orpheline, vous étiez sans parents? Ne m'avez-vous pas dit que j'étais votre sœur, et que vous étiez mon frère ?

— Et alors, Bathilde, vous avez prié pour moi ?

— Toute la nuit, dit en rougissant la jeune fille.

— Et moi qui remerciais le hasard de m'avoir sauvé, tandis que je devais tout aux prières d'un ange !

— Le danger est donc passé ? s'écria vivement Bathilde.

— Cette nuit a été sombre et triste, répondit d'Harmental. Ce matin, cependant, j'ai été réveillé par un rayon de soleil; mais il ne faut qu'un nuage pour qu'il disparaisse. Il en est ainsi du danger que j'ai couru : il est passé pour faire place à un plaisir bien grand, Bathilde, celui d'être certain que vous avez pensé à moi ; mais il peut revenir. Et, tenez, reprit-il en entendant les pas d'une personne qui montait dans son escalier, le voilà peut-être qui va frapper à ma porte !

En ce moment, en effet, on frappa trois coups à la porte du chevalier.

— Qui va là ? demanda d'Harmental de la fenêtre, et avec une voix dans laquelle toute sa fermeté ne pouvait pas faire qu'il ne perçât un peu d'émotion.

— Ami ! répondit-on.

— Eh bien ? demanda Bathilde avec anxiété.

— Eh bien ! toujours, grâce à vous, Dieu continue de me protéger. Celui qui frappe est un ami. Encore une fois merci, Bathilde !

Et le chevalier referma sa fenêtre, en envoyant à la jeune fille un dernier salut qui ressemblait fort à un baiser.

Puis il alla ouvrir à l'abbé Brigaud, qui, commençant à s'impatienter, venait de frapper une seconde fois.

— Eh bien ! dit l'abbé, sur la figure duquel il était impossible de lire la moindre altération, que nous arrive-t-il donc, mon cher pupille, que nous sommes enfermé ainsi à serrure et à verrous ? Est-ce pour prendre un avant-goût de la Bastille ?

— Holà ! l'abbé, répliqua d'Harmental d'un visage si joyeux et d'une voix si enjouée qu'on eût dit qu'il voulait lutter d'impassibilité avec Brigaud, point de pareilles plaisanteries, je vous prie, cela pourrait bien porter malheur !

— Mais regardez donc, regardez donc ! dit Brigaud en jetant les yeux autour de lui ; ne dirait-on pas qu'on entre chez un conspirateur ? Des pistolets sur la table de nuit, une épée sous le chevet, et sur cette chaise un feutre et un manteau ! Ah ! mon cher pupille, mon cher pupille, vous vous dérangez, ce me semble. Allons, remettez-moi tout cela à sa place, et que moi-même je ne puisse pas m'apercevoir, quand je viens vous faire ma visite paternelle, de ce qui se passe ici quand je n'y suis pas !

D'Harmental obéit, tout en admirant le flegme de cet homme de d'église, que son sang-froid à lui, homme d'épée, avait grand'peine à atteindre.

— Bien, bien, dit Brigaud en le suivant des yeux. Ah ! et ce nœud d'épaule que vous oubliez, et qui n'a jamais été fait pour vous, car, le diable m'emporte ! il date de l'époque où vous étiez en jaquette ! Allons, allons, rangez-le aussi ; qui sait, vous pourriez en avoir besoin.

— Eh ! pourquoi faire, l'abbé ? demanda en riant d'Harmental, pour aller au lever du régent ?

— Eh ! mon Dieu, non, mais pour faire un signal à quelque brave homme qui passe. Allons, rangez-moi cela !

— Mon cher abbé, dit d'Harmental, si vous n'êtes pas le

diable en personne, vous êtes au moins une de ses plus intimes connaissances.

— Eh non! pour Dieu, non! je suis un pauvre bonhomme qui va son petit chemin, et qui, tout allant, regarde à droite et à gauche, en haut et en bas, voilà tout. C'est comme cette fenêtre... que diable! voilà un rayon de printemps, le premier qui vient frapper humblement à cette fenêtre, et vous ne lui ouvrez pas! On dirait que vous avez peur d'être vu, ma parole d'honneur! Ah! pardon, je ne savais pas que quand votre fenêtre s'ouvrait, elle en faisait fermer une autre.

— Mon cher tuteur, vous êtes plein d'esprit, répondit d'Harmental, mais d'une indiscrétion terrible! C'est au point que si vous étiez mousquetaire au lieu d'être abbé, je vous chercherais une querelle.

— Une querelle! et pourquoi diable, mon cher? parce que je veux vous aplanir le chemin de la fortune, de la gloire et de l'amour peut-être! Ah! ce serait une monstrueuse ingratitude!

— Eh bien, non! soyons amis, l'abbé, reprit d'Harmental en lui tendant la main. Aussi bien ne serais-je pas fâché d'avoir quelques nouvelles.

— De quoi?

— Mais que sais-je! de la rue des Bons-Enfans, où il y a eu grand train, à ce qu'on m'a dit; de l'Arsenal, où je pense que madame du Maine donnait une soirée; et même du régent, qui, si j'en crois un rêve que j'ai fait, est rentré au Palais-Royal fort tard et un peu agité.

— Eh bien! tout a été à merveille : le bruit de la rue des Bons-Enfans, si toutefois il y en a eu, est tout à fait calmé ce matin. Madame du Maine a une aussi grande reconnaissance pour ceux que des affaires importantes ont retenus loin de l'Arsenal, qu'elle a eu au fond du cœur, j'en suis sûr, du mépris pour ceux qui y sont venus. Enfin, le régent a déjà, comme d'habitude, en rêvant cette nuit qu'il était roi de France, oublié qu'il a failli hier soir être prisonnier du roi d'Espagne. Maintenant c'est à recommencer.

— Ah! pardon, l'abbé, dit d'Harmental; mais avec votre permission, c'est le tour des autres. Je ne serais pas fâché de me reposer un peu, moi.

— Diable! voilà qui s'accorde mal avec la nouvelle que je vous apporte.

— Et quelle nouvelle m'apportez-vous?

— Qu'il a été décidé cette nuit que vous partiriez en poste ce matin pour la Bretagne.

— Pour la Bretagne, moi? Et que voulez-vous que j'aille faire en Bretagne?

— Vous le saurez quand vous y serez.

— Et s'il ne me plaît pas de partir?

— Vous réfléchirez, et vous partirez tout de même.

— Et à quoi réfléchirai-je?

— Vous réfléchirez que ce serait d'un fou d'interrompre une entreprise qui touche à sa fin, pour un amour qui n'en est encore qu'à son commencement, et d'abandonner les intérêts d'une princesse du sang pour gagner les bonnes grâces d'une grisette.

— L'abbé! dit d'Harmental.

— Oh! ne nous fâchons pas, mon cher chevalier, reprit Brigaud, mais raisonnons. Vous vous êtes engagé volontairement dans l'affaire que nous poursuivons, et vous avez promis de nous aider à la mener à bien. Serait-il loyal de nous abandonner maintenant pour un échec? Que diable mon cher pupille, il faut avoir un peu plus de suite dans ses idées, ou ne pas se mêler de conspirer.

— Et c'est justement, reprit d'Harmental, parce que j'ai de la suite dans mes idées, que, cette fois comme l'autre, avant de rien entreprendre de nouveau, je veux savoir ce que j'entreprends. Je me suis offert pour être le bras, il est vrai; mais, avant de frapper, le bras veut savoir ce qu'a décidé la tête. Je risque ma liberté, je risque ma vie, je risque quelque chose qui peut-être m'est plus précieux encore. Je veux risquer tout cela à ma façon, les yeux ouverts et non fermés. Dites-moi d'abord ce que je vais faire en Bretagne, et ensuite, eh bien! peut-être irai-je.

— Vos ordres portent que vous vous rendrez à Rennes. Là, vous décachetterez cette lettre, et vous y trouverez vos instructions.

— Mes ordres! mes instructions!

— Mais n'est-ce point les termes dont le général se sert à l'endroit de ses officiers, et les gens de guerre ont-ils l'habitude de discuter les commandemens qu'on leur donne?

— Non pas, quand ils sont au service; mais moi, je n'y suis plus.

— C'est vrai! j'avais oublié de vous dire que vous y étiez rentré.

— Moi?

— Oui, vous. J'ai même votre brevet dans ma poche. Tenez.

Et Brigaud tira de sa poche un parchemin qu'il présenta

tout plié à d'Harmental, et que celui-ci déploya lentement et tout en interrogeant Brigaud du regard.

— Un brevet ! s'écria le chevalier ; un brevet de colonel d'un des quatre régimens de carabiniers ! Et d'où me vient ce brevet ?

— Regardez la signature, pardieu !

— Louis-Auguste ! monsieur le duc du Maine !

— Eh bien ! qu'y a-t-il là d'étonnant ? En sa qualité de grand-maître de l'artillerie n'a-t-il pas la nomination à douze régimens ? Il vous en donne un, voilà tout, pour remplacer celui qu'on vous a ôté ; et, comme votre général, il vous envoie en mission. Est-ce l'habitude des gens de guerre de refuser en pareil cas l'honneur que leur a fait leur chef en songeant à eux ? Moi, je suis homme d'église, et je ne m'y connais pas.

— Non, mon cher abbé, non ! s'écria d'Harmental, et c'est au contraire le devoir de tout officier du roi d'obéir à son chef.

— Sans compter, reprit négligemment Brigaud, que dans le cas où la conspiration échouerait, vous n'avez fait qu'obéir aux ordres qu'on vous a donnés, et que vous pouvez rejeter sur un autre toute la responsabilité de vos actions.

— L'abbé ! s'écria une seconde fois d'Harmental.

— Dame ! vous n'allez pas, je vous fais sentir l'éperon, moi !

— Si, mon cher abbé, si, je vais... Excusez-moi ; mais tenez, il y a des momens où je suis à moitié fou. Me voilà aux ordres de monsieur du Maine, ou plutôt de madame. Ne la verrai-je donc point avant mon départ pour tomber à ses genoux, pour baiser le bas de sa robe, pour lui dire que je suis prêt à me faire casser la tête sur un mot d'elle?

— Allons, voilà que nous allons tomber dans l'exagération contraire! Mais non, il ne faut pas vous faire casser la tête, il faut vivre; vivre pour triompher de nos ennemis, et pour porter un bel uniforme avec lequel vous tournerez la tête à toutes les femmes.

— Oh! mon cher Brigaud, il n'y en a qu'une à laquelle je veuille plaire.

— Eh bien! vous plairez à celle-là d'abord et aux autres ensuite.

— Et quand dois-je partir?

— A l'instant même.

— Vous me donnerez bien une demi-heure?

— Pas une seconde!

— Mais je n'ai pas déjeuné.

— Je vous emmène et vous déjeunerez avec moi.

— Je n'ai là que deux ou trois mille francs, et ce n'est point assez.

— Vous trouverez une année de votre solde dans le coffre de votre voiture.

— Des habits?...

— Vos malles en sont pleines. Est-ce que je n'avais pas votre mesure, et seriez-vous mécontent de mon tailleur?

— Mais au moins, l'abbé, quand reviendrai-je?

— D'aujourd'hui en six semaines, jour pour jour, madame la duchesse du Maine vous attend à Sceaux.

— Mais au moins, l'abbé, vous me permettrez bien d'écrire deux lignes?

— Deux lignes, soit! je ne veux pas être trop exigeant.

Le chevalier se mit à une table et écrivit :

« Chère Bathilde, aujourd'hui c'est plus qu'un danger
» qui me menace, c'est un malheur qui m'atteint. Je suis
» forcé de partir à l'instant même sans vous revoir, sans
» vous dire adieu. Je serai six semaines absent. Au nom
» du ciel ! Bathilde, n'oubliez pas celui qui ne sera pas une
» heure sans penser à vous.

» RAOUL »

Cette lettre terminée, pliée et cachetée, le chevalier se leva et alla à sa fenêtre ; mais, comme nous l'avons dit, celle de sa voisine s'était refermée à l'apparition de l'abbé Brigaud. Il n'y avait donc aucun moyen de faire passer à Bathilde la dépêche qui lui était destinée. D'Harmental laissa échapper un geste d'impatience. En ce moment on gratta doucement à la porte ; l'abbé ouvrit, et Mirza, qui, guidée par son instinct et sa gourmandise, avait trouvé la chambre du jeteur de bonbons, parut sur le seuil et entra en faisant mille démonstrations de joie.

— Eh bien ! dit Brigaud, dites encore qu'il n'y a pas un bon Dieu pour les amans ! Vous cherchiez un messager, en voilà justement un qui vous arrive.

— L'abbé ! l'abbé ! dit d'Harmental en secouant la tête, prenez garde d'entrer dans mes secrets plus avant que la chose ne me conviendra !

— Allons donc ! répondit Brigaud, un confesseur, mon cher, c'est un abîme !

— Ainsi, pas un mot ne sortira de votre bouche ?

— Sur l'honneur ! chevalier.

Et d'Harmental attacha la lettre au cou de Mirza, lui

donna un morceau de sucre en récompense de la mission qu'elle allait accomplir, et moitié triste d'avoir perdu pour six semaines sa belle voisine, moitié gai d'avoir retrouvé pour toujours son bel uniforme, il prit tout l'argent qui lui restait, fourra ses pistolets dans ses poches, agrafa son épée à sa ceinture, mit son feutre sur sa tête, jeta son manteau sur ses épaules, et suivit l'abbé Brigaud.

FIN DU PREMIER VOLUME.

ÉMILE COLIN — IMPRIMERIE DE LAGNY

Début d'une série de documents
en couleur

COLLECTION DES CHEFS-D'ŒUVRE DE FRANCE

ALEXANDRE DUMAS
LE CHEVALIER
D'HARMENTAL

N° 2

10 c.

COLLECTION DES CHEFS-D'ŒUVRE DE FRANCE

ALEXANDRE DUMAS
LE CHEVALIER D'HARMENTAL

N° 3   10 c.

COLLECTION DES CHEFS-D'ŒUVRE DE FRANCE

ALEXANDRE DUMAS
LE CHEVALIER D'HARMENTAL

(N° 4) (10°)

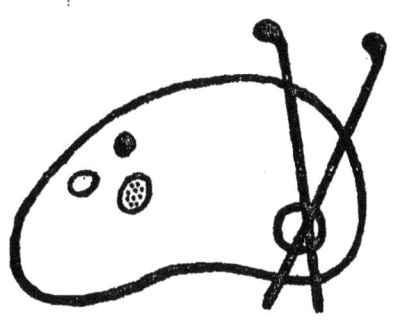

Fin d'une série de documents
en couleur

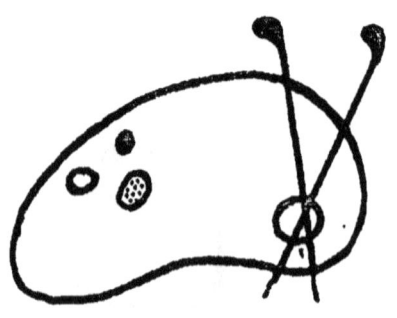

Début d'une série de documents
en couleur

(TYPOGRAPHIE)

VALABLE POUR TOUT OU PARTIE DU DOCUMENT REPRODUIT

Tout le monde aura sa Bibliothèque

La *Collection des Chefs-d'Œuvre de France* renferme les noms les plus célèbres de la littérature contemporaine et le choix le plus varié d'œuvres consacrées par le succès.

Chaque fascicule de trente-deux pages est mis en vente au prix de *dix centimes*, et il en paraîtra deux par semaine, le mardi et le vendredi.

Il sera remis gratuitement

avec le dernier fascicule de chaque roman, un titre et une *couverture spéciale illustrée en couleurs*, d'une composition inédite, avec une explication permettant à chaque lecteur de brocher lui-même le volume.

LE CHEVALIER D'HARMENTAL
Deux volumes complets en vingt fascicules.

POUR PARAITRE ENSUITE :

VICTORIEN SARDOU
La Perle Noire.

CHARLES DE BERNARD
Gerfaut.

GEORGE SAND
Le Marquis de Villemer.

CLÉMENCE ROBERT
Les 4 Sergents de La Rochelle.

D'autres œuvres tout aussi célèbres paraîtront après.

DÉJA PARU

LA DAME AUX CAMÉLIAS
SCÈNES DE LA VIE DE BOHÈME
LE CHEVALIER DE MAISON-ROUGE
SOUS LES TILLEULS

EN VENTE PARTOUT

Collection des Chefs-d'Œuvre de France — 5, RUE DU CROISSANT

E. BONNIN et Cⁱᵉ, imprimeur, 151, rue d'Allemagne.

Tout le monde aura sa Bibliothèque

La *Collection des Chefs-d'Œuvre de France* renferme les noms les plus célèbres de la littérature contemporaine et le choix le plus varié d'œuvres consacrées par le succès.

Chaque fascicule de trente-deux pages est mis en vente au prix de *dix centimes*, et il en paraîtra deux par semaine, le mardi et le vendredi.

Il sera remis gratuitement avec le dernier fascicule de chaque roman, un titre et une *couverture spéciale illustrée en couleurs*, d'une composition inédite, avec une explication permettant à chaque lecteur de brocher lui-même le volume.

LE CHEVALIER D'HARMENTAL
Deux volumes complets en vingt fascicules.

POUR PARAÎTRE ENSUITE :

VICTORIEN SARDOU
La Perle Noire.

CHARLES DE BERNARD
Gerfaut.

GEORGE SAND
Le Marquis de Villemer.

CLÉMENCE ROBERT
Les 4 Sergents de La Rochelle.

D'autres œuvres tout aussi célèbres paraîtront après.

DÉJA PARU

LA DAME AUX CAMÉLIAS
SCÈNES DE LA VIE DE BOHÈME
LE CHEVALIER DE MAISON-ROUGE
SOUS LES TILLEULS

EN VENTE PARTOUT

Collection des Chefs-d'Œuvre de France — 5, Rue du Croissant

E. BONNIN et Cie, Imprimeur, 151, rue d'Allemagne.

Tout le monde aura sa Bibliothèque

La *Collection des Chefs-d'Œuvre de France* renferme les noms les plus célèbres de la littérature contemporaine et le choix le plus varié d'œuvres consacrées par le succès.

Chaque fascicule de trente-deux pages est mis en vente au prix de *dix centimes*, et il en paraîtra deux par semaine, le mardi et le vendredi.

Il sera remis gratuitement

avec le dernier fascicule de chaque roman, un titre et une *couverture spéciale illustrée en couleurs*, d'une composition inédite, avec une explication permettant à chaque lecteur de brocher lui-même le volume.

LE CHEVALIER D'HARMENTAL
Deux volumes complets en vingt fascicules.

POUR PARAITRE ENSUITE :

VICTORIEN SARDOU
La Perle Noire.

CHARLES DE BERNARD
Gerfaut.

GEORGE SAND
Le Marquis de Villemer.

CLÉMENCE ROBERT
Les 4 Sergents de La Rochelle.

D'autres œuvres tout aussi célèbres paraîtront après.

DÉJA PARU

LA DAME AUX CAMÉLIAS
SCÈNES DE LA VIE DE BOHÈME
LE CHEVALIER DE MAISON-ROUGE
SOUS LES TILLEULS

EN VENTE PARTOUT

Collection des Chefs-d'Œuvre de France — 5, Rue du Croissant

E. BONNIN et Cie, imprimeur, 151, rue d'Allemagne.

Tout le monde aura sa Bibliothèque

La *Collection des Chefs-d'Œuvre de France* renferme les noms les plus célèbres de la littérature contemporaine et le choix le plus varié d'œuvres consacrées par le succès.

Chaque fascicule de trente-deux pages est mis en vente au prix de *dix centimes*, et il en paraîtra deux par semaine, le mardi et le vendredi.

Il sera remis gratuitement avec le dernier fascicule de chaque roman, un titre et une couverture spéciale *illustrée en couleurs*, d'une composition inédite, avec une explication permettant à chaque lecteur de brocher lui-même le volume.

LE CHEVALIER D'HARMENTAL
Deux volumes complets en vingt fascicules.

POUR PARAITRE ENSUITE :

VICTORIEN SARDOU	CHARLES DE BERNARD
La Perle Noire.	*Gerfaut.*
GEORGE SAND	CLÉMENCE ROBERT
Le Marquis de Villemer.	*Les 4 Sergents de La Rochelle.*

D'autres œuvres tout aussi célèbres paraîtront après.

DÉJA PARU

LA DAME AUX CAMÉLIAS
SCÈNES DE LA VIE DE BOHÈME
LE CHEVALIER DE MAISON-ROUGE
SOUS LES TILLEULS

EN VENTE PARTOUT

Collection des Chefs-d'Œuvre de France — 5, RUE DU CROISSANT
E. BONNIN et Cⁱᵉ, Imprimeur, 151, rue d'Allemagne.

Tout le monde aura sa Bibliothèque

La *Collection des Chefs-d'Œuvre de France* renferme les noms les plus célèbres de la littérature contemporaine et le choix le plus varié d'œuvres consacrées par le succès.

Chaque fascicule de trente-deux pages est mis en vente au prix de *dix centimes*, et il en paraîtra deux par semaine, le mardi et le vendredi.

Il sera remis gratuitement

avec le dernier fascicule de chaque roman, un titre et une *couverture spéciale illustrée en couleurs*, d'une composition inédite, avec une explication permettant à chaque lecteur de brocher lui-même le volume.

LE CHEVALIER D'HARMENTAL
Deux volumes complets en vingt fascicules.

POUR PARAITRE ENSUITE :

VICTORIEN SARDOU	CHARLES DE BERNARD
La Perle Noire.	*Gerfaut.*
GEORGE SAND	CLÉMENCE ROBERT
Le Marquis de Villemer.	*Les 4 Sergents de La Rochelle.*

D'autres œuvres tout aussi célèbres paraîtront après.

DÉJA PARU

LA DAME AUX CAMÉLIAS
SCÈNES DE LA VIE DE BOHÈME
LE CHEVALIER DE MAISON-ROUGE
SOUS LES TILLEULS

EN VENTE PARTOUT

Collection des Chefs-d'Œuvre de France — 5, RUE DU CROISSANT

E. BONNIN et Cⁱᵉ, Imprimeur, 151, rue d'Allemagne.

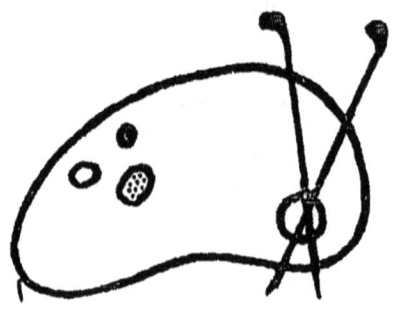

Fin d'une série de documents
en couleur

(TYPOGRAPHIE)

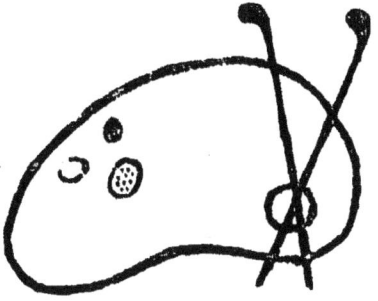

Début d'une série de documents en couleur

COLLECTION DES CHEFS-D'ŒUVRE DE FRANCE

ALEXANDRE DUMAS
LE CHEVALIER D'HARMENTAL

N°7   10°

COLLECTION DES CHEFS-D'ŒUVRE DE FRANCE

ALEXANDRE DUMAS
LE CHEVALIER D'HARMENTAL

N° 10
10 c.

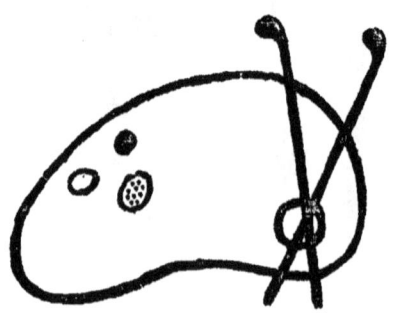

Fin d'une série de documents
en couleur

Début d'une série de documents en couleur

(TYPOGRAPHIE)

VALABLE POUR TOUT OU PARTIE DU DOCUMENT REPRODUIT

Tout le monde aura sa Bibliothèque

La *Collection des Chefs-d'Œuvre de France* renferme les noms les plus célèbres de la littérature contemporaine et le choix le plus varié d'œuvres consacrées par le succès.

Chaque fascicule de trente-deux pages est mis en vente au prix de *dix centimes*, et il en paraîtra deux par semaine, le mardi et le vendredi.

Il sera remis gratuitement avec le dernier fascicule de chaque roman, un titre et une couverture spéciale illustrée en couleurs, d'une composition inédite, avec une explication permettant à chaque lecteur de brocher lui-même le volume.

LE CHEVALIER D'HARMENTAL
Deux volumes complets en vingt fascicules.

Pour paraitre ensuite :

VICTORIEN SARDOU	**CHARLES DE BERNARD**
La Perle Noire.	*Gerfaut.*
GEORGE SAND	**CLÉMENCE ROBERT**
Le Marquis de Villemer.	*Les 4 Sergents de La Rochelle.*

D'autres œuvres tout aussi célèbres paraîtront après.

DÉJA PARU

LA DAME AUX CAMÉLIAS
SCÈNES DE LA VIE DE BOHÊME
LE CHEVALIER DE MAISON-ROUGE
SOUS LES TILLEULS

EN VENTE PARTOUT

Collection des Chefs-d'Œuvre de France — 5, Rue du Croissant

E. BONNIN et Cⁱᵉ, Imprimeur, 151, rue d'Allemagne.

Tout le monde aura sa Bibliothèque

La *Collection des Chefs-d'Œuvre de France* renferme les noms les plus célèbres de la littérature contemporaine et le choix le plus varié d'œuvres consacrées par le succès.

Chaque fascicule de trente-deux pages est mis en vente au prix de *dix centimes*, et il en paraîtra deux par semaine, le mardi et le vendredi.

Il sera remis gratuitement

avec le dernier fascicule de chaque roman, un titre et une *couverture spéciale illustrée en couleurs*, d'une composition inédite, avec une explication permettant à chaque lecteur de brocher lui-même le volume.

LE CHEVALIER D'HARMENTAL
Deux volumes complets en vingt fascicules.

POUR PARAITRE ENSUITE :

VICTORIEN SARDOU	CHARLES DE BERNARD
La Perle Noire.	*Gerfaut.*
GEORGE SAND	CLÉMENCE ROBERT
Le Marquis de Villemer.	*Les 4 Sergents de La Rochelle.*

D'autres œuvres tout aussi célèbres paraîtront après.

DÉJA PARU

LA DAME AUX CAMÉLIAS
SCÈNES DE LA VIE DE BOHÊME
LE CHEVALIER DE MAISON-ROUGE
SOUS LES TILLEULS

EN VENTE PARTOUT

Collection des Chefs-d'Œuvre de France — 5, RUE DU CROISSANT

E. BONNIN et Cie, Imprimeur, 151, rue d'Allemagne.

Tout le monde aura sa Bibliothèque

La *Collection des Chefs-d'Œuvre de France* renferme les noms les plus célèbres de la littérature contemporaine et le choix le plus varié d'œuvres consacrées par le succès.

Chaque fascicule de trente-deux pages est mis en vente au prix de *dix centimes*, et il en paraîtra deux par semaine, le mardi et le vendredi.

Il sera remis gratuitement

avec le dernier fascicule de chaque roman, un titre et une *couverture spéciale illustrée en couleurs*, d'une composition inédite, avec une explication permettant à chaque lecteur de brocher lui-même le volume.

LE CHEVALIER D'HARMENTAL
Deux volumes complets en vingt fascicules.

POUR PARAITRE ENSUITE :

VICTORIEN SARDOU	**CHARLES DE BERNARD**
La Perle Noire.	*Gerfaut.*
GEORGE SAND	**CLÉMENCE ROBERT**
Le Marquis de Villemer.	*Les 4 Sergents de la Rochelle.*

D'autres œuvres tout aussi célèbres paraîtront après.

DÉJA PARU

LA DAME AUX CAMÉLIAS
SCÈNES DE LA VIE DE BOHÈME
LE CHEVALIER DE MAISON-ROUGE
SOUS LES TILLEULS

EN VENTE PARTOUT

Collection des Chefs-d'Œuvre de France — 5, Rue du Croissant

E. BONNIN et Cie, imprimeur, 151, rue d'Allemagne.

Tout le monde aura sa Bibliothèque

La *Collection des Chefs-d'Œuvre de France* renferme les noms les plus célèbres de la littérature contemporaine et le choix le plus varié d'œuvres consacrées par le succès.

Chaque fascicule de trente-deux pages est mis en vente au prix de *dix centimes*, et il en paraîtra deux par semaine, le mardi et le vendredi.

Il sera remis gratuitement

avec le dernier fascicule de chaque roman, un titre et une *couverture spéciale illustrée en couleurs*, d'une composition inédite, avec une explication permettant à chaque lecteur de brocher lui-même le volume.

LE CHEVALIER D'HARMENTAL
Deux volumes complets en vingt fascicules.

POUR PARAITRE ENSUITE :

VICTORIEN SARDOU
La Perle Noire.

CHARLES DE BERNARD
Gerfaut.

GEORGE SAND
Le Marquis de Villemer.

CLÉMENCE ROBERT
Les 4 Sergents de La Rochelle.

D'autres œuvres tout aussi célèbres paraîtront après.

DÉJA PARU

LA DAME AUX CAMÉLIAS
SCÈNES DE LA VIE DE BOHÈME
LE CHEVALIER DE MAISON-ROUGE
SOUS LES TILLEULS

EN VENTE PARTOUT

Collection des Chefs-d'Œuvre de France — 5, Rue du Croissant

E. BONNIN et Cⁱᵉ, Imprimeur, 151, rue d'Allemagne.

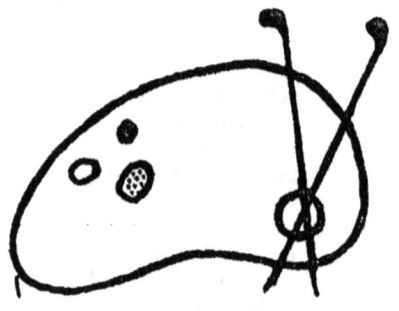

Fin d'une série de documents
en couleur

(TYPOGRAPHIE)

www.ingramcontent.com/pod-product-compliance
Lightning Source LLC
Chambersburg PA
CBHW060401170426
43199CB00013B/1949